本书系浙江省哲学社会科学规划课题"马克思主义拉美化的探索历程、理论成就及其新进展（17NDJC271YB）"的阶段性成果。

浙江师范大学拉美马克思主义译丛

Latin American Marxist
Translation Series

冯昊青　郑祥福　主编

马里亚特吉与拉丁美洲马克思主义理论

Mariategui and Latin Merican
Marxist Theory

［美］马克·贝克尔（Marc Becker）　/ 著

冯昊青　贺凯杰　/ 译

中国社会科学出版社

图字：01－2018－5745 号

图书在版编目（CIP）数据

马里亚特吉与拉丁美洲马克思主义理论／（美）马克·贝克尔著；冯昊青，贺凯杰译．—北京：中国社会科学出版社，2022.4
（浙江师范大学拉美马克思主义译丛）
ISBN 978－7－5203－8541－1

Ⅰ.①马… Ⅱ.①马…②冯…③贺… Ⅲ.①马克思主义哲学—传播—研究—拉丁美洲②马里亚特吉（1894－1930）—思想评论 Ⅳ.①B73②B778

中国版本图书馆 CIP 数据核字（2022）第 028682 号

MARIATEGUI AND LATIN MERICAN MARXIST THEORY
By MARC BECKER
Copyright@ 1993 BY THE CENTER FOR INTERNATIONAL STUDIES.
This edition arranged with Ohio University Press/Swallow Press.
Through Big Apple Agency, Inc. , Labuan, Malaysia.
Simplified Chinese edition copyright @ 2022 CHINA SOCIAL SCIENCES
PRESS. All rights reserved.

出 版 人	赵剑英
责任编辑	喻 苗
责任校对	任晓晓
责任印制	王 超

出 版	中国社会科学出版社
社 址	北京鼓楼西大街甲 158 号
邮 编	100720
网 址	http://www. csspw. cn
发 行 部	010－84083685
门 市 部	010－84029450
经 销	新华书店及其他书店

印 刷	北京明恒达印务有限公司
装 订	廊坊市广阳区广增装订厂
版 次	2022 年 4 月第 1 版
印 次	2022 年 4 月第 1 次印刷

开 本	710×1000 1/16
印 张	14
插 页	2
字 数	223 千字
定 价	78.00 元

总　序
"拉美马克思主义"的探索
历程及其基本特征[*]

在众多国外马克思主义理论中，有一种理论对其策源地影响巨大却迄今仍未引起国内学界的足够重视，它便是"拉美马克思主义"。尽管拉美作为思想的"试验场"，各种理论走马灯似的在这片神奇的土地上粉墨登场，但马克思主义对拉美的影响，无论从持续时间，还是从影响的广度和深度上看，皆是其他思想难以比拟的。谢尔顿·利斯（Sheldon B. Liss）就在《拉美马克思主义思想》一书的导言中指出："对拉美知识分子的影响，没有任何学派（或许除了实证主义）可与马克思主义相匹敌。"① 对此，美国《拉美视界》的编辑理查德·L. 哈里斯（Richard L. Harris）博士也有着深刻的洞识，他认为"马克思主义不仅是当代拉美社会基本构成中的重要元

---

* 本序言曾以《"拉美马克思主义"的探索历程及其基本特征》为名，在《马克思主义与现实》2016 年第 4 期上发表，随后被《中国社会科学文摘》2017 年第 1 期、人大复印资料《马克思列宁主义研究》2016 年第 11 期全文转载，被上海社科院编纂的《世界社会主义研究年鉴（2016）》全文收录（上海人民出版社 2017 年版，第 273—287 页）。这里略作改动，用以充当"浙江师范大学拉美马克思主义译丛"的总序言，亦可看作"导论"，便于读者在阅读"译丛"时对拉美马克思主义思潮的整体概括有个大致了解。

① Sheldon B. Liss, *Marxist in Thought Latin America*, Los Angeles: University of California Press, 1984, p. 2.

素，而且它已经以无意识的方式影响着拉美的思维与实践"①。而 1990 年诺贝尔文学奖得主、墨西哥文学家奥克塔维奥·帕斯（Octavio Paz）对此亦有深刻的体悟，他说，"我们的历史已经被马克思主义浸润，我们全都不自觉地成为了马克思主义者，我们的道德判断，我们关于现在和未来，以及正义、和平与战争的立场与观点，甚至包括对马克思主义的否定，都渗透着马克思主义。马克思主义已经融入我们的思维血脉与道德感觉之中了"。② 将这些体认与"马克思主义必须与具体历史条件相结合并通过一定的民族形式才能实现"③ 的基本原理联系起来，我们可以合乎逻辑地推知：既然马克思主义对拉美社会产生了如此巨大的影响，必定有拉美化的马克思主义理论形态，即"拉美马克思主义"的存在。从国内外已有研究成果看，拉美地区不仅有独具特色的马克思主义理论形态，而且还异常多姿多彩！哈利·E. 凡登（Harry E. Vanden）教授就曾在《拉美马克思主义参考书目》的导言中指出："拉美马克思主义丰富而有魅力，它像拉美人一样多元（diverse）。"④ 目前，学界围绕相关思想家或某个"理论成果"的专题研究陆续涌现并日益增多，例如对马里亚特吉（José Carlos Mariátegui）、卡斯特罗、切·格瓦拉、托莱达诺（Vicente Lombardo Toledano）、玛尔塔·哈内克（Marta Harnecker）等人的思想研究，以及对"解放神学马克思主义"和"马克思主义依附理论"等个别理论的介绍。但作为一个整体的"拉美马克思主义"本身尚未得到系统梳理、探讨。有鉴于此，我们对"拉美马克思主义"进行了认真研究，"浙江师范大学拉美马克思主义译丛"便是研究工作中最基础的部分，正是在大量翻译、阅读原始文献的基础上，我们才能厘清"拉美马克思主义"的发展历程、主要理论成果及其特征，并对之作出实事求是的初步评价。

---

① Richard L, Harris. *Marxism, Socialism and Democracy in Latin America*, San Francisco：Westview Press, 1992, p. 1.

② Ibid. .

③ 国内学界认为，这条原理是毛泽东思想对马克思主义的发展，但谢尔顿·B. 利斯（Sheldon B. Liss）认为，这是毛泽东采纳了列宁的看法，他说，"毛接受了列宁关于马克思主义必须适应历史条件和必须采取一定的民族形式才能实行的意见"。参见 Sheldon B. Liss, *Marxist in Thought Latin America*, Los Angeles：University of California Press, 1984, p. 26。

④ Harry E. Vanden, *Latin American Marxism：A Bibliography*, New York：Garland Publishing, 1991, p. 1.

一 "拉美马克思主义"的探索历程

首先，国际共产主义或社会主义运动局势的发展变化，乃至兴衰成败直接影响着马克思主义的传播与发展，就其在拉美的传播和发展来看，它经历了一个跌宕起伏的过程，形成了五个具有明显时代特征的分期。世界知名拉美马克思主义研究专家、法国国家科学研究中心（CNRS）荣誉主任米歇尔·罗伊（michael löwy）认为，拉美共产主义运动和马克思主义拉美化的探索与演进历程呈现出三个明显的分期：即从20世纪20年代一直持续到20世纪30年代中期的"革命时期"，从20世纪30年代中期一直到20世纪59年代的"斯大林主义时期"，1959年古巴革命之后的"新革命时期"。① 这一划分基本上是准确的，但还不全面，若从马克思主义传入拉美开始至今的整个发展历程看，还应该在"革命时期"前加一个"马克思主义在拉美的早期传播"，在"新革命时期"后加一个"苏东剧变"之后的"后革命时期"，这样拉美马克思主义的探索历程可以划分为这样五个存在明显差别与特征的分期，因为马克思主义拉美化历程在这五个时期呈现出不同的态势和特征。

马克思主义在拉美的传播大约始于19世纪50年代，从现有资料来看，大约在1854年就有马克思的《哲学的贫困》等著作在拉美书店出售，到19世纪末，马克思主义已经在拉美得到较为广泛的传播，并在与各种非马克思主义思潮的斗争中赢得了工人阶级的信赖。在这一时期，欧洲进步移民和拉美左翼人士对马克思主义在拉美的传播发挥了重要作用，他们成立共产国际分支机构和各种劳工组织与政治团体，通过办报、撰写文章、翻译原著、出版理论研究著作等形式宣传和传播马克思主义。其中阿根廷的胡安·胡斯托（Juan B. Justo, 1865—1928）、智利的雷卡瓦伦（Luis Emilio Recabarren, 1876—1924）、古巴的何塞·马蒂（José Julián Martí Pérez, 1835—1895）等人可以作为这一时期的代表人物。胡斯托是第一个把《资本论》翻译成西班牙文的拉美思想家，他于1984年创办了社会主义刊物

---

① Michael Löwy, *Marxism in Latin America from 1909 to the Present*, New Jersey: Humanities Press, 1992, p. Ⅷ.

《先锋》，1920 年出版了个人文集《社会主义》，他力图将马克思主义理论与阿根廷的现实结合起来，对马克思主义在拉美的传播甚至初期"拉美化"皆功不可没，许多拉美马克思主义者皆受惠于他。米歇尔·罗伊就认为胡斯托是拉美第一批接受马克思主义思想家中的"温和派"代表（雷卡瓦伦则是"革命派"代表）；[1] 罗纳尔多·孟克（Ronaldo Munck）则认为胡斯托是追求"拉美化"马克思主义知识分子中的杰出代表；[2] 但二者都认为胡斯托不是马克思主义者。一般认为，胡斯托受到了马克思、伯恩斯坦、饶勒斯，特别是斯宾格勒的影响。雷卡瓦伦作为拉美第一批接受马克思主义思想家中的"革命派"代表，被奉为"智利工人的良心"，以"爷爷"这一充满深情的尊称闻名于智利穷苦大众之中，是世所公认的拉美马克思主义者。雷卡瓦伦不仅善于传播马克思主义思想，而且更擅长把理论变为实践，他对拉美工人运动的影响就像马里亚特吉对该地区马克思主义政治理论家的影响一样大。[3] 何塞·马蒂虽然不是马克思主义者，却写了不少介绍和纪念马克思的文章，在工人中扩大了马克思主义的影响，《论卡尔·马克思之死》便是其中的代表。马蒂不仅对马克思主义的早期传播，而且对古巴革命与建设亦有着巨大而深远的影响，卡斯特罗就承认"7·26"运动受惠于马蒂的思想，今天马蒂思想依然是古巴共产党的指导思想之一。同时需要注意的是，马克思主义在拉美从传播初期开始就是多元的。

其次，马克思主义在拉美的传播随着俄国"十月革命"的成功而达到高潮。"十月革命"对于拉美工人运动和知识分子产生了极为深刻的影响，一时之间，共产主义思潮在整个拉美扩散开来，拉美诸国的左翼政党或劳工组织纷纷转变成为共产党，拉美马克思主义探索与发展就此进入了"革命时期"。依米歇尔·罗伊之见，"革命时期"从 1920 年开始至 1935 年共产国际"七大"召开为止。马里亚特吉及其著述是这一时期最深刻的理论

---

[1]　Michael Löwy, *Marxism in Latin America from 1909 to the Present*, New Jersey: Humanities Press, p. xvii.

[2]　Daryl Glaser and David M. Walker, *Twentieth-Century Marxism: A Global Introduction*, London & New York: Routledge Press, 2007, p. 155.

[3]　Sheldon B. Liss, *Marxist in Thought Latin America*, Los Angeles: University of California Press 1984, pp. 75 - 76.

表达，而最重要的实践则是1932年的萨尔瓦多农民起义。① 这一指认非常准确，但在此期间发生的两件大事却需要交代，因为这两件事深刻地影响了拉美马克思主义的理论样态。第一件事是：20世纪20年代，"土著主义""作为使印第安人进入现代文明同时又保存其文化的运动，成了秘鲁知识界大部分人主要关切的事情，而且他们的意见很快就传遍拉丁美洲。"② 这里说的土著主义，也就是印第安主义，它是形塑马里亚特吉思想的核心要素之一，正因为它，马里亚特吉这位"拉美马克思主义教父"的社会主义常被称为"印第安人的社会主义"。当然，它的影响不仅限于马里亚特吉，而且已经融入那个时代拉美马克思主义理论界的血脉之中，成为马克思主义拉美化的基因，甚至渗入了整个拉美左翼的思维之中，即便时至今日它的影响依然不衰，"21世纪社会主义"就宣称自己是印第安人的社会主义。当然，这一影响是积极而正面的，它引导拉美马克思主义理论家们关注土著、农民和土地问题，乃至关注本国国情，为马克思主义拉美化提供了契机，敞开了正确的本土化路径。另一件事情是共产国际在1928年"六大"上提出完全脱离各国革命实际的"第三时期"这一极左理论。该理论认为，"第三时期"（即1928年以后）是资本主义进入全面崩溃，无产阶级夺权的时期。这一错误理论不仅因奉行"宗派主义"和"关门主义"对各国共产主义运动与左翼的联盟产生了极大的破坏作用，也对马克思主义拉美化产生了不良影响。在此背景下，马里亚特吉的正确主张不仅不被采纳，反而受到批判，甚至被斥为"小资产阶级的东西"。许多进步群众对这时期的极左策略无法理解，纷纷转向与共产党决裂的社民党或其他左翼组织，使共产主义运动遭受严重孤立与挫折。当然，总体上看，这一时期还是有利于马克思主义理论探索的，特别是在"第三时期理论"提出来之前，那是马克思主义拉美化的多元探索期，诸多左翼知识分子和工会领袖都为此做出了积极贡献，其间确实涌现了一大批颇具探索与创新精神的理论家、实干家，其中除马里亚特吉外，古巴的梅里亚（Julio Antonio Mella, 1903—

---

① Michael Löwy, *Marxism in Latin America from 1909 to the Present*, New Jersey: Humanities Press, 1992, p. Ⅷ.

② Sheldon B. Liss, *Marxist in Thought Latin America*, Los Angeles: University of California Press 1984, p. 127.

1929）、智利的雷卡瓦伦、墨西哥的托莱达诺，以及《对巴西政治发展的唯物主义解释》（1933）的作者索德雷（Nelson Werneck Sodré，1911—1999）等皆是其中的杰出代表。

随着"第三时期"错误理论的恶劣影响不断彰显，再加上国际形势的变化与法西斯的猖獗，1935年共产国际在莫斯科召开"七大"，纠正了"第三时期"的极左错误，提出了建立反法西斯统一战线（"人民阵线"），拉美马克思主义就此进入"斯大林主义时期"。"斯大林主义时期"从1935年开始至1959年"古巴革命"为止，这一时期的特点是苏联支配着共产国际，而各国共产党成为了共产国际的一个支部，共产国际对各国共产党领导人握有"生杀予夺"的权力，它的决议各国共产党必须无条件贯彻，甚至共产国际和苏联还给各国共产党规定了一条清一色的路线，最终形成了斯大林主义和苏联官方阐释的"正统"马克思主义教条一言堂局面，完成了对拉美共产党的组织与思想控制。这种局面造成了两个截然相反的"效果"：一方面它整合增强了国际共运的力量，给予拉美各国共产党和左翼以极大的支援与指导，有力促进了马克思主义的传播；另一方面既损害了拉美诸国共产党的自主性与创新精神，也几乎窒息了探索马克思主义拉美化的积极性，拉美马克思主义由此从多元探索发展期被迫转向一元教条期。这一时期，从总体特征上看，拉美共产党因在共产国际和苏共的组织与理论控制下丧失了独立自主性而显得党性模糊，理论创新乏力。阿根廷共产党总书记柯都维亚（Vittorio Codovilla，1894—1970）是这一时期的典型代表，而"白劳德主义"则是这一时期孕育出来的"怪胎"。柯都维亚们"从一种聪明的政治观点出发而与苏共及其操控的共产国际组织建立了更为直接的联系，无论苏共和共产国际如何转向，他们都紧紧跟随，毫不动摇。"① 而在本国马克思主义理论发展与实践上，却毫无建树。对此，有研究者毫不客气地指出，柯都维亚们在几十年领导拉美共产党的过程中，留下

---

① Michael Löwy, *Marxism in Latin America from 1909 to the Present*, New Jersey: Humanities Press, 1992, p. xxiii.

的东西只不过是"应景之作"①，却无任何理论创新。当然，拉美马克思主义在这一时期也并非没有任何作为，二战以后，拉美诸国左翼理论界加大了马克思主义研究，推进了马克思主义的学科化发展，尤其是马克思主义经济历史理论的研究领域，围绕拉美殖民时期的社会性质是封建主义的还是资本主义的争论非常热闹，这一争论有力地促进了拉美马克思主义历史学发展，甚至 20 世纪 40 年代末，阿根廷、巴西、乌拉圭、智利出现马克思主义历史学派，对拉美马克思主义依附理论的形成做出了非常重要的贡献。代表性学者有：《马克思主义与古巴历史》（1944）的作者罗德里格斯（Carlos Rafael Rodriguez）、《殖民社会的经济》（1949）的作者塞尔吉奥·巴古（Sergio Bagu）、《巴西经济历史》（1957）的作者小卡约·普拉多（Caio Prado Jr.），以及马塞洛·西格尔（Marcelo Segall）、纳维尔·莫雷诺（Nahue Moreno）和西尔维奥·弗朗蒂奇（Silvio Frondizi）等人。

再次，古巴革命有力促进了马克思主义拉美化进程，将之推进到一个充满活力的多元创新阶段。1959 年古巴革命的成功才给拉美提供了本土版本的更富吸引力的马克思主义，打破了斯大林主义的专制和苏共一言堂的局面，使拉美马克思主义不再臣服于莫斯科意识形态权威与教条，从而将拉美马克思主义发展和共产主义运动推进到"新革命时期"。这一时期从 1959 年开始至 1989 年"苏东剧变"为止，"切·格瓦拉—卡斯特罗主义"是这一时期最具代表性的理论成果，而古巴革命是其中最为关键的历史事件，因为"无论是在拉美马克思主义发展史上，还是在拉美的历史上，古巴革命都构成了一个重要转折"。它既突破了"斯大林时期"在拉美形成的"苏联官方版正统"马克思主义一元独霸的局面，以及"革命阶段论"及其相应的"和平过渡""议会斗争策略"等"单一路线"的教条；又破除了"阿普拉主义""庇隆主义"等"拉美例外论"所宣扬的"马克思主义不适合拉美"的怀疑主义悲观论调，重新激发了拉美左翼人士和共产党人创造性地发展马克思主义的理论冲动与革命激情。对此，米歇尔·罗伊总结道："拉美马克

---

① 崔桂田等：《拉丁美洲社会主义及左翼社会运动》，山东人民出版社 2013 年版，第 128 页。

思主义在 1959 年以后迎来了一个新的变革期——这一时期恢复了 20 世纪 20 年代'原初的共产主义'（Original Communism）的一些有力思想。虽然这两个时期之间并不存在直接的和意识形态上的连续性，但卡斯特罗主义重新强调了马里亚特吉的思想，并从历史的尘埃中解救了梅里亚，以及 1932 年萨尔瓦多革命（精神）。"① 谢尔顿·利斯也认为，中国和古巴对革命采取战斗的、非正统马克思主义的态度所获得的巨大成功，以及"中苏论战"打破了教条主义的束缚，促进了马克思主义拉美化的进程。到了 20 世纪 60 年代，拉丁美洲的知识分子比以往更多地接受马克思思想的变种。他们把卡斯特罗、格瓦拉、列宁、托洛茨基、毛泽东和葛兰西的理论同民族主义、印第安主义、存在主义，甚至基督教神学的一些方面结合起来，② 进行创造性发展，因此从 20 世纪 60 年代开始，拉美出现了大量重要而新颖的马克思主义研究，这些研究所涉及的都是关于拉美现实的一些关键主题：依附性与欠发达、民粹主义、工会及其与国家的联系、工人和农民运动、土地问题、边缘性问题等。③ 同样，马克思主义历史学，乃至文学、艺术等学科的发展也被推进到一个新的阶段……。总之，这一"新革命时期"是马克思主义对拉美社会影响最广泛、最深刻的时期，更是拉美马克思主义探索发展历程中最丰富、最多元，甚至"最异端"的时期。尽管这一时期的游击运动以及其他形式的社会主义运动，像智利阿连德社会主义、秘鲁军事社会主义、尼加拉瓜桑解阵社会主义、圭亚那合作社会主义和格林纳达社会主义等最后基本都失败了，但由古巴革命所引发的拉美马克思主义新革命与新探索却影响深远，甚至还收获了一些独具特色的马克思主义拉美化的别样成就，其中最重要的成果就是"解放神学马克思主义""马克思主义依附理论"，以及"切·格瓦拉—卡斯特罗主义"等。

---

① Michael Löwy, *Marxism in Latin America from 1909 to the Present*, New Jersey： Humanities Press, 1992, p. xlⅲ.

② Sheldon B. Liss, *Marxist in Thought Latin America*, Los Angeles： University of California Press, 1984, p. 38.

③ Michael Löwy, *Marxism in Latin America from 1909 to the Present*, New Jersey： Humanities Press, 1992, p. xlⅱ.

最后，随着"苏东剧变"，以及尼加拉瓜桑迪诺革命阵线在1990年因选举失利而交出政权，"新革命时期"伴随着这个"游击运动"仅存的硕果一起终结了。自此，拉美马克思主义进入了"后革命时期"。目前，"后革命时期"大致经历了两个阶段，即20世纪90年代的"新自由主义实验期"，这是拉美马克思主义探索发展的低潮期。但到了20世纪末，随着"新自由主义"露出败象，人们对马克思主义的兴趣开始升温，进入21世纪，拉美政坛更出现了"集体左转"的趋势，拉美马克思主义理论研究与实践探索又开始活跃起来，这是"后革命时期"的第二阶段。在这一阶段，由于拉美左翼政府的支持、资助，马克思主义著作被大量出版，甚至《共产党宣言》也于2004年被译成了盖丘亚语（南美地区最重要的土著语言），各种学术交流活动与社会运动论坛得以频繁召开，拉美马克思主义得到进一步传播与发展。总体上看，这一时期最为突出的特点是：拉美马克思主义的发展由原来主要被"革命家"和"社会活动家"推动的，以"改变世界"为旨趣的"革命化"发展为主的道路，转向以学理探索与历史梳理为主的"学术化"发展道路。这一转变当然有其深刻的背景：一方面，随着国际社会的深刻变革，"革命主体化危机"进一步加深，尽管1994年仍有墨西哥的萨帕塔起义，但显然大规模武装革命暂时已无可能；另一方面，苏东剧变打破了长期禁锢人们头脑的成见与教条思维，将人们带进一个"可读马克思"的新阶段，而随着"新自由主义神话"的破灭，当代资本主义弊端层出不穷，人们自然也会将目光投向马克思主义；同时，马克思主义作为一项智力成果，已经深深地根植到人类思想史之中，成为相关学科研究不可忽视的重要构成内容。当然，这一时期也不妨有一些马克思主义理论家，如玛尔塔·哈内克尔等不仅积极开展马克思主义理论研究，而且还积极投身于现实社会政治运动，甚至直接参与左翼政党和政府的政治活动，将马克思主义运用于拉美现实社会运动或变革实践之中，为其提供理论支持，"21世纪社会主义"等各种颇具时代特色与拉美特色的"新社会主义"政治主张的提出，便包含着这些理论家的心血。另外，值得注意的是，马克思主义拉美化的前期成果，诸如马里亚特吉思想、切·格瓦拉—卡斯特罗主义、"解放神学马克思主义"等也得到了更为广泛传播，其中的诸多元素被21世纪以来席卷拉美的各种社会主义运动所吸收。这一时期比较突出的代表有智利的玛尔塔·哈内克尔（Marta Harnecker）、约格·拉腊林（Jorge Larraín），德裔学者海因斯·迪特里希（Heinz Dieterich），墨西哥的卡斯塔涅达（Jorge G. Castañeda）、华西斯（Marco Vinicio Dávila Juárez），阿根廷的恩里克·杜塞尔（Enrique Dússel）、哥伦比亚的哈伊罗·埃斯特拉达（Jairo Estrada）、秘鲁的阿尼巴尔·魁加诺（Aníbal Quijano）等。

二 "拉美马克思主义"的主要理论成果

从以上结合历史背景对马克思主义在拉美的传播与发展历程的简略梳理中，可看出，尽管马克思主义拉美化的百年历程跌宕起伏，充满了艰难险阻，但从传播初期的胡斯托开始直到当今仍然活跃在拉美左翼理论与实践前沿的哈内克尔等人，始终有一批探索者努力克服"教条主义"的干扰，坚持探索将马克思主义基本原理与具体历史条件、本土思想资源和理论传统结合起来的民族形式，其间产生了诸多颇具拉美色彩的"马克思主义思潮"。当然，随着时间的流逝，其中大部分思潮都湮没在历史的尘埃中了，唯有少数几个成果经受了时间的考验，成为马克思主义拉美化的活的遗产，成为拉美社会主义运动，乃至左翼运动的精神食粮，继续在拉美左翼理论界和社会实践领域发挥着影响力。其中最重要也最具代表性的理论成果是：马里亚特吉思想、切·格瓦拉—卡斯特罗主义、"解放神学马克思主义"和马克思主义依附理论等。

首先，无论从产生时间上看，还是从影响力上看，马里亚特吉思想都是头一份马克思主义拉美化的成果，其他三项成果皆深受其影响，甚至可以在其中找到部分源头。也因此之故，马里亚特吉常被冠以"拉美马克思主义教父""解放神学先驱""拉美葛兰西"等称号。相较而言，马里亚特吉思想也是最受国内外理论家关注，因而被研究得较为充分。他的思想集中体现在《关于秘鲁国情的七篇论文》（1928）和《捍卫马克思主义》（1934）两本著作，及其担任《阿毛塔》（Amauta）杂志主编时刊登的一系列文章中。大多数研究者认为，马里亚特吉大致是在1919—1923年游历欧洲时从空想社会主义者转变为科学社会主义者的，其间他广泛吸收了欧洲思想界的有益成分，特别受到克罗齐、乔治

·索列尔和以皮埃罗·戈贝蒂、葛兰西为首的意大利《新秩序》集团的影响；同时，他也广泛吸收了拉美思想的有益成分，特别是普拉达和卡斯特罗·波索等人的"土著主义"思想。因此，米歇尔·罗伊认为，马里亚特吉思想"融合了欧洲文化最先进的方面以及土著共同体中的千年传统，并试着将农民群体的社会经验纳入马克思主义的理论框架之中。"① 马里亚特吉思想内核可大致简略概括为 3 个主要方面：（1）对马克思主义的科学认识。一方面马里亚特吉认为马克思主义根本上是一种基于现实和事实基础之上的辩证方法，并非庸俗唯物主义和经济决定论；另一方面他认为马克思主义思想应当是开放的、可变化的、非教条的，应当根据新情况加以更新和发展，这一态度是避免其落入"欧洲中心主义教条"的泥潭，促成其走向探索马克思主义拉美化之路的关键。（2）用马克思主义基本原理来分析本土问题，并将之创造性地与本土理论传统、思想资源结合起来建构出适合解决本土问题的思想；例如，在《关于秘鲁国情的七篇论文》中，马里亚特吉用历史唯物主义方法分析得出秘鲁的根本问题不是理论界所认为的人种问题，而是经济社会问题，关键是土地问题，因为秘鲁乃至整个拉美独立后并没有解决土地分配问题，其中尤以印第安人因失去土地而受害最深，所以解决之道首先要恢复印第安人得到土地的权利，他建议通过成立农民组织恢复古代印加人的村社共有土地模式；总之，马里亚特吉认为，社会主义的斗争应当深深地根植于国家和民族传统之中，而拉美思想对欧洲的依附正是其政治经济依附性的根源之一，因此必须用本土的思想意识来取代后者以减少依附性。为此，他拒绝屈从于斯大林主义，以及共产国际和苏共强加的教条。也因为这一鲜明的内核，马里亚特吉思想一方面被称为"民族主义""土著主义"或"印第安主义"的马克思主义或社会主义，另一方面又不为"正统"马克思主义承认而被斥责为"小资产阶级的东西"。（3）突出意识的主观能动性，重视精神力量，强调宗教神话的积极作用。马里亚特吉认为，"俄国的共产主义太唯物主义了，因而不适宜于秘鲁这样一个主要是印第安人的国家"，因为这样的"马克思主义中的决定论因素会抑制

---

① Michael Löwy, *Marxism in Latin America from 1909 to the Present*, New Jersey: Humanities Press, 1992, p. xxi.

创造力，因而革命的神话不可以抛弃，否则与之一道失去的将是马克思主义的人道主义品质"①。他甚至认为，"革命者的力量并不在于其科学，而在于其信仰，在于其激情，在于其意志。这是一种宗教性、神秘性、精神性的力量。这是神话的力量……革命情绪乃是一种宗教情绪"②。这些思想在正统马克思主义看来显然就是"异端"，但这一鲜明的理论特质有其背景：一方面是对当时被"决定论化"了的"正统"马克思主义的"反动"，另一方面是对印第安人的神话传统和被高度"天主教化"了的拉美社会的理论体认，同时也要看到马里亚特吉既强调精神力量，又坚持历史唯物主义的辩证立场与方法。因此，我们应该看到，尽管因了这一颇为"异端"的理论特征，马里亚特吉时常被片面地称为"唯意志论者"，其思想也常被偏颇地称为"伦理社会主义"，但或许他始终是位"聪明"的"马克思主义者"。

马克思主义拉美化的第二个成果自然非"格瓦拉—卡斯特罗主义"莫属了。"格瓦拉—卡斯特罗主义"兴起并活跃于20世纪60年代，是格瓦拉和卡斯特罗关于社会主义革命的理论。切·格瓦拉和卡斯特罗是古巴革命和建设的领导核心，两人的思想理论作为一个统一整体贯彻和体现在古巴革命与建设初期之中，因而其无论被称为"格瓦拉主义"还是"卡斯特罗主义"，内涵基本一致，故此将之合称为"格瓦拉—卡斯特罗主义"。从思想渊源上看，格瓦拉和卡斯特罗既受到马克思、列宁、斯大林、托洛茨基等欧洲思想家的影响，也吸收了毛泽东、武元甲、胡志明等亚洲革命家的独特理论，同时继承了马蒂、梅里亚、马里亚特吉等拉美革命先驱们的思想。他们对这些思想理论既借用又加以批判，因而格瓦拉—卡斯特罗主义是马克思主义结合了拉美，特别是古巴的具体历史条件的创新与发展。③"格瓦拉—卡斯特罗主义"的内核概括为3个主要方面：（1）格瓦拉—卡斯特罗主义最基本的内核是"革命意志论"，即

---

① Sheldon B. Liss, *Marxist in Thought Latin America*, Los Angeles：University of California Press, 1984, pp. 129 – 133.

② 叶建辉：《拉美马克思主义思想之父——马里亚特吉述评》，《马克思主义研究》2013年第3期。

③ Sheldon B. Liss, *Marxist in Thought Latin America*, Los Angeles：University of California Press, 1984, pp. 256 – 265.

"它是某种站在所有消极的和宿命论的决定论的对面的政治上的和伦理上的'革命意志论'"①。这一思想内核显然受到马里亚特吉强调主观意志与精神力量思想的深刻影响。格瓦拉和卡斯特罗对革命雄心、意志与精神动力的倚重和强调贯穿在革命与建设过程之中。他们认为无论夺取革命胜利还是消灭贫困都有赖于牺牲精神和共产主义态度。因而在武装革命中，他们非常看重革命的主观条件，且不像列宁强调的那样只有主客条件成熟才能行动，而认为凭借游击队的革命意志与激情的"催化"作用，就能创造出革命条件，甚至认为"拉丁美洲人已看到了革命的客观条件，即遭受贫困、饥饿和压迫，因而他相信只要进行武装斗争就能具备主观条件，即意识到胜利的可能性"②。所以，他们积极输出和推动游击武装斗争。同样，在社会主义建设时期，古巴则积极开展塑造社会主义"新人"的运动，力图用精神鼓励取代物质刺激，鼓励人们不计报酬自愿奉献，其后虽不得已也采纳了物质刺激的方式，但对精神道德作用的重视却始终如一，卡斯特罗始终认为，"没有精神道德就没有社会主义"，"社会主义的最重要的价值是平等"。（2）格瓦拉—卡斯特罗主义最鲜明的标志是关于武装斗争的思想，他们拒绝社会主义革命可以通过"和平过渡"得以实现的方案，认为"武装斗争是这场社会主义革命的必要条件，因为无产阶级的胜利意味着资产阶级军事机构的摧毁"。而且卡斯特罗认为，"不必等到所有条件成熟才去发动武装斗争，因为游击运动本身有助于创造这些条件。"格瓦拉认为游击战能起到革命"催化剂"的作用，且"乡村游击战是最可靠、最现实的武装斗争形式。"后来他们还提出了"诸如军事对于政治的优先性、游击运动中心作为政党的核心或替代物"，以及"农民将为土地战斗，从而构成第三世界革命的主要动力"等颇具特色的思想。③ 这些以游击为中心的武装斗争思想也许是格瓦拉—卡斯特罗主义构成内容中国际知名度最高，也是国际输出最多的部

---

① Michael Löwy, *Marxism in Latin America from 1909 to the Present*, New Jersey：Humanities Press，1992，p. xliv.

② Sheldon B. Liss, *Marxist in Thought Latin America*, Los Angeles：University of California Press，1984，p. 258.

③ Michael Löwy, *Marxism in Latin America from 1909 to the Present*, New Jersey：Humanities Press，1992，p. xliv.

分，甚至人们常用"游击中心主义/论"来指代格瓦拉—卡斯特罗主义。他们也因此而被批评者们贴上"布朗基主义"的标签。（3）彻底的社会主义革命。尽管古巴革命开端于带有资产阶级民族民主革命性质的"7·26"运动，但在思想层面上，格瓦拉和卡斯特罗却主张摒弃"正统"马克思主义的"革命发展阶段论"，拒绝与民族资产阶级合作，追求彻底的社会主义革命，力图消灭一切资本主义成分。一方面，他们在被称为拉美左翼纲领与意识形态旗帜的《通过三大洲会议致世界人民的信》中主张：社会主义革命必须"将帝国主义者同当地的剥削者同时推翻"，因为"民族资产阶级完全丧失了抵抗帝国主义的能力——如果他们曾经有过的话——如今又成了帝国主义的帮凶"，所以"我们要么进行社会主义革命，要么成为革命的笑柄，除此之外，别无他途"①。另一方面，在社会主义建设中，他们力图快速剔除一切资本主义成分，认为革命者应坚持不断革命的原则，迅速消灭市场与商品生产，甚至消灭带有资本主义气息的货币和物质刺激，追求彻底而纯粹的社会主义；基于这样激进主张，他们还批判了苏联 20 世纪 60 年代在一定程度上承认市场机制和个人利益的经济改革以及"和平过渡"与"和平共处"的路线。

当然，格瓦拉—卡斯特罗主义奉行"彻底社会主义革命"的激进主张，既于 20 世纪 60 年代拉美掀起的"走社会主义还是资本主义道路"的民族解放路径之争密切相关，亦于另一个马克思主义拉美化的成果，即马克思主义依附理论的警示性结论相关。因为马克思主义依附理论认为：落后国家的民族资产阶级没有能力领导民族解放进程，资本主义也不可能解决落后和不发达问题，社会主义是不发达国家唯一的革命性出路。②马克思主义依附理论作为马克思主义拉美化的具体理论成果之一，是在继承马克思主义经典作家关于落后国家对发达国家的从属关系以及帝国主义和新老殖民主义理论的基础之上，用马克思主义的立场、方法对"不发达理论""发展主义"等已有成果与拉美社会现实进行双重批判的基础上形成的，探讨不发达国家经济政治与社会发展的一

---

① Michael Löwy, *Marxism in Latin America from 1909 to the Present*, New Jersey: Humanities Press, 1992, p. xliii.

② 袁兴昌：《依附理论再认识》，《拉丁美洲研究》1990 年第 4 期。

种理论。"马克思主义依附理论"和"结构主义依附理论"合称为"依附理论",依附理论是拉美理论家们在反对和批判欧美学者主导的现代化理论的基础上,结合本土客观条件和现实需要而建构出来的地道本土理论,① 亦可称为"拉美不发达理论"。马克思主义依附理论的主要代表人物及其成果有:多斯桑托斯(Theotonio Dos Santos)的"新依附理论"、瓦尼娅·班比拉(Vania Bambirra)的"依附性资本主义理论"、鲁伊·马里尼(Ruy Mauro Marini)的"超级剥削理论"、阿尼瓦尔·基哈诺(Anibal Quijano)的"边缘化理论",以及费尔南多·卡多索(Fornado Henrique Cardoso)和恩索·法莱图(Enzo Faletto)的"发展型依附理论"等。国内研究者大多认为马克思主义依附理论的思想来源除了马克思主义经典作家的相关理论外,还极大受惠于劳尔·普雷维什(Roal Prebish)等人的"发展主义理论"、萨米尔·阿明(Samir Amin)和安德烈·弗兰克(Andre Gunder Frank)等人的"不发达的发展理论",而且主要从经济发展的角度探讨和阐释这一理论。但其实拉美社会的依附现象早已引起有识之士的思考,马里亚特吉早在20世纪初就深刻地将拉美"经济政治的依附局面归咎于思想上的依附",而"美洲最知名的巴西马克思主义历史学家小卡约·普拉多"也早就"以其经济分析和敏锐地发掘依附性主题著称"②。当然,从中也可看出拉美对欧美的依附不仅仅是经济依附,还有更深层的"知识依附"③ "思想依附",因而依附理论不应该也不能只关注经济问题,例如费尔南多·卡多索就"对依附的经济基础不甚重视,而对依附的社会政治方面很感兴趣,尤其对阶级斗争、群体冲突以及政治运动感兴趣。"④ 基于以上认识,我们把马克思主义依附理论的主要内容概括为3个主要方面:(1)认为对发达国家的"依附"或"从属"关系是阻碍落后国家

---

① [英]莱斯利·贝瑟尔主编:《剑桥拉丁美洲史》第六卷(上),当代世界出版社2000年版,第395页。

② Sheldon B. Liss, *Marxist in Thought Latin America*, Los Angeles: University of California Press, 1984, pp. 134、116.

③ 张建新:《从依附到自主:拉美国际关系理论的成长》,《外交评论:外交学院学报》2009年第2期。

④ 周长城:《新依附理论:卡多佐对传统依附理论的挑战》,《社会科学研究》1997年第4期。

不发达的根源。马克思主义依附理论实际上就是为了弄清楚拉美国家发展障碍而产生的。欧美现代化理论一般把落后国家不发达的原因归之于这些国家缺乏合适的现代化观念、社会结构、人力与财力资源，以及缺乏对发达工业国的完全开放，而马克思主义依附理论则认为拉美诸国的落后与不发达恰恰是因为它们对发达国家完全开放而导致的依附关系所造成的，① 即发达国家对落后国家的控制、盘剥、压迫并使之边缘化是阻碍其发展，导致其落后、贫穷的根源。（2）落后国家对发达国家的依附不仅是产业、金融和技术的依附，而且还包括更深层的知识与思想依附；这种依附不仅作为一种外部力量，通过经济分工导致产业结构失衡来制约落后国家的发展，而且还通过与当地资本和利益集团勾结形成政治联盟，从而成为影响这些国家的"内部力量"，当然还包括通过思想理论的输入形成的深层观念控制。（3）在如何摆脱依附道路的问题上，马克思主义依附理论形成了新、老两个派别的不同答案。传统马克思主义依附理论认为：在依附关系下，落后国家不可能发展，而资本主义也不可能摆脱依附关系，因此社会主义革命是唯一出路。但以卡多索（Fornado Henrique Cardoso）和法莱图（Enzo Faletto）为代表的新一代"发展型依附理论"则认为，在依附关系下，落后国家也能获得发展，因为"外国企业的利益在某种程度上和依附国家的内在繁荣是相协调的"。但这种发展需要有一个"强力政府"存在为前提条件，即"在强力政府存在的前提下，与发达国家利益群体建构一种相互关系，寻求'和依附相联系的发展'"。当然，这种发展要付出诸如"收入分配倒退""劳工遭受剥削""政府集权专制"与"政治生活封闭"等代价。②

受到马克思主义依附理论的深刻影响，并与之一道产生于 20 世纪 60 年代，活跃于 1970 年的另一个马克思主义拉美化成果是"解放神学马克思主义"，它也许是马克思主义发展史上最为"异端"的"奇葩"。"解放神学马克思主义"是解放神学中最进步、最激进的派别，而解放神学是 20 世纪 60 年代，在拉美人民争取解放的革命斗争日趋激烈，天主教出

---

① 周长城：《新依附理论：卡多佐对传统依附理论的挑战》，《社会科学研究》1997 年第 4 期。

② 同上。

现危机和马克思主义广泛传播的背景下产生的，一种将马克思主义和基督教信仰调和起来的基督教社会主义思潮。马克思主义对解放神学的影响十分明显，它在历史观和人道主义问题上吸收了某些马克思主义流派的观点，对拉美社会进行具体分析基本上采用了马克思主义依附理论的方法和结论。但解放神学家们对马克思主义接受的程度是不同的，有一些派别甚至排斥马克思主义。① 因此不能将解放神学与"解放神学马克思主义"混为一谈。从思想渊源上看，"解放神学马克思主义"所吸收的是常被其称为"新马克思主义"的西方马克思主义。它对苏共及其规制下的拉美各国共产党的正统马克思主义不感兴趣，它认为这种正统马克思主义代表的是一种教条的、否定人的自由的马克思主义。② 同时，它还吸收了马里亚特吉思想、格瓦拉—卡斯特罗主义和依附理论等马克思主义拉美化的成果。米歇尔·罗伊在其为《当代马克思主义词典》撰写的"解放神学马克思主义"词条中将之称为"新马克思主义"，但同时又认为它比西方马克思主义更具实践精神。③ "解放神学马克思主义"主要代表人物有被称为"穿着教士袍的切"的卡米洛·托雷斯（Camilo Torres Restrepo）神父，曾担任过尼加拉瓜"桑解阵线"革命政府文化部部长的埃内斯托·卡德纳尔（Ernesto Cardenal）神父，以及塞贡多（Juan Luis Segundo）、博尼诺（Jose Miguez Bonino）、古铁雷斯（Gustavo Gutierrez）、莱奥纳多·博夫（Leonardo Boff）、杜塞尔（Enrique Dussel）等人。综合已有研究成果，可大致将"解放神学马克思主义"的核心内容概括为4个要点：（1）用马克思主义改造神学，使之革命化，同时对马克思主义的宗教观进行"去""无神论化"的重新阐释，将两种理论融合起来；宣称共产主义的深刻含义与基督教精神是一致的，信仰马克思主义与信仰基督教并不矛盾，并且"马克思主义者无须是无神论者"，而"每个基督

---

① 徐世澄主编：《拉丁美洲现代思潮》，当代世界出版社 2010 年版，第 455 页。

② 杨煌：《马克思主义与基督教神学能统一吗？——拉美解放神学的尝试》，《马克思主义与现实》2000 年第 5 期。

③ ［法］雅克·比岱主编：《当代马克思辞典》，社会科学文献出版社 2011 年版，第 242—250 页。

教徒的义务是做一个革命者"①。（2）"解放神学马克思主义"不仅像解放神学一样把马克思主义方法当作分析社会现实的工具，更将之作为改造社会现实的实践；它将投身革命与践行基督教精神结合起来，甚至认为只有投身"人民争取解放的革命"才能践行基督的"拯救"精神，成为真正的基督徒，卡米洛·托雷斯神父甚至认为，"作为天主教徒而不革命，就是过着罪大恶极的生活"②，埃内斯托·卡德纳尔神父认为，"一个基督徒要想成为真正的基督徒，就必须是个马克思主义者"，"解放神学其实应该叫革命神学"③。（3）解放神学马克思主义另一个突出内容是对资本主义的道德批判，其灵感来源是宗教性的和伦理性的，但表现得更为激进，且毫不妥协；它认为贫穷、饥饿、疾病、死亡是资本主义这棵罪恶之树上结出的果实，④ "资本主义是犯了死罪的社会"，必须消灭它。（4）认为只有"社会主义"才能使拉丁美洲得到真正的发展，并主张建立一种民主的、公正的，"爱神爱人""富于人性"的"人道主义"的，与基督教精神相容的社会主义。⑤

三 "拉美马克思主义"基本特征

以上对"拉美马克思主义"发展里程及其主要代表性成果的简要梳理和勾勒，虽然既不能囊括马克思主义拉美化的所有"思潮"或理论成果，也不能穷尽这四个颇具代表性思潮或成果的所有内涵，但还是能够看出拉美诸国的马克思主义思潮及其相应的实践运动总是同气连枝的，它们在相互影响和相互渗透中形成一个信仰共同体，共享着某些一脉相承的传统。因此，尽管拉美马克思主义从传入之初开始到本土化思潮与成果的形成过程，走的都是一条多元分化的发展道路，但却仍然形成了

---

① Sheldon B. Liss, *Marxist in Thought Latin America*, Los Angeles：University of California Press，1984，pp. 136、159.

② Sheldon B. Liss, *Marxist in Thought Latin America*, Los Angeles：University of California Press，1984，pp. 134、159.

③ 吉力：《革命，以父之名》，《经济观察报》2011 年 2 月 11 日。

④ ［法］雅克·比岱主编：《当代马克思辞典》，社会科学文献出版社 2011 年版，第 242—250 页。

⑤ 王谨：《"解放神学马克思主义"的兴起及其特征》，《教学与研究》1996 年第 5 期。

作为一个理论整体的自我认同与自我辨识的一些基本特征，大致可归纳为以下4个方面。

第一，"拉美马克思主义"为了解决拉美地区普遍面临的时代任务而生，因而具有深刻的内生性与鲜明的时代特征。"拉美马克思主义"是其创始人在用马克思主义基本原理来分析和解决拉美诸国普遍面临的时代问题的过程中产生的。因而，它一方面具有深刻的内生性原因，另一方面它的内容反映着时代主题，深深打上了时代主题的烙印。拉美诸国自摆脱宗主国的殖民统治独立以来，因为对原有经济社会结构未进行深入革命，因而普遍面临着"对外的经济政治依附"和"对内的社会排斥"问题。"对外依附"意味着拉美诸国经济社会依然没有独立自主性，依然遭受着"中心国家"、帝国主义和国际资本的盘剥；对内的"社会排斥"则意味着广大民众仍然被排斥在现代化进程之外，依然遭受着极端不公的歧视与压迫；前者导致拉美经济对外高度依赖而严重受制于人，后者导致拉美贫富极度分化，社会被严重撕裂。不言而喻，"对外依附与对内排斥"既是拉美经济社会发展的最大障碍，亦是拉美诸国贫困落后与动荡不安的总根源。因此，摆脱"依附"实现经济自主，消除"排斥"实现社会公平，既是拉美人民必须争取的"第二次独立"斗争，亦是拉美诸国必须完成的历史任务。拉美马克思主义正是其创始人自觉承担起这一历史任务，在将马克思主义创造性地用来解决拉美诸国普遍面临的这一时代问题的过程产生的。因此，我们看到这一时代主题在前面归纳总结出来的四个具体成果之中都得到了非常集中而鲜明的反映，甚至还成为了马克思主义依附理论的中心议题。当然，这也说明"拉美马克思主义"具有内生性特征，因为它是应拉美社会面临的时代任务的内在要求而产生的。诚如斯言，"理论在一个国家实现的程度，总是决定于理论满足于这个国家的需要的程度"①，正是"拉美的经济社会状况，如不发达、依附性和贫困逼迫人民走向激进革命"②，而革命需要革命的理论，马克思主义拉美化的过程正是其在满足革命需要的过程中被吸收内化为拉美

---

① 《马克思恩格斯选集》第1卷，人民出版社1995年版，第11页。

② E. Bradford Burns, *At War in Nicaragua: The Reagan Doctrine and the Politics of Nostalgia*, New York: Harpercollins Press, 1987, p. 7.

独特的革命意识形态的过程。因而通过坚决彻底的社会主义革命，摆脱依附，实现经济社会的自主发展，消除社会排斥，实现社会公平，自然成为拉美马克思主义各个理论成果的中心诉求，并由此构成其鲜明特征。当然，反帝、反殖民主义，甚至反美也自然成为其摆脱依附的题中应有之义了。

第二，"拉美马克思主义"根植于拉美历史文化传统之中，具有鲜明的地域文化特色和独特的民族形式。由于拉美历史文化和社会结构的特殊性，无论是在坚持普遍主义的诸如卡佩罗（Alejandro Martinez Cambero）之流正统马克思主义者看来，还是在坚持特殊主义的"拉美例外论"的阿亚·德拉托雷（Haya de la Torre）之流看来，马克思主义都不适合拉美地区。① 然而，马里亚特吉等拉美马克思主义创始人始终坚持辩证地看待普遍性与特殊性问题，既避免将马克思主义普遍原理教条化，又避免绝对化拉美的特殊性，创造性地将二者融会贯通起来，既将马克思主义根植于拉美民族文化传统之中，使之以易于被拉美人民接受的本土化形式出场；同时又将拉美历史文化传统融入本土化的马克思主义之中，使之具有鲜明的地域文化特色和独特的民族形式。毫无疑问，其中最为突出的就是它将宗教神话纳入社会主义运动中，使之成为社会主义的精神和伦理维度而从属于人类解放事业。也许，这在正统马克思主义者看来是"大逆不道"的，但这恰恰是马克思主义与拉美具体历史条件相结合的必然产物。拉美是个高度天主教化的地区，90%以上的民众皆是天主教徒，毫无疑问，如果教条而僵死地坚持马克思的宗教观而不加以变通或发展，马克思主义就不可能在该地区获得任何发展。也许正是基于这样正确的体认，马克思主义在拉美化过程中对宗教持开放态度。同时，拉美基督教基层教会在支持和领导广大贫苦信众参与社会斗争的过程中，形成了激进的基督教左翼思潮。由于相近或相似的"穷人优先"的劳苦大众立场，基督教左翼与马克思主义在参与社会斗争的过程中形成了对话，马克思主义批判性地接受了基督教的某些元素，基督徒被允许入党，左翼基督徒也接受了马克思主义，社会主义成为他们尘世的奋斗目标，切·

---

① Michael Löwy, *Marxism in Latin America from 1909 to the Present*, New Jersey：Humanities Press, 1992, pp. xiv - xv.

格瓦拉被称为"尘世中的基督",而卡米洛·托雷斯神父被称为"穿教士袍的切·格瓦拉"。随着相互影响和渗透的不断加深,基督教左翼与马克思主义从联盟到有机统一,不仅产生了解放神学马克思主义这样的理论成果,而且还有大量神职人员直接参与社会主义革命运动,甚至成为武装游击队员,为共产主义事业献出了生命;米歇尔·罗伊就发现,拉美左翼基督教已经成为革命运动的重要成分,在某些情形中,它甚至是革命的先锋,因为他们的主张比同时期受苏共遥控的拉美共产党还要激进,因而如果不考虑马克思主义对基督教左翼的吸引及其激进化,拉美的许多民族解放运动和革命活动就不能得到很好的理解。① 同样,马克思主义在拉美化过程中对印第安神话传统的处理也是成功的。从中可以看到,拉美马克思主义具有一种别样的宗教神话色彩,而宗教乃是古老的印第安美洲人生命的全部,从中已经可以隐约看到切·格瓦拉"新人"的大致轮廓。由此可知,共产主义之于拉丁美洲并不是一群谵妄青年热情的无端发作,而是深不见底的古老传统的回声,是拉丁美洲寻找自身认同的脚步。②

第三,"拉美马克思主义"的理论发展具有一个非常突出的特点:它不像西方马克思主义那样,通过从理论到理论的抽象演绎来实现理论发展与创新的,而是在对现实的批判和干预中完成的。因此,"拉美马克思主义"的理论议题和时代主题具有高度关联性,其理论诉求与实践目标基本是一致的。这使得它的研究成果具有一种极为可贵的现实性和实践性品格。在前面的分析中我们已经指出,"拉美马克思主义"接纳的主要是西方马克思主义,而对苏共及其遥控下的拉美共产党所阐释的正统马克思主义则兴趣不大,因而有些研究者就此简单地认为,拉美马克思主义所"接纳"的主要是西方马克思主义者所鼓吹的人本主义思潮,它所崇尚的,说到底是一种人道主义。但事实并非全然如此,"拉美马克思主义"之所以对苏联版马克思主义"兴趣不大",是因为苏联版"正统马克

---

① Michael Löwy, *Marxism in Latin America from 1909 to the Present*, New Jersey: Humanities Press, 1992, pp. Ivi – Ivii.

② 叶建辉:《拉美马克思主义思想之父——马里亚特吉述评》,《马克思主义研究》2013 年第 3 期。

思主义"的机械决定论和经济还原论倾向,遗忘了马克思主义的"实践原则";同样,"拉美马克思主义"对西方马克思主义的"接纳"也只是批判性地吸收其强调意识的能动作用等方面的思想元素,而对其缺乏实践性的一面也毫不留情地予以批判;古铁雷斯就认为,阿尔都塞等西方马克思主义者遗忘了马克思主义的实践品格,只醉心于对马克思主义的纯粹抽象理论化阐释的做法"阻碍了(人们)去研究马克思作品的深层统一性,因而妨碍了人们本应理解的其启发激进持久革命实践的能力"。①其中的缘由在于,"拉美马克思主义"理论发展走的是一条与西方马克思主义"学院化"的理论抽象发展道路截然不同的现实批判与实践介入的道路,它不是停留在书斋中的"解释世界"的学问,而是旨在"改变世界","使现实世界革命化"的理论武器。从我们对"拉美马克思主义"发展里程的梳理中可以看出,其创建者基本上都是实干家,甚或是社会活动家和革命家,他们的理论直接针对现实问题,大部分灵感源于对实践的批判与总结。因此,这些理论成果具有一种极为可贵的现实性和实践性品格。

第四,"拉美马克思主义"的发展是多元化的。拉美各国思想界具有相互影响、相互渗透的传统,由此形成一个多元共识的自我认同与自我识别的整体,即在多元并存的表象下存在作为自我识别与认同的交叉(重叠)共识这一深层根基。此特征在"拉美马克思主义"领域里体现得尤为突出,但"拉美马克思主义"之所以形成这一突出特征不仅仅是拉美自身的思想传统使然,还有其深层原因:一方面,这自然是马克思主义既强调坚持普遍原理,又强调必须与具体历史条件相结合,既强调国际主义,又强调民族形式等充满辩证思维的基本原理的体现;另一方面,却是由马克思主义拉美化的特殊情形使然的。首先,从源头上看,马克思主义在拉美的传播始终是多元并存的,拉美对各种流派的"马克思主义"始终是开放的,第二国际版的马克思主义、苏联官方版的马克思主义、被称为"新马克思主义"的西方马克思主义、托洛茨基主义、毛泽东思想等,几乎马克思主义发展史上出现过的任何一种版本或派别的

---

① [法]雅克·比岱主编:《当代马克思辞典》,社会科学文献出版社 2011 年版,第242—250 页。

"马克思主义",甚至是相互矛盾或敌对的,都在拉美获得"合法"的传播与存在,由此也就形成了相应的不同派别的拉美马克思主义理论和政党,进而演化成多元"马克思主义思潮"并存的局面;其次,拉美大部分国家没有像欧洲那样的成熟而数量庞大的无产阶级,占绝对多数的是农民,而且受压迫,被盘剥最深重的是土著和亚非少数族裔,因而从不同群体的立场出发,对马克思主义的接受自然会出现一些分歧,进而导致马克思主义的多元化发展;再次,尽管拉美诸国有着大体相似的处境,面临大致相同的历史任务,但每个国家的具体情况还是有些差异的,因而基于不同国情,自然会形成具有本国特色的"马克思主义"。例如,以苏联官方马克思主义教条为圭臬的"马克思主义政党"就与马里亚特吉等具有浓厚本土色彩的"拉美化马克思主义者"不同,"大都采用教条的革命手册和还原论的观点,蔑视印第安人和农民";同样在那些印第安人很少的国家就不可能像秘鲁、玻利维亚、委内瑞拉等深受印加文明影响的国家一样,发展出具有浓重土著色彩的马克思主义和社会主义理论。正是基于对拉美马克思主义这种多元化发展的深刻体认,奥马尔·阿查(Omar Acha)和德波拉·安东尼奥(Débora D'Antonio)才警告:尽管任何一个国家在马克思主义拉美化中取得的成功经验,必然会对拉美其他国家和民族产生一定的积极影响,并促进马克思主义在整个拉丁美洲的传播与发展,但"任何地域性的经验都不能成为整个大陆的效仿模式"[1]。

除了以上特征外,"拉美马克思主义"也还存在一些瑕疵,乃至缺陷。首先,尽管在"拉美马克思主义"的演进历程中,产生了一些具体的理论成果,但这些理论成果显然缺乏体系化的理论表达,还显得比较粗陋,"理论不足"或许是"拉美马克思主义"领域,乃至整个左翼的缺陷;玛尔塔·哈内克尔(Marta Harnecker)就准确指出,"拉美马克思主义左翼面临着理论危机、实践危机和组织危机",而理论危机是症结所在,因为"理论危机必然导致实践危机与组织危机"。[2] 其次,"拉美马克思主义"或许还存在一定的主观化倾向;尽管"拉美马克思主义"反

---

[1] Francisco T. Sobrino "Marx in Hispanic America" *Socialism and Democracy*, Vol. 24, No. 3, November, 2010.

[2] 袁东振:《拉美地区的当代马克思主义研究》,《社会科学报》2007年11月29日。

对、批判机械决定论和经济还原论无疑是正确的，但它显然有矫枉过正之嫌，且在本土化过程中又过于迁就本土思想资源和理论传统中的主观化倾向，因而导致其存在着过分强调主观能动性，过分重视精神作用，特别是对待宗教神话作用的主观化倾向，显然已经偏离了马克思主义"无神论"；甚至我们还可以指出其还存在着一定的"民众主义"色彩等不一而足的"瑕疵"和缺陷。当然，这些简洁概括，也许不足以全面反映"拉美马克思主义"的特点，而且我们不否认基于不同立场与视角概括出来的其他结论或说法；例如，索布瑞诺（Francisco T. Sobrino）就认为，对马克思主义进行拉美式的解读具有异端性、反帝国主义、文化关切、唯意志论、自我批评和拒绝欧洲中心主义等特征。① 但我们认为简单而绝对化地判定"拉美马克思主义"是或不是真正的马克思主义都是不恰当的，在此我们不想陷入带有"宗派主义"唯我论色彩的烦琐争论之中，我们相信"拉美马克思主义"肯定存在某些偏离马克思主义基本精神的成分，但也同样有很多创造性发展是符合马克思主义精神的。对此，或许谢尔顿·利斯的看法可以给我们提供某种启示。他在《拉美马克思主义思潮》一书中借用赖特·米尔斯（C. Wright Mills）的见解将"拉美马克思主义者"分成四类："僵化的"（dead），即将马克思主义当成神圣不可侵犯的神谕；"庸俗的"（vulgar），即将马克思的某些思想当作整体来加以应用；"迂腐的"（sophisticated），即把马克思主义体系定型化，以教条主义来代替思考与探究；"朴实的"（plain），即相信马克思主义但不把马克思主义教条化，且总是像马克思本人一样开放灵活而又实事求是地工作。② 另外，他还猜想，马克思本人并不会赞成只存在一种唯一正宗的马克思主义的狭隘观念，而且马克思本人也不会按照其后继者制定的所谓正宗马克思主义教条体系来思考。因为马克思深谙"理论是灰色的，只有生命之树常青"的道理。

---

① Francisco T. Sobrino "Marx in Hispanic America" *Socialism and Democracy*, Vol. 24, No. 3, November, 2010.

② Sheldon B. Liss, *Marxist in Thought Latin America*, Los Angeles：University of California Press, 1984, p. 2.

　　以上对"拉丁美洲马克思主义"的探索历程及其基本特征的简单勾勒，是为"浙江师范大学拉美马克思主义译丛"总序言。

冯昊青　郑祥福

2020 年 8 月 25 日

目　　录

作者致谢词

    此书是我数易其稿，历时五年不断丰富完善的研究成果。本书的初稿（雏形）只不过是我在堪萨斯大学硕士第一学期所写的一篇研讨会论文，但这篇论文始终鞭策着我以一名拉丁美洲历史研究生的身份继续推进这项学术研究工作。①

    在此，我要感谢曾给予我诸多帮助的贵人。我的导师伊丽莎白·库兹涅索夫（Elizabeth Kuznesof）对我的研究提出了中肯的建议和批评，她敏锐的洞察力和独到的分析能力拓展了我对拉丁美洲历史的认知，而且她自始至终都在支持我继续这项研究。查尔斯·斯坦西费尔（Charles Stansifer）阅读了此书的大部分初稿，并提出了宝贵的修改建议；他对我的诸多关于拉丁美洲的假设提出的质疑，促使我在提出论据时变得更为谨慎。作为我的论文指导委员会成员，德怀特·基尔（Dwight Kiel）和本杰明·萨克斯（Benjamin Sax）运用他们各自的政治理论和欧洲思想史知识，对我的书稿提出了诸多重要的建议。而苏伦德拉·哈娜（Surendra Bhana）、安东·罗森塔尔（Anton Rosenthal）、金佰利·威尔奇（Kimberly Welch）和哈利·

    ① 此为本书作者马克·贝克尔（Marc Becker）撰写的致谢词。马克·贝克尔现为美国杜鲁门大学历史学教授、拉丁美洲史学家。马克·贝克尔教授是拉丁美洲裔美国人，他在堪萨斯大学劳伦斯分校获得拉丁美洲史专业的硕士和博士学位之后，入职杜鲁门大学从事拉丁美洲史教学工作，长期从事现代拉丁美洲史和拉丁美洲马克思主义研究，著述颇丰，影响甚大，且对拉丁美洲的风土人情、历史文化和经济政治状况非常熟稔。《马里亚特吉与拉丁美洲马克思主义理论》（*Mariategui Latin and Ameracan Marxist Theory*）出版于1993年，是马克·贝克尔教授在美国俄亥俄大学访学时完成的最终成果，作为俄亥俄大学国际研究中心的国际研究著作系列而获得该中心的出版资助。——译者注。

范登（Harry Vanden）等专家也对我的书稿提供了许多颇有助益的建议，这些建议帮助我提升了书稿的质量。

此外，还有很多人在本书的构思、撰写、出版过程中给予了诸多有益帮助。首先，我必须感谢蒂姆·布洛克（Tim Block），因为他率先向我介绍了何塞·卡洛斯·马里亚特吉（Jose Carlos Mariategui）及其思想的重要性。我也要感谢玛西娅·奎罗斯（Marcia Quiros）、林恩·贝内特（Lyn Bennett）、雪莉·切尔默（Sherry Schirmer）和曼努埃拉·纳普·德·阿吉拉尔（Manuela Knapp de Aguilar），是他们陪同我参加了数次研究生学术研讨会，并协助我构建出了这本书的主要内容框架；我还要感谢谢丽尔·穆施（Cheryl Musch），作为校对员，她阅读过我在研究生期间撰写的每个字句，她也是我平生见过的最优秀的校对者。当然，我也必须感谢雪莱·米勒（Shelley Miller），她在担任堪萨斯大学拉丁美洲图书管理员期间尽职尽责，帮我找到了许多关于马里亚特吉和拉丁美洲马克思主义理论的著作。当然，图书馆的馆际互借服务平台也为本书撰写提供了诸多必要的文献。

另外，我也要感谢美国公谊服务委员会［The American Friends Service Committee（AFSC）］。得益于该委员会的资助，我才能够于1989年夏天前往古巴考察。正是在这次考察旅行中，我发现了马里亚特吉和古巴革命之间的诸多联系。随后，我于1990年夏天获得了奥本海默奖学金，并于1990年和1992年夏天获得了外国语言和地区研究奖学金（FLAS）。这些奖学金使我有能力前往尼加拉瓜、厄瓜多尔，以及威斯康星州大学麦迪逊分校开展相关研究和访学工作，并在那里收集和了解到了更多关于马里亚特吉及其对拉丁美洲马克思主义理论贡献的信息。

导　论
马里亚特吉和拉丁美洲的马克思主义

　　20 世纪拉丁美洲经久不衰的历史主题是以社会变革为目的的激进政治运动。在这波澜壮阔的历史进程中，颇受学者重视的剧变（dramatic breaks）是在墨西哥、玻利维亚、危地马拉、古巴、智利和尼加拉瓜等国掀起的系列革命浪潮。确实，菲德尔·卡斯特罗（Fidel Castro）于 1959 年取得成功的古巴革命，是被广泛认可的，对拉丁美洲历史进程产生了深远影响的重大事件。而源自欧洲的马克思主义学说，则因其在拉丁美洲知识分子和其他寻求激进变革整个拉丁美洲社会途径的人中颇具影响力，而在这段急剧变化发展的进程中发挥了重要作用。但是，美国倾向于将马克思主义影响拉丁美洲的任何苗头，都视作外来意识形态对美控半球（the American hemisphere）渗透的一部分。美国总统府坚称，古巴和尼加拉瓜的左派革命政府只不过是苏联的马前卒，是莫斯科旨在实现共产主义统治世界的一步棋。因此，美国宁愿在拉丁美洲革命运动中寻找"布尔什维克"或"苏联"的影响，从而将它们视为以欧洲为中心的东西方冷战冲突的一部分，也不愿意去探究这些革命起义的根源。于是，美国对拉丁美洲任何激进变革之风的反应就是强烈（有时是偏执）的反对，由此形成了干涉历经革命变革的各拉丁美洲国家内政的悠久历史。

　　不过，诸多学者、政治活动家因持有"拉丁美洲的革命性变革是外国意识形态影响的产物"这一完全误导性观点而遭到了抨击。洛杉矶加利福尼亚大学拉丁美洲史教授 E. 布拉德福德·伯恩斯（E. Bradford Burns）就在他的《尼加拉瓜的战争：里根主义与怀旧政治》一书中抨击了美国政府这种导致其专注于拉丁美洲的"共产主义威胁"的"僵化视角"。伯恩斯认为，这种观点没有考虑到当地的具体经济和社会条件，例如，欠发达、依附和贫穷，而正是为了彻底改变这些条件才迫使人们投身暴动。① 拉丁美洲历经多年的寡头独裁和军事统治，土地、财富和权力集中到了少数精英手中，而群众却忍受着剥削、贫穷、营养不良和饥饿。鉴于此，伯恩斯认为，尼加拉瓜和古巴等国所发生的革命性变革，源自人民对这些国家自身历史现实状况的反抗，并非外来共产主义统治进程的一部分。

另外，正统马克思主义者通常认为，拉丁美洲不可能发生真正的社会革命，因为这些国家没有满足社会主义革命所必需的客观的基本经济条件。这些马克思主义者坚信，历史的发展需要依次历经系列阶段，而资本主义是通向社会主义必须经过的阶段。高度发达的资本主义经济必将导致工人阶级的普遍异化，随之而来的必然是工人阶级奋起反抗并埋葬资本主义，从而将历史推向下一个更高阶段的共产主义。也就是说，工人阶级只有历经资本主义生产，才能萌发出能够认清资本主义固有矛盾和社会主义必然性的必要意识。因此，这种正统马克思主义者认为，由于农民没有参与资本主义生产过程，因此他们无法产生推翻资本主义所必需的普遍阶级意识。

从历史上看，拉丁美洲虽然一直希望借鉴欧洲经验来解决自身问题，但拉丁美洲的客观现实（农民众多且社会工业化薄弱）与卡尔·马克思（Karl Marx）笔下拥有庞大工人无产阶级的工业化欧洲城市大不相同。在传统马克思主义者看来，古巴和尼加拉瓜都是以农业为基础的发展中国家，这意味着两国缺乏社会主义革命所必需的城市工人阶级。即使这些国家的农民发动起义，他们也不可能拥有参加共产主义革命所必需的阶级意识。但事实并非如此，尽管缺乏适合的经济条件，但古巴和尼加拉瓜都成功实现了社会主义革命。不仅如此，这些革命不只是对压迫条件的单纯反抗，而且还有其思想理论抱负，因为诸多革命领袖懂得马克思主义理论，并能够将之用来推动自己国家的变革。

---

① Burns. E. B., *At War in Nicaragua：The Reagun Doctrine and the Politics of Nostalgia*, New York：Harper and Row，1987，p.7.

　　尽管拉丁美洲深受西方哲学传统和政治制度的影响，但拉丁美洲仍以独特的方式发展了马克思主义理论。这种（发展了的马克思主义）理论常常强调，主观因素、农民组织及其政治教育比客观经济条件更为重要。于是，一种相信农民也能够发展出革命阶级意识的拉丁美洲马克思主义理论学派由此兴起。要想充分理解拉丁美洲的革命性变革，必须深入考察这些理论家们的贡献。拉丁美洲马克思主义思想家们虽然借鉴了欧洲和北美的思想，并从其传统经验中吸取了教训，但他们在争取社会正义的斗争中却发展出了自己独特的理论取向。尽管美国试图将尼加拉瓜革命归咎于苏联，但正如苏联一位高级官员曾指出的那样："当尼加拉瓜的桑地诺主义者发动革命时，他们与苏联并无联系，他们的革命也不是苏联'授意'的。"① 因此，若想搞明白拉丁美洲革命运动的根源及其演变，需要到莫斯科之外的地方去探寻。正如伯恩斯所言，古巴革命和尼加拉瓜革命都源于各自的现实国情。这些社会革命的理论基础必须放置到拉丁美洲本土思想文化背景中才能得到解释。

　　何塞·卡洛斯·马里亚特吉（Jose Carlos Mariategui）是 20 世纪 20 年代的秘鲁政治理论家，他为秘鲁的政治、社会和学术界做出了不可磨灭的贡献。许多秘鲁学者将其思想作为分析秘鲁文化及其特性的基础，他的影响力体现在诸多秘鲁研究之中。1991 年，《秘鲁杂志》就此对秘鲁知识分子、研究人员和艺术家进行了调查，结果显示马里亚特吉是该国研究人数最多，且拥有读者最多的作家。因为他"对秘鲁现实的根本问题进行了最为重要的分析"，随着时间的流逝，"他的许多观点并未因此而失去影响力"。秘鲁历史学家雨果·内拉（Hugo Neira）认为，马里亚特吉的著述及其思想不仅在秘鲁，即便在整个拉丁美洲都符合成为经典所需的全部条件。

　　马里亚特吉对秘鲁的贡献并不只囿于单纯的理论或哲学层面，也进入了政治层面。1928 年，也就在他去世前两年，马里亚特吉创建了秘鲁共产党（他称之为社会主义党）。从那时起，许多左翼政治团体，从中间派的"统一左翼联盟"到毛派"光辉道路"游击队，出于各种目的常将他的名字挂在嘴边。1984 年，三个左翼政党共同组建了"马里亚特吉统一党"并

---

① Quoted in Cole Blasier, *The Giant's Rival: The USSR and Latin America*, University of Pittsburgh Press, 1987, p. 227.

发表声明，计划基于民族传统，以马里亚特吉于20世纪20年代提出的设想为蓝图，在秘鲁创建开放的、统一的、富有创造力的马克思主义社会力量。该党发表声明称，马里亚特吉思想是秘鲁乃至整个拉丁美洲争取和平、反对帝国主义侵略的基石。① 无独有偶，统一左翼联盟领导人阿方索·巴兰特斯（Alfonso Barrantes）也强调了将马里亚特吉思想与传统马克思主义、现代马克思主义理论家的思想结合起来研究的重要性。② 另外，"光辉道路"游击队的创始人和领导人阿维马埃尔·古兹曼（Abimael Guzman）的思想观点也是以马里亚特吉的秘鲁社会分析结论为基础的，即是以秘鲁社会既是新殖民地，也是新封建社会的判断为基础的。1970年，古兹曼还指责主流共产党"意图毁灭马里亚特吉创建的伟大政党"，并宣布他会继续推进"何塞·卡洛斯·马里亚特吉的光辉道路"。③ 于是他成立了一个名为"何塞·卡洛斯·马里亚特吉的光辉道路"的组织，该组织后来更名为"秘鲁共产党—光辉道路"，简称为"光辉道路"。随后，该组织以阿亚库乔市（the city of Ayacucho）和华曼加大学（the University of Huamanga）为基地，以马里亚特吉的名义建立了一个工会、一个学生会和一所人民大学，并于1980年主动发起了反对秘鲁政府的游击战争。④

　　综上所述，马里亚特吉对秘鲁政治理论做出了毋庸置疑的贡献。秘鲁左派政治活动家就曾提出过"马克思马里亚特吉主义"（Marxism-Mariateguism），并认为"马里亚特吉主义是秘鲁实现马列主义的路径"。马里亚特吉为了探寻分析非西方社会问题的新方法，而与欧洲思想进行了持续的对话，并由此发展出了以"民族马克思主义"（National Marxism）闻名的新理论。这个新理论框架有别于试图将被机械阐释了的马克思主义策略应用于国家现实的共产党教条主义思想。也就是说，马里亚特吉为了发展出一种面向20世纪20年代秘鲁特殊历史现实的创造性马克思主义分析框架，从而突破

　　① J. A. Samanez, *Partidos Politicos en el Primer Renacimiento* (1300 – 1450) (*Book Review*), Oxford Univ Press, 1978, p. 286.

　　② Ibid., p. 252.

　　③ Ibid., pp. 347 – 349.

　　④ For a good, Brief Critique of the Relationship Between Mariategui and Sendero's ideology, see Poole and Renique, "New Chroniclers of Peru: U. S. Scholar and their 'Shining Path' of Peasant Resistance", *Bulletin of Latin American Research*, 10/2 (1991), pp. 170 – 171, 177.

了那种对马克思主义保守、僵化的解释。马里亚特吉不相信马克思主义是一种已经完成了的封闭哲学，而宁愿相信它是非宗派、非教条的、开放的、可以被发展的、能够适应新形势的哲学。[①]因此，马里亚特吉并不寄望于通过客观经济条件来助推革命形势，而宁愿重视诸如工人无产阶级的组织和政治教育需要等主观元素，他坚信这些策略能够催生社会革命行动。他淡化了正统马克思主义隐含的消极的经济决定论，转而遵循一种充满活力的"唯意志论马克思主义观念"（voluntaristic conception of Marxism），这种观念不允许他等待经济条件来逼迫农民采取行动。[②]此外，他还声言，民族主义可以成为积极的社会革命力量。尽管欧洲民族主义是保守的、帝国主义的、反动的、反社会主义的力量，但在拉丁美洲，"民族主义是革命的，因此，它将迈向社会主义"。同时，跟认为农民是反动阶级的正统马克思主义者不同，马里亚特吉寄望于农民和土著人民，而不是工业化的城市工人阶级，来领导一场民族主义的社会革命，并相信这场革命将席卷整个拉丁美洲。

马里亚特吉的影响已不局限于秘鲁。他对于秘鲁历史及其社会问题的解析，对后来的社会运动以及拉丁美洲本土化马克思主义革命理论的诞生皆影响深远。他是被广泛认可的第一位真正具有创造力和原创性的拉丁美洲马克思主义思想家。全拉丁美洲左派人士普遍承认，他们"不是从欧洲理论那儿学来的马克思主义，而是从何塞·卡洛斯·马里亚特吉那儿学到的"[③]。马里亚特吉的名字在拉丁美洲各地的政治斗争中不断被提及。1985年，秘鲁作家兼记者里卡多·卢纳·维加斯（Ricardo Luna Vegas）曾写道，他坚信："如果马里亚特吉今天还活着，他会支持古巴革命，而不是与那些恶意批判革命者为伍。"的确，马里亚特吉的思想引发的此起彼伏的革命实践，与由19世纪欧洲马克思主义和20世纪二三十年代共产国际的机械马克思主义（引发的）判然有别。因此，要想充分理解拉丁美洲一连串的革命

---

① Sheldon B. Liss, *Marxist Thought in Latin America*, University of California Press, 1984, pp. 129 - 30.

② H. E. Vanden, *National Marxism in Latin America: José Carlos Mariátegui's Thought and Politics*, 1986, p. 68.

③ Manuel Gonzalez Calzada Quoting Enrique Ramirez y Ramirez in his essay "Mexico en el pensamiento de Jose Carlos Mariategui", in Mariategui, *La Revolucion Mexicana*, 1980, p. 21.

性变化，有必要检视马里亚特吉对这种革命思想的贡献。

尽管在拉丁美洲的思想竞争中，马里亚特吉思想始终居于重要的中心位置。但在美国，他的贡献罕有人知。当马里亚特吉于 1930 年去世时，他的葬礼演变成了利马街头有史以来最大规模的工人游行之一。但是在美国，他的去世几乎没有引起人们的注意。马里亚特吉的密友，美国作家沃尔多·弗兰克（Waldo Frank）在美国左派周刊《国家》（The Nation）上写道，马里亚特吉的猝然逝世，令"所有西班牙裔美国人中的知识分子都陷入了悲痛之中，而我们大多数人却根本不在乎他的死讯，这个事实无比雄辩地证明了新世界分裂为两半的文化鸿沟"。① 正是因为仍然对拉丁美洲政治和思想传统的无知，而误导性地过分关注了西半球的外来"共产主义威胁"。因此，想要理解拉丁美洲近期革命变革的方向、性质和意义，首要之事便是厘清马里亚特吉对该地区的革命性马克思主义理论所做出的贡献。

这项研究成果（本书）首先概述了马里亚特吉思想产生的理论背景，探究了马里亚特吉思想的基本构成内核及其在理论形成、建构过程中的重要作用。上述内容形构出一个理解马里亚特吉思想如何给予拉丁美洲革命运动以本土化影响的框架。接下来的章节考察了马里亚特吉与拉丁美洲革命者之间的联系。特别是第三章和第四章将交代马里亚特吉与古巴和尼加拉瓜 20 世纪 20 年代的同辈革命家之间的关系，以及他对这些国家随后发生的革命性变革所施加的本土化影响。譬如，诸多 20 世纪 20 年代的信件和文章足以表明，马里亚特吉与古巴共产党创始人胡利奥·安东尼奥·梅里亚（Julio Antonio Mella），以及从美国海军手里解放了尼加拉瓜的奥古斯托·塞萨尔·桑地诺（Augusto Cesar Sandino）皆保持着联系。这些书信的内容将揭示马里亚特吉影响了全拉丁美洲的革命者，这些人不仅包括了与他生活于同一个时代的人，还包括他们在古巴和尼加拉瓜的继承者们。

---

① Frank, "A Great American", *The Nation*, 130/3389 (18 June 1930), p. 704. The depth of Mariategui's influence on Frank is evident in that Frank dedicated his book America Hispana to Mariategui, and used Mariategui as an example of the "New American" which he saw emerging out of Latin America (166 – 177). Mariategui wrote similarly on Frank. See his essay "*Waldo Frank*" in El alma matinal, pp. 181 – 195.

　　事实上，秘鲁革命运动的影响确已辐射到了整个拉丁美洲，例如马里亚特吉领导的大学改革运动影响了梅里亚的思想及其在古巴的革命运动。再例如，马里亚特吉与桑地诺在尼加拉瓜的往来足以证明其在拉丁美洲革命运动中的影响力。马里亚特吉十分重视农民在拉丁美洲革命中的作用，桑地诺受此启发，在尼加拉瓜山区中动员农民支持他的革命事业。随后，梅里亚和桑地诺的做法又影响了菲德尔·卡斯特罗的"7·26"运动，并最终于1959年推翻了富尔根西奥·巴蒂斯塔（Fulgencio Batista）在古巴的独裁统治。古巴革命胜利之前，卡斯特罗和埃内斯特·切·格瓦拉（Ernesto Che Guevara）研究了桑地诺在尼加拉瓜所采取的政治组织模式。鉴于桑地诺的经验，他们相信农民也是能够培养出革命意识的。于是卡斯特罗和切·格瓦拉在古巴效仿了桑地诺，从而为古巴革命运动打造了革命的农民阶级。此外在20世纪20年代，伴随着梅里亚与马里亚特吉之间的互动，古巴形成了日益浓厚的马里亚特吉传统，卡斯特罗和切·格瓦拉都深受这一思想的熏陶。最终，卡斯特罗领导的游击队取得了胜利，它证明了马里亚特吉和桑地诺摆脱斯大林治下共产国际的教条主义做法是正确的。

　　古巴革命不仅通过梅里亚和桑地诺继承了马里亚特吉的思想，而且古巴的主要马克思主义理论家也承认他们直接运用了马里亚特吉的革命理论和方法。古巴革命利用马里亚特吉化的马克思主义的主观因素理论来提高古巴人民的政治觉悟，而格瓦拉则通过讨论社会主义新人拓展了这些思想。古巴政治理论家对马克思主义理论的发展做出了贡献，这一完善后的理论尤其适用于拉丁美洲具体的社会、经济和政治现实。古巴革命促使其他拉丁美洲国家的左派重新思考马克思主义的价值，并重新评估马里亚特吉在构建本土拉丁美洲革命理论中的重要作用。

　　古巴革命还影响了20世纪六七十年代的新一代桑地诺派革命者，他们将马里亚特吉化的马克思主义引入了尼加拉瓜。这个历史认同感深深地影响了桑地诺派革命者们。他们吸取了古巴革命经验，以及桑地诺与美国海军陆战队斗争的经验。尽管桑地诺主义者掀起的有组织活动是一场民族主义运动，但他们的思想却深受国际思潮的影响。他们借鉴了马里亚特吉等人所阐述的具有拉丁美洲特色的革命理论传统。维克多·蒂拉多·洛佩斯（Victor Tirado Lopez）是桑地诺民族解放阵线（FSLN）九名指挥官之一，他曾写道："虽然我们以桑地诺思想为起点，但我们从未忘记马克思、列宁、格瓦拉、萨帕塔或任何其他革命者的思想。"①这种革命模式不由让人联想到马里亚特吉的战略，"桑地诺民族解放阵线思想的绝妙之处在于它始终在尼加拉瓜的社会现实背景下应用桑地诺思想和马克思主义的理念、方法"②。正是民族主义与马克思主义理论的融合，赋予了桑地诺运动的能动性与实践性。1979 年桑地诺革命获得了成功，这次胜利表明了将马里亚特吉开放的、非教条的马克思主义应用于具体国情所产生的力量。

正统马克思主义理论认为，同古巴一样，尼加拉瓜不具备在进行社会革命的客观条件。然而，尼加拉瓜的经验却表明了拉丁美洲人基于民族主义的革命热情在持续高涨。在古巴和尼加拉瓜，革命理论家们将马里亚特吉重视主体能动性的马克思主义理论与革命形势相结合，从而创造出了全新的革命形势，并以此挑战坚持机械决定论的马克思主义权威。佛罗里达州立大学拉丁美洲哲学教授唐纳德·克拉克·霍奇斯（Donald C. Hodges）在分析尼加拉瓜革命时写道："古巴革命和尼加拉瓜革命的独特贡献不仅在于使马克思主义适应了各国的特殊国情，而且将马克思主义改造为区别于当地共产党本土运动的一部分。"③ 在尼加拉瓜和古巴，灵活的、唯意志论的马克思主义能够通过调整其策略以适应现实历史条件，这与共产国际结盟的共产党的做法是截然不同的。总之，马里亚特吉开创了一种能与革命理论相契合的思想理论框架，纵览古巴和桑地诺革命，马里亚特吉的思想传统无处不在。与此同时，这些革命运动持续影响着拉丁美洲本土革命理论的发展。拉丁美洲人一直在寻找着自己的身份，希望能够主宰自己的命运，而马里亚特吉正是他们的先驱。本书所要讨论的，正是他这些对带有拉丁美洲特色的革命运动思想做出的贡献。

---

① Tirado Lopez, Victor, El pensamiento polftico de Carlos Fonseca Amador, Secretaria Nacional de Propaganda y Educacion Politica de F. S. L. N, n. d, p. 6.

② Vanden, "Ideology of the Insurrection", In *Nicaragua in Revolution*, Edited by Thomas W. Walker, New York Praeger, 1982, pp. 58 - 59.

③ Hodges, Donald C. , *Intellectual Foundations of the Nicaraguan Revolution*, Austin：University Tesas Press, 1986, p. 193.

　　马里亚特吉对后继发生的社会运动的影响大致体现在三方面。首先，古巴和尼加拉瓜革命者承认他们直接运用了马里亚特吉思想。此外，古巴革命领导人尤其意识到马里亚特吉对马克思主义思想的发展，因而他们在政治理论和实际行动中，尤其是在发起反帝国主义运动和制定积极的国际主义策略方面都参考了马里亚特吉对革命现实的分析。当然，除了这种直接影响之外，还有两条虽然间接，但却更为重要的联系，恰恰是这两条联系体现出马里亚特吉对拉丁美洲革命后续发展的重要性。这是通过马里亚特吉与梅里亚、桑地诺以及其他革命者交流之后所形成的思想传统。当这些革命者将马里亚特吉的思想融入自己的理论取向后，往往会不经意地将再加工后的马里亚特吉思想传递给后来的革命者们。最后，马里亚特吉能够在拉丁美洲革命理论中占据重要位置，也是由于他和这些后继革命者都受到了这种思想传统的影响。对此，同样影响了古巴和尼加拉瓜革命的意大利马克思主义者安东尼奥·葛兰西（Antonio Gramsci）就是一个很好的例子。马里亚特吉曾在意大利见过葛兰西，他通过阅读著作熟悉了葛兰西的思想，于是在40年后，葛兰西的著作在意大利之外广为流传，许多拉丁美洲左派都知道有这么一位思想家。① 实际上，马里亚特吉可能是将葛兰西思想引入拉丁美洲的第一人。

　　如果说葛兰西以理论形态启蒙了马里亚特吉和众多拉丁美洲革命理论家，那么墨西哥则以实践的形式起到了同样的作用。作为马里亚特吉、桑地诺与梅里亚之间重要的共性和联系，墨西哥革命对这三个领导人都产生了影响。马里亚特吉曾在利马的冈萨雷斯·普拉达人民大学（Gonzalez Prada Popular University）发表了关于墨西哥革命的演讲，并于20世纪20年代为秘鲁期刊《品类》（Variedades）和《世界》（Mundial）撰写了许多关于墨西哥政治和文化的文章。这些文章反映了土著主义对于墨西哥革命的重要意义，而墨西哥也成为其仅次于秘鲁的研究对象。例如在1980年于墨西哥塔巴斯科州出版的马里亚特吉论文集——《论墨西哥革命之前的马里亚特吉思想》中，关于墨西哥的文章就有10篇之多。该论文集出版那年是马里亚特吉逝世50周年，该书的出版也是为了悼念这位

---

　　① H. E. Vanden, *National Marxism in Latin America: José Carlos Mariátegui's Thought and Politics*, Boulder, Colo.: Lynne Rienner, 1986, p. 3.

伟大的思想家。在坦皮科油田激进化的桑地诺，后来在尼加拉瓜的斗争中向墨西哥政府寻求帮助；而梅里亚则是在被古巴驱逐出境后逃到了墨西哥，并于 1929 年在该国遇刺身亡。时至今日，尽管墨西哥国内的革命热情已大为衰减，但人们仍然认同并支持古巴和尼加拉瓜革命所走的独立道路。作为拉丁美洲早期革命理论兴起的重要一环，墨西哥也继续对拉丁美洲地区当代马克思主义理论的发展做出了重要贡献。从上述三人与墨西哥的联系中，我们可以看到，除了秘鲁、古巴和尼加拉瓜之外，整个拉丁美洲都发展出了类似的革命思想观念。出现这种类似观念或许是因为拉丁美洲国家拥有共同历史文化传统，这使得同样的革命观念能够在不同国家引起思想共鸣，但与此同时，马里亚特吉早年间对这些思想的阐述也起到了不容忽视的作用。①

马里亚特吉一生只出版了两本书，分别是《当代场景》与《关于秘鲁国情的七篇论文》，他的大部分作品都是为《世界》《品类》《时间》（El Tiempo）等秘鲁大众期刊以及他自己的先锋杂志《阿毛塔》（Amauta）所撰写的。在 20 世纪 50—60 年代，马里亚特吉的遗孀及其 4 个子女收集了他的大部分作品，编成了 20 卷通俗版的《何塞·卡洛斯·马里亚特吉全集》。该全集不仅包括了马里亚特吉的原创作品，而且还收录了 4 卷介绍马里亚特吉在拉丁美洲的生活、思想及其影响的传记和散文，该书以廉价的平装本形式印刷，计划大量发行。阿毛塔图书馆是马里亚特吉于 20 世纪 20 年代在利马创立的编辑机构，这一机构于 1959 年（巧合的是古巴革命也在同一年获得胜利）发行了该系列的前 10 卷，后 10 卷也已在接下来的十年里陆续发行了。

《何塞·卡洛斯·马里亚特吉全集》中的第 13 卷《思想与政治》对充分了解马里亚特吉的政治思想至关重要。这卷书涵盖了自秘鲁社会党与马克思主义工会联合会秘鲁总工会（CGTP）成立以来，马里亚特吉更富教义的社论、论文、宣言和文件。可惜的是，20 卷中只有 1 卷（《关于秘鲁国情的七篇论文》，也是他最受欢迎的作品）被译为英文。1984 年，

---

① In his book Ten Keys to Latin America, Frank Tannenbaum points to "similar character structure" (p. 5) in terms of land, people, race, religion, education, etc. , which could be used to explain Mariategui's universal appeal in Latin America.

《阿毛塔》出版了两卷由意大利马里亚特吉研究学者安东尼奥·梅利斯（Antonio Melis）汇编的马里亚特吉通信手稿，至此学者们终于可以随时查阅这些书信了。这些书信表明，马里亚特吉与古巴、尼加拉瓜乃至整个拉丁美洲的左派人士都保持着紧密的联系。①

　　着眼于马里亚特吉思想的各个方面，拉丁美洲和世界各地的学者写出了一系列令人惊叹的著作。1963 年，秘鲁历史学家吉列尔莫·鲁伊永（Guillermo Rouillon）编撰了一份包含 3462 项内容宽泛的书目，这些书目有的是马里亚特吉自己撰写的，有的则是他人编纂的关于他的成果的书目。② 有人注意到这本著作中有一些纰漏和错误。为此，南佛罗里达大学政治学教授哈里·E. 范登（Harry E. Vanden）在 1978 年撰写了一篇非常重要的书目论文，在文中他调研了 1963 年以来关于马里亚特吉的重要学术内容。③ 到了 1989 年，专门研究秘鲁马克思主义者生活和思想的《马里亚特吉报》创刊，这表明学界对马里亚特吉的研究兴趣仍然有增无减。这本杂志的第一册囊括了马里亚特吉所著书籍与文章清单的 271 个版本（包括十种语言的译本），该杂志表示将在未来出版一本关于马里亚特吉著作的详细目录。④ 此外，编辑们还计划建立一个研究所，以此进一步研究马里亚特吉思想。⑤

　　相较于拉丁美洲，北美关于马里亚特吉的研究原本非常有限。但在过去十年里，随着对马里亚特吉研究热情的激增，相关研究也随之大量

---

① For a critique of the errors and omissions which could have been avoided in this work that Mariategui's widow and children had been planning to publish since 1959, see Luna Vegas, Historia y trascendencia. The editors (which include Melis) of the newly founded Anuario Mariateguiano are publishing more of Mariategui's correspondence as it is uncovered. This will not only correct some of the deficiencies in Melis's edited volume, but it will also shed more light on Mariategui's connections with intellectuals and revolutionaries around the globe.

② Rouillon, Bio-bibliografia de Jose Carlos Mariategui.

③ Vanden, Mariategui: Marxismo, Comunismo.

④ Anuario Mariateguiano 1 (1989), p. 193. Due to the immense size of this undertaking, it was not possible for the editors to publish this exhaustive bibliography in the subsequent two volumes of the Anuario Mariateguiano. In each issue, however, they have published a rather complete listing of recent works related to Mariategui. These bibliographies, in addition to essays, articles, primary documents, notes, and book reviews make the Anuario Mariateguiano a critical resource for the continued study of the Peruvian's thought.

⑤ Nota editorial, Anuario Mariateguiano 3 (1991), p. 7.

涌现。20 世纪 60 年代，思想史学家威廉·雷克斯·克劳福德（William Rex Crawford）和哈罗德·尤金·戴维斯（Harold Eugene Davis）研究了马里亚特吉思想对拉丁美洲历史的影响。虽然他们的论述很简短，也并不那么准确［两人都提到马里亚特吉流亡欧洲是因为他通过新闻报道支持奥古斯托·莱吉亚（Augusto Leguia）的独裁统治，而事实绝非如此］，他们还向北美学者介绍了马里亚特吉对拉丁美洲的意义。约翰·贝恩斯（John Baines）的《秘鲁革命：马里亚特吉和神话》是第一本以英文出版的关于马里亚特吉的著作。由于它的内容不太准确且有一些不足之处，该书于 1972 年发行后便招致了其他马里亚特吉研究学者的批评。幸运的是自此以后，英语世界的相关学术研究水平都超越了该书。1979 年，杰西·查瓦里亚（Jesus Chavarria）发表了他的博士学位论文《何塞·卡洛斯·马里亚特吉和现代秘鲁的崛起（1890—1930）》，这篇论文把马里亚特吉的政治思想正确地置于秘鲁背景中。1986 年，哈里·范登在其著作《拉丁美洲的民族马克思主义：卡洛斯·马里亚特吉的思想与政治》中全面分析了马里亚特吉思想及其著述。托马斯·安格蒂（Thomas Angotti）则在《何塞·卡洛斯·马里亚特吉的革命理论贡献》中，精练地介绍了马里亚特吉化的马克思主义理论的主观形式，该文于同年发表在《拉丁美洲视角》上。1990 年，拉蒙·安东尼奥·罗梅罗·坎塔雷罗（Ramon Antonio Romero Cantarero）则在《何塞·卡洛斯·马里亚特吉的新马克思主义》中以类似于范登和安格蒂的方式剖析了马里亚特吉的新马克思主义思想。

综上所述，学者们业已证明了秘鲁和欧洲都对马里亚特吉产生了影响。在这方面，有两本论文集极具启发性，它们分别是罗伯特·帕里斯（Robert Paris）等人所著的《马里亚特吉的拉丁美洲马克思主义》和何塞·阿里科（Jose Arico）编辑的《马里亚特吉和拉丁美洲马克思主义的起源》，这两本书都收录了马里亚特吉研究学者罗伯特·帕里斯、安东尼奥·梅利斯和豪尔赫·德尔·普拉多（Jorge del Prado）的文章，并剖析了马里亚特吉与美洲人民革命联盟、平民主义、秘鲁共产党的关系，以及乔治斯·索罗尔（Georges Sorel）等欧洲知识分子对其思想的影响。此外，马里亚特吉的思想经历了从阿普拉主义（Aprismo）到平民主义，最后到马列主义的过程。在对这一过程的众多解释和描述中，阿根廷马克思主义者何塞·阿里科做出了杰出的贡献。① 谢尔登·利斯（Sheldon Liss）的《拉丁美洲马克思主义思潮》则立足于更广阔的拉丁美洲背景，剖析了马里亚特吉理论的贡献。曼努埃尔·卡瓦列罗（Manuel Caballero）的《拉丁美洲与共产国际 1919—1943》、鲁道夫·塞尔达斯·克鲁兹（Rodolfo Cerdas Cruz）的《镰刀和弯刀：共产国际、拉丁美洲和中美洲的革命》则在解释 20 世纪 20 年代拉丁美洲左翼希望摆脱共产国际控制时所面临的困境，分析马里亚特吉在其中发挥的作用方面，做出了值得称道的贡献。

尽管马里亚特吉对拉丁美洲马克思主义理论的影响受到了学界越来越多的关注，但很少有人研究他对古巴和尼加拉瓜革命的影响。只有秘鲁诗人温斯顿·奥里略（Winston Orrillo）曾发表一些重要的采访，在采访中古巴政府官员反思了古巴革命中马里亚特吉的重要性。这些采访也是他为其即将出版的《马里亚特吉与古巴革命》② 所做的初步调查，而《马蒂、马里亚特吉：拉丁美洲的文学、智慧和革命》一书因其旨在比较马里亚特吉与古巴独立英雄何塞·马蒂（Jose Marti）的理论贡献，所以在书中引用采访的相关内容。古巴学者埃拉斯莫·杜皮埃尔（Erasmo Dumpierre）在他的论文《马里亚特吉、古巴和反对帝国主义的斗争》中研究了马里亚特吉在古巴的影响力，这篇论文于 1984 年在利马的秘鲁共产党马里亚特吉会议上发表。谢尔登·利斯的《革命的根源：古巴的激进思想》和弗雷德·贾德森（C. Fred Judson）的《古巴与革命神话》都简要提及了马里亚特吉在古巴的影响。而梅赛德斯·桑托斯·莫里（Mercedes Santos Moray）在《美洲的马克思主义者》中，更是将马里亚特吉与古巴共产主义领导者胡利奥·安东尼奥·梅里亚和胡安·马里内略（Juan Marinello）等人直接进行比较。

相较于研究马里亚特吉对古巴和尼加拉瓜革命的影响，研究马里亚特吉对桑地诺革命影响的人更是少之又少。纳西索·巴索尔斯·巴塔拉

---

① Arico, Maridtegui y los origenes del marxismo latinoamericano. Also see Neira's article "El pensamiento de Jose Carlos Mariategui" for an examination of various interpretations of Mariategui's thought.

② Orrillo mentions his intent to write such a book in his 1977 article "Primeras huellas", p. 178, and in his 1989 book Marti, Mariategui, p. 226. Considering that his book on Marti and Mariategui took twelve years to publish, Mariategui la revolucion cubana may still see the light of day.

（Narciso Bassols Batalla）在《马克思和马里亚特吉》的最后篇幅解释了马里亚特吉与当今桑地诺运动的先驱桑地诺的关系。①唐纳德·霍奇斯在《尼加拉瓜革命的知识基础》中，概述了马里亚特吉（与乔治·索罗尔和安东尼奥·葛兰西一起）发展了的马克思主义灵活的、开放的、唯意志论的因素如何影响了桑地诺思想。②谢尔登·利斯在他的《中美洲激进思想》中则简要地提到了马里亚特吉，哈里·范登在他的各种文章和书籍中，以及托马斯·安格蒂（Thomas Angotti）在《何塞·卡洛斯·马里亚特吉对革命理论的贡献》中，就马里亚特吉对桑地诺主义者的影响发表了一些重要见解。另外，马里亚特吉的思想借助于解放神学融入了桑地诺革命思想。关于这种影响的基础读物就是古斯塔沃·古铁雷斯（Gustavo Gutierrez）的著作，特别是《解放神学》和《穷人在历史中的力量》。迈克尔·坎德拉里亚（Michael Candelaria）的《何塞·卡洛斯·马里亚特吉：被遗忘的解放神学先驱》是一篇耐人寻味的文章。它透彻分析了马里亚特吉在尼加拉瓜桑地诺思想发展中所发挥的作用，有助于我们更深入、全面地理解当前拉丁美洲革命理论的发展现状。

桑地诺革命的成功标志着20世纪80年代拉丁美洲革命理论取得了重大发展。桑地诺进行民族主义运动的策略，动员农民群众的能力及其对宗教势力的态度，皆影响了整个拉丁美洲的左派势力。虽然美国政府及其决策者试图从军事角度来构建这一框架，但这种做法恰恰忽略了桑地诺主义者最根本的影响力。桑地诺主义者并非通过军事和武器传播革命，而是通过强大的、有影响力的意识形态范例，即他们进行的独立的社会主义试验。在为革命理论发展做出贡献的同时，桑地诺主义者还关注马里亚特吉对拉丁美洲本土化马克思主义理论的形成所发挥的作用。桑地诺运动证实了马里亚特吉革命理论的力量。在尼加拉瓜和古巴，革命者提出了一种灵活的、唯意志论的马克思主义，并且使他们的战略适应当前的历史条件。马里亚特吉在诸多方面为天下先，并构建了一种使革命

---

① Orrillo mentions his intent to write such a book in his 1977 article "Primeras huellas", p. 178, and in his 1989 book Marti, Mariategui, p. 226. Considering that his book on Marti and Mariategui took twelve years to publish, Mariategui la revolucion cubana may still see the light of day, pp. 268 – 271.

② Ibid., pp. 179 – 184.

理论合法化的思想框架。20 世纪 80 年代，当桑地诺主义促使整个拉丁美洲的革命者去反思马里亚特吉著作的历史意义的时候，有学者指出："随着桑地诺主义在尼加拉瓜取得胜利，马里亚特吉主义有望成为 20 世纪 80 年代南美最大、最统一的革命左派的象征。"①

　　纵然当今世界政治秩序的变化对每个地方的马克思主义理论家提出了挑战，即便尼加拉瓜桑地诺政府落选，抑或是其他地方的社会主义政府倒台，马里亚特吉的思想与拉丁美洲马克思主义革命理论仍然具备强大的现实意义。虽然美国仍沉醉于资本主义在东欧和苏联的胜利，但是欠发达、依附和贫穷的社会现实已然证明了资本主义在 20 世纪拉丁美洲的彻底失败。在马里亚特吉辞世 60 多年后，今日拉丁美洲国家所面临的诸多问题仍然没有脱离他在 20 世纪 20 年代的探讨范围。他对拉丁美洲现实的分析（其本土背景、庞大的农民群体、天主教会的影响、反对帝国主义和外国统治的斗争）仍然在许多拉丁美洲国家有着共鸣。深入研究马里亚特吉发展马克思主义理论所做出的贡献，不仅能够证明拉丁美洲社会变革运动有其本土渊源，而且还能够说明他的思想在左派努力解决 20 世纪 90 年代的社会问题时仍然具有重要意义。

---

　　①　Angotti, Thomas, "Contributions of José Carlos Mariátegui to Revolutionary Theory", *Latin A-merican Perspective*13/2（49）, Spring 1986, pp. 33 – 57.

第一章
拉丁美洲马克思主义
和共产国际

    身处 19 世纪欧洲的卡尔·马克思曾在其著述中预言，社会革命将首先在英、德等高度发达的工业化国家的工人阶级中取得进展。但与此相左的是，他的思想却在资本主义生产方式之外的国家中获得了更多的追随者。社会主义革命在那些以农业为经济基础的、欠发达的、前资本主义国家中取得了胜利——首先在俄罗斯，然后在中国、古巴和其他第三世界国家。尽管马克思曾撰写过关于殖民主义和亚细亚的生产方式的文章，但拉丁美洲始终在他的视野之外，这个地区从未进入他的兴趣中心。① 因此，当马克思、恩格斯提及拉丁美洲时，他们的评价往往是消极的。例如，在评论美国 1846 年入侵墨西哥这一事件时，恩格斯表示："我们见证了美国对墨西哥的征服，我们为此感到高兴。"尽管新兴的美帝国主义对此似乎应该忏悔，但是恩格斯却仍坚持认为："为了墨西哥自

---

①   路易斯·阿吉拉尔在他的著作《拉丁美洲的马克思主义》中认为："马克思和恩格斯对拉丁美洲没有什么兴趣。"［Aguilar, *Marism in Latin America*, p. 3.（原著作者凡引文献皆只在章节末尾列出文献的简单信息，而在全书最后的"参考文献"里列出每条文献的完整信息，翻译时我们依照作者的方式处理，故页脚只列出文献的简单信息，完整信息参阅附全书后的"参考文献"。——译者注）］阿里科却不同意阿吉拉尔的观点，他认为："今天通过文本，我们已经证明了马克思和恩格斯在著作中直接或间接地提到拉丁美洲的次数远超我们之前的预期。"（Arico, *Marx America Latina*, p. 44.）

身的发展，今后，墨西哥应置身于美国的统治之下。"① 同样，在一篇关于西蒙·玻利瓦尔（Simon Bolivar）的文章中，马克思说："就像他的大多数同胞一样，他（玻利瓦尔）急于求成。"② 但值得玩味的是，尽管马克思延续着以欧洲为观察中心的基本视角，但他的思想却在世界其他地区——那些他在很大程度上始终未曾深入了解其现实独特性的地区——变得非常流行。那么，如何解释他的思想对第三世界产生了（如此充满魅力的）吸引力呢？

传统的观点认为，马克思对玻利瓦尔的评论表征着他的文化优越感及其对拉丁美洲的种族歧视。因其对玻利瓦尔所做的负面评价，完全不符合拉丁美洲人民对玻利瓦尔的认知，在拉丁美洲文化中，玻利瓦尔被公认为是解放者，是拉丁美洲人民的化身。但是，在其著作《马克思和拉丁美洲》（Marx y America Latina）中做了大量关于拉丁美洲社会主义运动研究的何塞·阿里科（Jose Arico），以及致力于马克思主义思想研究的墨西哥出版社前编辑帕萨多·普里森（Pasado y Presente），却都认为：尽管马克思能够获得关于玻利瓦尔正面评价的资料，但是他却仍预设了反玻利瓦尔的立场，并以此表达了反专制、反独裁和反专制政府的政治主张。之所以如此，是因为（正如阿里科评价的那样）"马克思决不会认可一个由掌控一切的独裁者建立的政治制度的正当性"③。鉴于此，阿里科认为，我们在理解马克思主义在拉丁美洲的发展情形时，要考虑到一个重要的因素，那就是马克思的思想只有经过（本土化的）诠释和发展后才能适应拉丁美洲的具体情况。④ 正是基于这样正确的认识，阿里科非但未对拉丁美洲（马克思主义——译者注）产生消极的看法，反而更加坚定地认为，尽管斯大林主义风格的政权组织形式铸就了东欧、苏联的社会主义政权秉性，但它也未体现马克思试图通过社会主义来实现人道主

---

① Cited in Aguilar, *Marism in Latin America*, pp. 100 – 101.
② Ibid. , p. 98.
③ Arico, *Marx y America Latina*, p. 128.
④ Ibid. , p. 59.

义和民主的诉求。①

正如历史学家路易斯·阿吉拉尔（Luis Aguilar）观察到的那样，"马克思主义是渐次而零星地传播到拉丁美洲的"②。对此，谢尔登·利斯补充说明道："当马克思主义传播到拉丁美洲时，它并不是一种成熟、实用的学说，而是一种作为被年轻的工人和知识分子逐渐吸收的意识形态而慢慢流行起来的。"③ 然而，与此相反的是，虽然马克思主义最初地位低微，但它却逐渐地在拉丁美洲发展成了一种强大且极具影响力的思想体系。当然，这种发展不是在社会、政治和思想的真空中进行的，相反，其间有诸多（本土）因素发挥了作用，（这些因素）有助于厘清（拉丁美洲）马克思主义的思想特征。

共产国际

为了解拉丁美洲马克思主义革命者，许多人已经把目光投向了莫斯科，在20世纪50年代冷战最激烈时期，这一现象在学术研究中尤为明显。罗伯特·亚历山大（Robert Alexander）在其1957年的《拉丁美洲的共产主义》（*Communism in Latin America*）研究中指出，拉丁美洲革命的情感基调是对苏联共产党的盲目忠诚。他论证道："因为拉丁美洲的共产主义者是拉丁美洲人，所以他们与世界上其他地方的共产主义者不一样，这种观点大错特错。"他的结论是："拉丁美洲共产主义者从来没有脱离共产国际的指示。"④ 罗莉·波皮诺（Rollie Poppino）在其1964年出版的《拉丁美洲的共产国际》一书中进一步研究了这一情形。他赞同亚历山大的观点，他认为，"拉丁美洲的共产党从来都不是独立自主的。从一开始，他们就心甘情愿地充当苏联领导下的共产国际运动的区域分支机构。"基于此，他们固执地认为，在拉丁美洲不存在马克思主义行动（革

---

① 作者在此试图表明：铸就东欧和苏联社会主义政权组织形式的，也非原教旨主义的马克思主义，而是如同拉丁美洲本土化了的马克思主义一样，是斯大林化了的马克思主义。——译者注。

② Aguilar, *Marxism in Latin America*, p. 4.

③ Liss, *Marxist Thought*, p. 31.

④ Alexander, *Communism in Latin America*, p. 32.

命）的本土根源。① 相应地，苏联政府也只是给予拉丁美洲的共产主义党"鼓动、意识形态和指令"，而从来没有"试图利用拉丁美洲的土著社群社会的传统，也从没有真正地去认同阿兹特克人、玛雅人或印加人生存的共同习俗"②。此外，从获得胜利的古巴革命来看，（拉丁美洲）共产党只有凭借苏联的道义支持和物质、军事援助，才有信心采取行动。③

即便到了 20 世纪 80 年代，诸如科尔·布莱西尔（Cole Blasie）之类的学者尽管在阐述拉丁美洲国际关系的复杂性方面做了很多工作，但也还（顽固地）认为拉丁美洲的革命运动源于苏联意识形态的渗透。鉴于此，即使已经认识到在整个 20 世纪中，拉丁美洲的亲苏共产主义政党在主流政治和其他革命运动中始终处于边缘地带，但布莱西尔仍然（顽固地）强调它们的存在代表了苏联在该地区的影响。甚至，即使不得不承认某些革命运动有其"独立的根源、民族的原因和特定的目标"，而且苏联在 1979 年尼加拉瓜的成功暴动中并没有发挥重要作用之时，布莱西尔仍然谴责了他所认为的苏联于 20 世纪 80 年代在拉丁美洲经济和军事方面所进行的扩张。④ 当然，苏联确实对拉丁美洲的共产党产生了一定的影响，但是，这种影响的重要性不仅被过分夸大了，而且还掩盖了更为重要的马克思主义革命理论的本土化表现形式。为了正确理解苏联对这些事态发展的影响，必须将其置于适当的历史情境中予以考察。

布莱西尔和很多处理此类问题的人，在很大程度上是从军事和地缘政治的视角来思考的。因此，当他们以这样的视角来思考此类问题的时候，就完全忽视了理论学说的影响了，而这种影响恰恰是判断古巴和尼加拉瓜等社会主义国家到底是在附庸于苏联，还是在独立地履行历史使命的关键所在。然而，诸如尼古拉·米勒（Nicola Mille）的《苏联与拉丁美洲关系》（Soviet Relations with Latin America）等著述却开始试探性地

---

① Poppino, *International Communism in Latin America*, p. 151.

② Ibid. , p. 55.

③ Ibid. , p. 21.

④ Blasier, *Giant's Rival*, pp. 134、140、151. ［值得称赞的是，布莱西尔确实记载了在美国政客之间流传着的一种普遍而严重的误解，即认为拉丁美洲的社会革命是由苏联引起或输出的。（Blasier, p. 177）］

质疑，是否应该以纯粹的军事和地缘政治角度看待苏联在拉丁美洲的行动。米勒认为，由于拉丁美洲与苏联的距离较远，且苏联在国内有更紧迫的政治和军事问题，苏联理应对拉丁美洲没有太浓烈的兴趣。基于此，她更加强调了拉丁美洲人在发动本地区社会革命时所发挥的作用。而拉丁美洲的革命团体也普遍认为，苏联和国内的亲苏共产党"要么没有意愿、要么没有能力进行武装斗争"①。米勒则直接抨击了布莱西尔的观点——苏联企图通过渗透和颠覆拉丁美洲政府，从而在拉丁美洲地区煽动苏联式的革命，正是苏联的这种做法导致了"畸形的苏拉关系"②。苏联对拉丁美洲的兴趣与其说是出于政治或军事上的价值，不如说是他们试图与拉丁美洲建立起贸易关系，从而在经济上渗透拉丁美洲地区。

另外，米勒还指出，在拉丁美洲，苏联式的马克思主义是无关紧要的。通常来说，是迭戈·里维拉（Diego Rivera）、巴勃罗·聂鲁达（Pablo Neruda）和鲁本·马丁内斯·维伦纳（Ruben Martinez Villena）这样的作家、艺术家和诗人把马克思主义思想传播到整个拉丁美洲的。而与之对应的，他们所传播的马克思主义偏重的是革命理论中的文化和主观因素，米勒发现，在拉丁美洲出现了一种独特的马克思主义理论形态，这种形态的马克思主义理论与苏联的马克思主义思想截然不同。而且，苏联的任何干涉皆不利于革命运动的健康发展。历史最终也表明，拉丁美洲最成功的革命运动皆保持了不受苏联干预的思想独立性。马克思主义理论在拉丁美洲的发展及其焕发出来的持久魅力，无法通过外部因素获得正确解释，只有通过拉丁美洲自身内部的发展才能得到理解。亦即，这种本土化的（马克思主义）理论形态的性质及其发展，必须在这种理论得以产生的历史背景下加以理解。

最初的拉丁美洲马克思主义者对马克思主义思想的理解和运用都不是那么的深刻和富有创造力，但他们确实在将社会主义引入拉丁美洲方面功不可没。马克思主义在拉丁美洲的最初和最强烈的影响发生在阿根廷，该国的南欧移民和巴黎公社的流亡者于 1872 年成立了第一国际的一个支部。（正是）这些激进分子将无政府主义、工团主义和社会主义等学

---

① Miller, *Soviet Relations with Latin America*, p. 13.

② Ibid. , p. 23.

说引入了拉丁美洲。阿根廷人胡安·包蒂斯塔·胡斯托（Juan Bautista Justo，1865—1928）是最早从中脱颖而出的拉丁美洲社会主义者之一。1895 年，他首次将马克思的《资本论》第一卷翻译成了西班牙文，并且是最早将马克思主义理论的内容引入了拉丁美洲的学者之一。尽管胡斯托从坚持赫伯特·斯宾塞（Herbert Spencer）的实证主义转向了马克思主义立场，但他的社会主义思想更接近于改良派在欧洲议会中采取的社会民主主义，而不是革命的马克思主义。作为一个改良派，他于 1895 年帮助阿根廷人创建了非马克思主义政党——阿根廷社会主义党。①

拉丁美洲其他国家的社会主义者也认同了胡斯托的哲学思想。在邻国智利，社会主义者于 1887 年创建了一个政党。经过不懈的努力，工党领袖路易斯·埃米利奥·雷卡瓦伦（Luis Emilio Recabarren，1876—1924）将该党建设成为一个充满活力的马克思主义政党。与胡斯托一样，雷卡瓦伦在议会制度内开展工作，并最终成为活跃在智利国民大会中的社会主义者。同样，古巴独立英雄何塞·马蒂（Jose Marti，1853—1895）的哲学思想也反映了 19 世纪后期的许多拉丁美洲革命者对马克思主义理论的态度。虽然现在的古巴政府将马蒂视为古巴社会主义革命的先驱，但他本人并不是一个马克思主义者。1892 年，马蒂组建了古巴革命党，并最终从西班牙手中解放了古巴。他在国内废除了种族间的不平等，并实行经济和土地改革。值得一提的是，马蒂虽然支持社会改革，但他并不赞成科学社会主义或马克思主义的历史观。尽管马蒂也曾跟古巴第一位著名的马克思主义者卡洛斯·巴里尼奥（Carlos Balino，1848—1920）一起工作过，但跟那个时代的大多数拉丁美洲马克思主义者一样，巴里尼奥也未能演绎出一种特别深刻或富有创造力的马克思主义。②

俄国爆发十月革命时，大多数拉丁美洲马克思主义者依然远离、孤立于欧洲的政治动荡。然而十月革命的成功就像催化剂，不仅促使整个拉丁美洲革命团体因此提升了革命水平，而且很快与欧洲革命建立了联系。来自世界各地的马克思主义者皆向往俄国革命，并期盼接受苏俄布尔什维克的领导。于是，这些革命者首先在阿根廷（1918）和墨西哥

---

① Liss, *Marxist Thought*, p. 43.
② Liss, *Roots of Revolution*, p. 74.

（1919）组建了以马克思主义为指导的共产主义政党，紧接着在智利、巴西、玻利维亚和乌拉圭也相继成立了类似的政党。而后，在古巴（1925）、秘鲁（1928）以及几乎所有其他拉丁美洲国家都成立了类似的政党。[①]

俄国十月革命胜利后，布尔什维克领导人成立了第三国际（或称为共产国际），希望组织各国共产党发起一场世界性的共产主义革命。不同于第一国际和第二国际，第三国际是由世界各国共产党和共产主义团体组成的国际联盟。第三国际旨在形成一个单一的、权力集中的政党，它将以莫斯科为轴心向全世界辐射，并以此发动世界革命。[②] 第三国际于1919年3月在莫斯科成立，1943年在第二次世界大战期间宣告解散，其间它把主要精力集中在以欧洲、亚洲为中心的政治运动上了，而拉丁美洲和非洲的社会主义运动则依然处于共产国际运动的边缘。尽管如此，通过检视共产国际的历史及其作用，还是能为理解拉丁美洲革命理论的发展提供一个历史坐标和解释框架的。

在最初成立的四年间，第三国际每年都会举行一次会议，但是自从1923年弗拉基米尔·列宁（Vladimir Lenin）去世，约瑟夫·斯大林（Josef Stalin）在苏联掌权之后，第三国际在二十年内仅召开了三次代表大会。拉丁美洲在国际共产主义舞台上的角色转变，从拉丁美洲及其代表在国际共产主义代表大会上的席位变化就可窥见一斑。第三国际第一次代表大会没有一个拉丁美洲人参加，到了1920年第三国际第二次代表大会召开时，也仅有三名墨西哥共产党代表与会。再下一年，阿根廷派出了一名代表出席第三国际第三次代表大会，巴西、乌拉圭、墨西哥和阿根廷一起参加了第四次代表大会。起初，苏联和第三国际高度关注欧洲事务，这反而使拉丁美洲新生的共产党可以朝着自主和自由的方向发展。这也从一个侧面反映了共产国际（第三国际）无视拉丁美洲的做法客观上也具有有利的一面，因为它让拉丁美洲革命者得以自主探索通向共产主义的本土化进路。之后在亚洲反殖民主义的背景下，第三国际开始讨论第三世界的问题，但苏联甚至将这些问题也纳入自己的战略利益之中。

---

① Liss, *Marxist Thought*, p. 34.

② Caballero, *Latin America and the Comintern*, p. 7.

直到 1928 年第六次代表大会，第三国际才"发现"了拉丁美洲，并开始对该地区表现出浓厚的兴趣。同年，苏联还与几个拉丁美洲国家（特别是阿根廷）重新建立了贸易关系，并以此加强苏联的经济。[①] 同时，这一届会议也代表着第三国际在拉丁美洲活动的高潮。共计九个国家的代表（阿根廷、巴西、智利、哥伦比亚、厄瓜多尔、墨西哥、巴拉圭、乌拉圭和委内瑞拉）参加了第三国际第六次代表大会，古巴和秘鲁的共产党也受到了邀请，但两国的代表最终没能参会。[②]

1928 年，拉丁美洲终于成为了共产国际会议上的重要议题，但是这并不是因为共产国际把拉丁美洲看作列宁主义或社会主义革命即将胜利的地方。相反，共产国际考虑的是利用该地区的反对美帝国主义的情绪来遏制日益扩张的美国势力，并以此来解除美国对苏联的威胁。[③] 这一策略的最好例证莫过于 1927 年共产国际联合奥古斯托·塞萨尔·桑地诺（Augusto Cesar Sandino）将军，成功发动了反对美国军事占领尼加拉瓜的民族主义运动。由此开始，共产国际对拉丁美洲地区的兴趣越发浓厚，并最终于 1928 年在布宜诺斯艾利斯设立了南美秘书处。

1929 年 6 月，共产国际在布宜诺斯艾利斯召开了第一次也是唯一一次在拉丁美洲支部举行的重要会议，这次会议会集了来自 15 个不同国家的 37 名代表。这也是共产国际唯一一次就拉丁美洲问题进行广泛而公开的讨论，讨论议题主要集中在种族问题、反帝斗争以及拉丁美洲的国际地位等问题上。[④] 另外，曼努埃尔·卡瓦列罗在《拉丁美洲和共产国际（1919—1943）》（*Latin America and the Comintern*，1919—1943）这本书中指出，这次会议也促成了拉丁美洲不同政党之间为数不多的直接接触。（他原本以为）因共产国际为了维护莫斯科的垂直领导，而试图限制拉丁美洲各支部之间的"横向"联系，导致了各支部之间沟通非常有限的局面。[⑤] 然而，尽管卡瓦列罗在书中准确地描述了共产国际的组织结构，但事实上革命领导人之间的接触不仅比卡瓦列罗所想象的要多得多，而且

---

① Rapoport, *Argentina and the Soviet Union*, pp. 240 – 241.

② Caballero, *Latin America and the Comintern*, p. 39.

③ Ibid. , p. 24.

④ Ibid. , p. 57.

⑤ Caballero, *Latin America and the Comintern*, p. 53

已经达到了通信基础设施技术有限年代的最大可能联系。安东尼奥·梅利斯曾编辑了《何塞·卡洛斯·马里亚特吉：通信》（*Jose Carlos Mariategui：Correspondencia*），其中收录的信件表明马里亚特吉在整个拉丁美洲保持着畅通的国际联系网。这不仅表明了马里亚特吉的国际主义立场，也表明了一个不依赖第三国际（共产国际）却依旧昌盛的国际主义的存在。

随着共产国际对拉丁美洲的兴趣日益浓厚，苏联布尔什维克试图把独立的拉丁美洲共产党置于莫斯科中央共产党的政治和组织控制下。于是，苏联把共产国际的重心调整为"一个国家的社会主义"（"socialism in one country"）。这一做法不仅使社会主义失去了国际性，而且妨碍了第三世界许多革命斗争的独立性和创造性。秘鲁的马里亚特吉、智利的路易斯·埃米利奥·雷卡瓦伦以及古巴的胡利奥·安东尼奥·梅里亚曾试图在拉丁美洲独立地发起马克思主义运动。然而，伴随着他们于20世纪二三十年代的逝世，阿根廷的维多利亚·科多维拉（Victorio Codovilla）、巴西的路易斯·卡洛斯·普雷斯特（Luis Carlos Prestes）以及墨西哥的维森特·伦巴多·托莱达诺（Vicente Lombardo Toledano）都用斯大林主义策略取代了之前的独立的马克思主义。

1935年，随着"人民阵线"战略的出现，共产国际在第七次代表大会上试图纠正上述错误。拉丁美洲地区各国政党屈服于（莫斯科）中央官僚控制，则刚刚兴起的共产主义独立运动又销声匿迹了。对此，拉丁美洲劳工历史学家维克多·阿尔巴（Victor Alba）曾评论道："如果有10—20年相对独立自主的时间，一所培养真正的拉丁美洲革命思想家的学校可能就发展起来了。"[①] 曼努埃尔·卡瓦列罗也观察到："在拉丁美洲，共产国际彻底暴露了它的悖谬。由于组织结构过于僵化、集权，组织形式过于垂直，这一世界组织逐渐失去了活力和效率。"[②] 对此，尼古拉·米勒（Nicola Miller）也表达了自己的看法："共产国际未能把任何政治局势转化为优势……很大程度上是因为其模式过于僵化，并且对拉

---

① Alba, *Politics and the Labor Movement*, p. 120.

② Caballero, *Latin America and the Comintern*, p. 43.

丁美洲的实际情况漠不关心。"①

在拉丁美洲，共产主义的首次起义并没有爆发在墨西哥或阿根廷这种存在大量共产国际队伍的国家，而是爆发在一个规模不大、看起来无足轻重的中美洲国家——萨尔瓦多。1932 年，萨尔瓦多共产党领导人阿古斯丁·法拉本多·马蒂（Agustin Farabundo Marti）成立了地方苏维埃，制订了一项社会主义计划，该计划迅速演变为一场大规模的农民起义。然而，这场起义遭到了萨尔瓦多军方迅速且残酷的镇压，最终造成了三万人死亡。萨尔瓦多共产党人尽管清楚认识到了这场斗争的国际意义，但是他们的斗争显然没有获得共产国际的支持。事实上，阿根廷和墨西哥的亲苏共产党还对萨尔瓦多的起义以及桑迪诺在尼加拉瓜获得的国际支持非常不满，而萨尔瓦多人所期望的共产国际的支持却并没有到来。② 萨尔瓦多起义进一步表明，拉丁美洲起义的根源在自身之内。共产国际的政策不仅造成了极坏的影响，而且它还掐灭了任何试图在拉丁美洲发展一种具有原创性和灵活性的马克思主义的努力。

共产国际在拉丁美洲的影响具有几个特征。特别显著的是共产国际对其在拉丁美洲利益的组织构想和管理。拉丁美洲共产党不仅在该组织中扮演着边缘角色，而且共产国际对拉丁美洲当前的关键问题和政治动态的理解也非常有限。直到 1928 年，共产国际在布宜诺斯艾利斯设立了南美洲秘书处之后，共产国际才将拉丁美洲置于与法国、意大利、西班牙和葡萄牙打交道的拉丁秘书处的照顾之下。由此可见，形构这种管理结构的基本依据并不是社会或政治现实，而是语言。③ 随后，显然是由于地理原因，许多拉丁美洲共产党又接受了厄尔·白劳德（Earl Browder）和美国共产党的指导。上述这情况说明，共产国际根本无法理解拉丁美洲正在形成的马克思主义传统与欧美马克思主义传统之间的根本差异。拉丁美洲马克思主义不仅源自诸多观察者对拉丁美洲现实的洞见，也体现着他们的态度。

---

① Miller, *Soviet Relations with Latin America*, p. 41.

② Cerdas Cruz, *La hoz y el machete*, pp. 255 – 305. For an in-depth examination of this uprising, see Anderson, Matanza, and Dalton, Miguel Marmol.

③ Caballero, *Latin America and the Comintern*, pp. 26 – 27.

综观共产国际在拉丁美洲的早期活动，外国人不仅在其中占据了统治地位，而且在南美秘书处以及许多早期拉丁美洲共产党中担任了领导。虽然墨西哥共产党后来吸引了包括迭戈·里维拉、大卫·西奎罗斯（David Siqueiro）在内具有影响力的知识分子和艺术家，但其建党初期的领导人中，许多都是外国人。事实上，在共产国际第二次代表大会上，三名墨西哥共产党代表没有一个是墨西哥人。而在 1924 年共产国际第五次代表大会上，唯一一位拉丁美洲裔的代表是巴西人。① 在阿根廷，这种情况更加明显。意大利移民维多利亚·科多维拉领导了南美秘书处，后来又成为阿根廷共产党的秘书长。总体而言，拉丁美洲在共产国际从未拥有过足够的代表，更不要说这些为数不多的拉丁美洲代表大多是欧洲人或是非拉丁裔的美洲人。

综上所述，尽管共产国际在拉丁美洲共产党的政治建构中发挥了积极作用，但是，如果就以此断言拉丁美洲革命运动是由莫斯科或共产国际负责策动的，则存在极不合理的逻辑跳跃。共产国际的理论假设是源于对欧洲形势的分析，且出于保卫苏联国家利益的冲动，因而几乎不可能在拉丁美洲大陆掀起革命。更具讽刺意味的是，拉丁美洲最激进的变革往往源于打破了苏联的教条主义假设的地方。除了关注共产国际之外，学者们自然而然地会特别关注那些拉丁美洲大国的共产党。然而，虽然阿根廷共产党和墨西哥共产党在共产国际里占据着重要地位，但并不能因此忽略了像智利和古巴共产党这样的拉丁美洲政党。它们源于本国的左派传统，且具有更加坚实的群众基础，因此这些政党更具组织性，也更高效，更具借鉴价值。相较于拉丁美洲大多数同类国家的左派历史，智利左派的历史更为悠久，该国左翼劳工运动在 20 世纪的兴起有着不寻常的发生路径。因此，深入研究致使这个国家工人阶级意识的成长和演变的因素，有助于厘清拉丁美洲其他地区马克思主义革命理论发展的致因问题。

智利的社会主义道路

历史上，拉丁美洲一直处于国际资本主义经济体系的边缘（外围）。

---

① Ibid.，pp. 47 – 48，39.

智利同其他大多数拉丁美洲国家一样，建立了出口导向型经济。到 19 世纪下半叶，智利已经高度依赖于向欧洲市场出售单一产品——硝酸盐。由此，智利变成了经济高度依赖外国资本并出口单一产品的典型国家。该产品的单一出口，一方面为智利国家的发展提供了资金，并且充实了富裕阶层的财富；但另一方面，绝大多数智利人不但贫困且缺乏权利，而且还受到剥削和压迫。当然，硝酸盐工业也极大地扩大了工人阶级的规模。随着产业工人规模的扩大，旨在改善自身工作、生活和社会条件的武装活动也随之激增。这些工人日益认识到，自己的阶级利益与那些拥有煤矿、控制基础设施并从外贸中获利的人截然不同。于是，工人们开始成为阶级斗争的参与者，并且斗争领域也逐渐从工资和工作条件问题转向了所有权和生产方式问题。这就是这些智利工人，尤其是在北部硝酸盐产地和瓦尔帕莱索码头工人的阶级意识出现与发展的历史背景。

在 20 世纪的前几十年里，智利左派政治活动和劳工组织活动的水平有所提高。其中，智利记者路易斯·埃米利奥·雷卡瓦伦（Luis Emilio Recabarren）被公认为是智利社会主义和共产党的创始人与首席思想家，他在组织共产党和工会以及在硝酸盐矿工之间宣传阶级意识方面起到了重要的作用。此外，雷卡瓦伦还在硝酸盐领域创立并编辑了大量的工人阶级报纸，毫无疑问，这一举动极大地影响了工人阶级意识的发展。在工人阶级的支持下，他于 1906 年首次当选国会议员并担任了民主党代表。然而，控制国会的保守党却因为他的革命观点而拒绝给予其席位。一位代表甚至说：“雷卡瓦伦先生在议会中宣传他所坚持的社会分裂思想（the ideas of social dissolution）实在让人忍无可忍。”[1] 于是在 1912 年，雷卡瓦伦组建了社会主义工人党（POS），该党是从民主党分裂出来的左翼政党。社会主义工人党的纲领包括了反对第一次世界大战，赞成私有财产国有化，没收教会财产，并且试图发起工人运动的详细条款。到了 1920 年，雷卡瓦伦本想竞选总统，无奈却遭到了当局的迫害和监禁。这是因为智利当局想要阻止雷卡瓦伦将自己的吸引力扩散到北部硝酸盐产地以外的地区。但是，他仍然于 1921 年被推选为国会议员，并担任了社会主义工人党和共产党的代表。

---

[1]　Loveman, *Chile*, p. 217.

　　阶级斗争是雷卡瓦伦思想的中心话题。他试图将工人阶级团结成为推翻资产阶级的一支革命力量，他的大部分著述都旨在帮助"无产阶级确立为争取自身解放而斗争的思想"。[1] 他认为，社会主义不仅仅是把富人的财富重新分配给穷人，还包括了"废除私有财产权"这一观念上的转变，而这将带来正义和道德上的完善。[2] 纵观拉丁美洲历史，在智利发展起来的这种阶级意识的本质是相当独特的。因为相较而言，大量涌入的欧洲移民曾给阿根廷带来了激进的工团主义思想，而智利并没有经历过类似的情况。另外，1914 年，阿根廷城市工人中有 60% 都是在外国出生的，而在智利这个数字不到 4%。[3] 因此，智利工人的阶级意识基本上发端于本土。除此之外，在激发智利工人阶级意识的过程中，像雷卡瓦伦这样的拉丁美洲裔活动家发挥了主导作用。1921 年，雷卡瓦伦在智利国会发表的反击那些把工人阶级抗争归咎于外国特工论调的演讲中强调指出：智利工人阶级自己有发起革命行动的能力，而且这种行动源于智利的历史。他继续证明，这种行动比俄国的布尔什维克革命还早了 15 年或 20 年。他得出的结论是："恰恰是资本主义制度本身在工人身上催生出了革命思想。"[4] 对此，历史学家布莱恩·拉夫曼（Brian Loveman）评论道："虽然共产党成立于 1922 年，社会党更是在 20 世纪 30 年代初才成立，但是与国际马克思主义有关的本土马克思主义运动已经在智利奋斗了至少半个世纪了。"[5]

　　智利工人阶级的运动不仅具备本土根源，而且还有着强烈的国际主义色彩。资方（雇主）为了专业分工、降低（工人）工资，而跟政府勾结把外籍劳工送往北方的硝酸盐产地。长此以往，当地的外籍劳工越来越多，到了 1885 年已经达到劳工总数的 40%，这些外籍劳工主要来自玻利维亚和秘鲁。[6] 雇主们利用（不同国别）工人之间的文化差异，以及源于太平洋战争的政治仇恨，来防止他们团结成为一支强大的劳工力量。

① Recabarren, *Obras Escogidas*, p. 58.

② Jobet, *Luis Emilio Recabarren*, p. 38.

③ Loveman, *Chile*, p. 223.

④ Recabarren, *Obras Escogidas*, pp. 23, 55.

⑤ Loveman, *Chile*, p. 304.

⑥ Ibid. , p. 233.

然而好景不长，雷卡瓦伦和其他社会主义者试图通过宣传工人斗争的国际意义，以消弭劳工之间的互相攻击，转而促成对资本家的反抗。于是，觉悟后的受剥削最严重的外籍劳工似乎也自发地参与了工人罢工。一名智利工人后来在自传中写道："阿根廷人、玻利维亚人和秘鲁人，他们和我们的同胞一样享有平等的权利和义务。"① 至此，由于这些外籍劳工反而与被剥削的智利工人一起发起了社会变革运动，资本家原本试图通过引入外籍劳工来压低工资的阴谋破产了。

1922 年，在雷卡瓦伦的敦促下，社会主义工人党（POS）加入了共产国际，并改名为智利共产党（PCC）。尽管智利共产党领导了拉丁美洲最强大的左派运动之一，但共产国际却从未承认过它的重要性。相反，共产国际对阿根廷和墨西哥那些规模较小、被边缘化的政党给予了更多的关注。由此可见，共产国际在拉丁美洲的经济战略利益不一定符合拉丁美洲政治现实的需要。1923 年，雷卡瓦伦前往苏联参加共产国际第四次代表大会。在此期间，俄国革命的成功给他留下了深刻的印象，他还据此得出了这样的结论："只要智利无产阶级制定更严明的纪律，建立更多的政治和经济组织，就可以实现推翻剥削的资本主义制度的社会革命。"②

1924 年，雷卡瓦伦的生命令人悲痛地终结了。他因面对军事政变、共产党的内斗和军事独裁统治的无能为力而倍感沮丧地自杀了。尽管如此，雷卡瓦伦仍然是推动拉丁美洲工人阶级组织和意识发展的关键人物。他激发并提升了工人的阶级意识，首先促使他们为争取更好的工作和生活条件奋起反抗，进而将自己视为与雇主有不同利益的阶级。工人们自发地掀起了劳工运动并组建了自己的政党，最终这些政党发展成为智利社会中一股重要的左翼力量。相较于马里亚特吉在马克思主义革命理论（拉丁美洲马克思主义——译者注）中铸就的永久印记，雷卡瓦伦"擅长把理论付诸实践"，他的思想遗产永远镌刻在智利工人阶级意识中。③ 这两位历史人物在彼此国家工人阶级意识的发展中扮演着类似的角色，并

① Lafertte, *Vida de un Comunista*, p. 57.
② Recabarren, *Obras Escogidas*, p. 102.
③ Liss, *Marxist Thought*, p. 75.

共同构筑了本土化社会主义形式的基础，这种本土化的社会主义形式对后来的整个拉丁美洲的革命者产生了影响。

纵观 20 世纪 20 年代，共产党始终是智利政坛中举足轻重的左翼力量，但却因领导人迫使其屈从共产国际的严格命令而最终导致了 1932 年左翼社会党的分裂，而这一分裂行为据说是受到了马里亚特吉独立指导秘鲁社会党的方针的启发。① 20 世纪五六十年代，智利左派发展成为拉丁美洲中最反教条主义的思潮之一。这种思潮不仅出现在 1917 年俄国十月革命之前的群众性党派传统之中，而且还以一种独特且颇具创造性的方式，从古巴革命和其他世界性事件中吸取了经验教训并加以实践。在众所周知的"智利社会主义道路"中，左派政党组成的人民团结阵线（亦称人民联盟）于 1970 年的大选中获胜，并由马克思主义者萨尔瓦多·阿连德·戈森斯（Salvadorl Allende Gossens）出任智利总统。人民团结阵线的经济纲领主张，将智利从资本主义宰制下的出口导向型经济转变为中央统筹下的民主经济。在执政期间，阿连德通过意义深远的改革，造福了工人阶级和下层阶级。其改革计划的核心是自然资源，尤其是铜矿资源的国有化——之所以如此，盖因硝酸盐产量下降之后，铜矿已经成为智利出口经济的支柱。② 尽管人民团结阵线政府主导的智利革命在 1973 年的政变中遭遇了彻底的失败，但它却开辟了一条以和平和民主的方式夺取政权的道路。基于其深厚的民主传统，智利社会主义革命高潮是一种真正体现了智利国家现实的政治、社会诉求。

非洲马克思主义

开辟一条通往社会主义的本土化道路并不是拉丁美洲所独有的事业。在 20 世纪六七十年代的非洲，"非洲马克思主义"组织也在安哥拉、莫桑比克和埃塞俄比亚等国家夺得了政权。非洲马克思主义虽然只是"将科学社会主义的原则应用到非洲的具体情况之中"的一种尝试，但（这

---

① Ibid. , p. 73.

② Johnson, *Chilean Road to Socialism*, p. 131. ［然而，西班牙共产党领导人圣地亚哥·卡里略却将智利革命的最终崩溃归咎于强烈的中央集权主义。他声称："国家机器继续作为资本主义统治的工具，颠覆了革命的整个过程，它废除了民主宪法，建立起了野蛮的军事独裁"（Carrillo, *Eurocommunism and the State*, p. 13. ）］

种尝试）却不仅使世界范围内根据特定情景发展马克思主义的行为变得更加普遍，而且还开启了"非洲马克思主义者即便在政治（实践）领域鲜有建树，也能在政治思想领域做出独特贡献的可能性"。非洲马克思主义的兴起不仅彰显了将马克思主义运用于第三世界具体情境的可行性，还列示了对苏联思想指令钳制的突破。与古巴和尼加拉瓜革命一样，非洲马克思主义组织的理论学说"并不是从国外引进的，而是某些非洲国家特有的内生产物"。因为非洲的现实客观条件不同于 1917 年沙俄的客观条件，所以"马克思主义理论必须适应第三世界国家的具体情况"。

在南非，共产党（SACP）也发展了一套适应南非国情的马克思主义本土化理论。南非共产党诞生时的历史条件类似于 20 世纪 20 年代拉丁美洲社会主义者所面临的历史条件。社会主义者于 1921 年创立了南非共产党，并与共产国际结盟，他们坚信布尔什维克革命是工人阶级理想的最纯粹表达。[1] 然而，共产国际一如对待世界上其他地区的态度一样，并没有考虑南非历史的具体情况，而是将自己的观点强加于南非。在共产国际的"合乎科学而无懈可击的"（scientifically correct and therefore more or less infalible）指示下，南非共产党成为世界上最僵化的的共产党之一。[2] 在共产国际第六次代表大会的指令下，南非共产党于 1929 年开始执行建立黑人共和国的纲领，该纲领主张"在独立的南非共和国基础上，建立工人和农民阶级的共和国，并给予所有种族（黑人、有色人种和白人）完全平等的权利"。这一立场是"适应南非阶级斗争的具体情境的方略"，但与此同时，共产国际继续"强加了自己的路线"，最终导致了南共的衰落。[3] 共产国际的这种强硬立场更主导了南非共产党此后 50 年的性质。

随着东欧和苏联的解体，在新兴的、后马克思主义的世界政治思想环境中，南非共产党表现出超常的适应能力。南非共产党于 1990 年，即在被宣布为"非法政党"达 30 年之际，被南非政府解除禁令，而重新获得了合法地位。相较于武装斗争，在今日的南非现实环境中，外交和政

---

[1] 在 1950 年被禁止后，激进分子在南非秘密重建了这个政党。1953 年，南非共产党由（CPSA）更名为（SACP）。

[2] Ellis and Sechaba, *Comrades against Apartheid*, p. 19.

[3] *Red Flag in South Africa*, pp. 16, 18, 21.

治斗争正变得越来越重要。面对不断变化的国内外现实，南非共产党否定了过去的做法，鉴于此教训，"南非共产党反对为他国确立一种创建社会主义时可以效仿的模式，而是希望各国在自身文化背景下发动民族民主革命。"另外，由于该党党员们主张对"受崇敬的经典"持一种"应该安息了"的态度，致使南非共产党所推行的社会纲领越来越"在概念和理论上疏离了经典马克思主义所产生的革命模式"。① 职是之故，党的领导人开始构建新的理论方法以取代"正统马克思主义"。正如修正主义理论家、南非共产党中心委员会成员杰里米·克罗宁（Jeremy Cronin）于1991年写的那样："像任何科学一样，马克思主义并不是一个随时准备着被直接应用于现实的、庞大的、封闭的教条，它确实是一个理论体系，但它需要不断地在实践中发展、充实并接受检验。"②

进入20世纪90年代，南非共产党疏离了"无产阶级专政"的概念，并开始批判那种在特定的客观政治、经济条件下，妄图完全依赖小型革命先锋队采取冒险行动的革命（游击）理论。用克罗宁的话来说，这种落伍的理论观点是"工人阶级力量的狭隘、集权、官僚主义的观念"的体现。克罗宁向往的是发起一场更广泛的旨在促进人民的领导力，以及能实现社会变革的能力的运动。克罗宁认为，社会主义革命在南非是一个提高人们政治意识水平的过程（而不是一个单一的自发性事件），这个过程将提升人民的权力能力。而仅通过选举手段或通过暴力夺取政权是不足以提高人们的政治意识水平的。鉴于此，南非共产党既没有遵循教条化的原教旨主义，也没有被动地等待"革命时刻"，而是认为只要强调群众斗争、民众权力和人民领导权在创造社会主义革命条件方面的重要性，（无论以何种国家形式出现）社会主义革命都能取得胜利。③

东欧和苏联僵化机械推行的共产主义的失败令社会主义理论蒙羞，但是马克思主义本身并没有错。前南非共产党秘书长乔·斯洛沃（Joe Slovo）在其引发了关于南非新马克思主义理论性质的广泛讨论的《社会主

---

① Steinberg, *"Leninist Fantasies and SACP Illusions"*, pp. 29, 31.
② Cronin, *Is the SACP Travelling in the Right Direction?*, p. 26.（在过去的几年间，南非左翼报刊《进步报》一直是追踪南非共产党意识形态变化的风向标。）
③ Cronin, *Is the SACP Travelling in the Right Direction?*, p. 28.

义失败了吗?》（*Has Socialism Failed?*）的小册子中表达了某种程度的忧虑。斯洛沃认为，社会主义危机是由于"机械地、断章取义地调用马克思主义理论"导致的，绝非源于马克思主义理论固有的弱点。① 由于社会主义致力于建设一个人人平等的社会，因此它天生就是一种民主哲学。对此，斯洛沃总结道，"前进的目标是彻底的民主社会主义"，这种民主社会主义是建立在民主说服力而不是专制权力的基础上的。②

南非共产党在 1991 年 12 月召开的第八次党代表大会上重申坚持马克思列宁主义，并称该党是"工人阶级的政治先锋队"，不仅坚定拥护社会主义，还宣称"社会主义本质上是民主的。"③ 显然，这不是一个党派顽固地坚持一种过时和垂死的哲学的反动举动，而是表明它有力量和能力来发展马克思主义，使之能够适应当前南非的斗争状态。这一立场的基本原理与 60 年前的秘鲁社会党遥相呼应，当时马里亚特吉也主张必须建立一个先锋党，这个党将形成一种"政治力量，承担着指导无产阶级为实现阶级理想而奋斗的任务"。④ 马里亚特吉与南非共产党一样，在具有潜在压迫性的无产阶级专政与负责培养群众政治意识的先锋党之间进行了区分。

此外，本次大会通过了一项支持古巴现行革命进程并强调其国际主义性质的决议，决议还指出研究和借鉴古巴革命是南非通往社会主义道路的可行模式。另外，南非共产党还承诺将开展一场促进大众认识古巴政治和经济现状的教育运动，并呼吁其他国家与古巴进行贸易。南非共产党发表上述声明是因为：长期以来，古巴一直支持非洲国民大会，并声援安哥拉以及其他非洲国家中类似以群众为基础的、反殖民的革命运动，南非共产党希望借此报答这些声援行为。⑤ 与此同时，南非民主党还宣称他们将继续致力于提高南非人民的社会主义政治意识。为了消除资本主义种族隔离制度下的社会不平等，南非共和国政府声称要建立一个

① Slovo, *Has Socialism Failed?*, p. 55.
② Ibid., p. 63.
③ Pillay, *Having Its Cake and Eating It*, p. 20.
④ Mariategui, "*Principios programaticos del Partido Socialist*", in *Ideologla y politica*, p. 162.
⑤ 从《进步报》上定期刊载的文章、新闻和书评（尤其是由克罗宁撰写的）中就可以发现，南非左派确实对古巴革命有着浓厚的兴趣与亲和力。

兼具财富和社会平等的社会主义南非。与严重衰退了的东欧共产党不同，南非共产党似乎面临着前所未有的发展时期，这进一步表明南非马克思主义思想并非源于苏联抑或其他外部地区，而是根植于本国现实之中的。

欧洲共产主义

这些脱离了莫斯科和共产国际而保持独立的第三世界共产主义运动，也在欧洲以欧洲共产主义的形式出现了。欧洲共产主义（Eurocommunism）或者说"欧洲人的共产主义"（European Communism），提出了"共产主义可以有适应欧洲的模式，而不是必须遵循苏联模式的想法"①。欧洲共产主义"作为一种自主的战略构想，它的诞生与发展皆根源于（欧洲的）经验和具体现实"②。欧洲共产主义作为通往社会主义的一条独立的民族道路，早在20世纪70年代就成为欧洲共产党的主导意识形态。其中，法国、意大利和西班牙的欧洲共产党最为强大，而西班牙共产党领导人圣地亚哥·卡里略（Santiago Carrillo）和意大利共产党领导人恩里科·贝林格尔（Enrico Berlinguer）则是这一运动的两位主要领导人。20世纪70年代中期，意大利共产党以压倒性优势赢得大选，这似乎意味着他们将在该国夺取政权了，但事实上直到1981年法国共产党加入左翼的密特朗政府，欧洲共产党才首次成功进入政府。有时候，欧洲共产主义被认为是独立于西方资本主义或苏联式共产主义的第三条道路，但是在描述欧洲共产主义社会批判理论中的国家角色时，西班牙共产主义领导人卡里略就认为"如果我们非要列举世界革命进程所走的不同道路，那肯定超过三条"③。

每个政党都必须发展和追求自己的本土社会主义道路。欧洲共产主义领导人也没有试图效仿或重现西欧的俄国革命，而是把自己的历史和文化传统作为构建社会主义革命的基础。卡里略在制定西班牙式的共产主义时，也并不忌讳批评列宁主义的基本宗旨。他认为列宁公开发展了

① Narkiewicz, Eurocommunism 1968 - 1986, p. vii. （如果想从各种左翼批判的视角，进一步讨论欧洲共产主义的历史和理论意义的话，请参见博格斯和普洛特克的论文集《欧洲共产主义的政治》。）

② Carrillo, *Eurocommunism and the State*, p. 103.

③ Ibid. , p. 9.

马克思的论断，而列宁的苏维埃继任者却没有做同样的事情。匈牙利和捷克斯洛伐克的"人道的共产主义"民主实验对欧洲共产党更有吸引力。因此他们主张更深入细致地理解社会主义与劳动人民民主之间的内在联系。总之，欧洲共产主义的目标是摆脱教条的、宗派的、过时的马克思主义形态，代之以一个新的、原创的、有生命的革命进程。

意大利共产党（PCI）是欧洲共产主义之中最为强大的政党之一，起源于 1921 年意大利社会党的左翼分裂。1922 年，随着贝尼托·墨索里尼（Benito Mussolin）的掌权，意大利共产党与所有其他政治党派一同被宣布为非法。此后的二十年里，它成为一个只能在地下活动的非法组织和秘密政党，直到第二次世界大战爆发，它在反法西斯战争中重新崭露头角。二战结束后，它成为意大利最大且实力最强的政党之一。该党领导人认为，每个国家的共产党都应该根据自身的特殊情况寻找最佳的"社会主义道路"。鉴于各国家所探索的道路千差万别，意大利共产党也没有必要走暴力革命之途，而应选择逐步且和平地获得政权。因此，意大利共产党不仅像智利左派政党一样，积极参与现有的政治体系，而且还支持尊重个人权利和政治多元化。1973 年智利阿连德政府的垮台，使意大利共产党（PCI）进一步确信：依靠一个小型的先锋党无法在意大利掌权，向社会主义革命正确迈进的途径是通过在意大利人民中赢得支持，并帮助其培育出政治意识。

在冷战和西欧反共情绪高涨的背景下，意大利共产党极力与苏联保持距离，以保证自身的独立自主。故而意大利共产党坚定地探索适合意大利文化的共产主义道路。同时，意大利共产党拒绝与苏联一起谴责约瑟夫·铁托（Joseph Tito）在南斯拉夫的独立行动。无论其他共产党或政府将采取什么行动，意大利共产党都会坚持沿着独立自主的道路不断前进。

安东尼奥·葛兰西

安东尼奥·葛兰西（Antonio Gramsc）是意大利共产党的杰出创始人，也是意大利最具创造力的马克思主义思想家之一，他为意大利共产党的诸多创新理论提供了知识基础，也为后来欧洲共产主义的诞生奠定了基础。葛兰西于 1913 年加入意大利社会党，1919 年协助创办了社会主义周刊《新秩序》，1921 年创立了意大利共产党。受工人苏维埃在俄国革命中所发挥作用的影响，葛兰西参与发动了都灵工厂委员会运动并强烈要求工厂实行民主化管理，并将其视为意大利迈向革命转型的第一步。从 1922 年到 1924 年，葛兰西来到莫斯科和维也纳，协助共产国际的工作。1924 年，他成为意大利共产党的领袖，并被选入意大利议会。由于他反对意大利法西斯独裁统治，墨索里尼于 1926 年监禁了葛兰西，直到 1937 年他去世前不久才被放出来。讽刺的是，正如一位学者观察到的，葛兰西"之所以免于被斯大林化，恰恰是因为他在墨索里尼的监狱中度过了那些最危险的岁月"。① 尽管监狱里的条件相当困难，但是葛兰西仍然撰写了大量关于马克思主义理论及其在意大利应用的著作。然而，直到 20 世纪 60 年代，葛兰西的重要著作才被传播到意大利以外的地方。随着《狱中札记》的出版（1971 年英文版本问世），葛兰西作为一名重要的马克思主义思想家，最终在国际上赢得了盛誉。

葛兰西的思想是在他的意大利文化背景下发展起来的；其中，意大利哲学家贝内德托·克罗齐（Benedetto Croce）的唯心论（idealism）对他产生了尤为重要的影响。葛兰西否定了严格的机械唯物主义决定论，赞成强调其历史和文化方面的马克思主义观点。这导致葛兰西对"实践哲学"产生了一种动态和辩证的看法，他的这种"实践哲学"发展自黑格尔的唯心论（idealism），并试图实现理论和实践、思想和行动的统一。究其本质，这种实践哲学是一种质疑 19 世纪马克思主义的机械论方面思想的批判理论。同时，他还对"人类意识（上层建筑）与经济结构（基础）之间关系"的固有矛盾产生了兴趣，② 并警告说，不要让任何一种思想成为"永恒和绝对真理的教条体系"③。葛兰西坚决反对"资本主义社会的崩溃及其向社会主义的演进都是受到自然规律支配的必然过程"的机械决定论观点。相较于这一观点，他坚信只有通过人的行为才能实现历史的变革。因此，他也是最早强调人类意志在塑造革命变革中作用的马克思主义者之一。对此，卡尔·博格斯（Carl Boggs）指出，葛兰西是

---

① Harrington, *Twilight of Capitalism*, p. 345.

② Gramsci, Selections from the Prison Notebooks, p. 403.

③ Ibid. , p. 407.

"一位极富创造力的马克思主义者，他善于抓住马克思主义理论中积极的、政治性的或'唯意志论'的内容，这跟传统马克思主义对至关重要的客观力量和资本主义发展的科学'规律'的宿命论式盲从形成了鲜明对比"①。鉴于此，葛兰西始终强调对于适应新形势而言，保持思想体系的动态灵活是非常重要的。由于亚平宁半岛尚未受到苏联僵化的斯大林主义的影响，因此意大利人得以专注于研究马克思主义理论的文化和精神层面，并且由此产生了一种开放的、非教条化的马克思主义思想。正如戴维·麦克莱伦（David McLellan）所观察到的那样，它"恢复了马克思主义思想中的主观性和创造性"，并强调了"意识形态斗争在社会主义转型过程中的重要性"。②

葛兰西不仅在理论上，而且在政治和实践层面都坚信让马克思主义革命理论适应意大利的具体政治、文化情境的重要性。他奉行一种积极的国际主义，并且研究了其他国家的革命经验，但他反对任何将某一国家或地区的革命模式输出或强加给另一国的企图（例如斯大林化的共产国际）。相反，葛兰西力图发展一种真正具有民族特色的，符合意大利人民的习俗、需求和愿望的"意大利马克思主义"。③ 这也是考虑到由于国情不同，在东欧行之有效的革命策略不一定适用于西欧。葛兰西尽管曾被布尔什维克1917年震古烁今的大胆行动所打动，但他反对使用高度集权的革命先锋队。相反，他赞成创建一个来自人民且具备民主结构的群众型政党。葛兰西认为在意大利，共产主义只有先争取到人民和文化传统的支持，然后才能接管政府。这种夺权方式与弗拉基米尔·列宁的做法正好相反，列宁选择首先控制政府，然后通过政府来改变国家并宣传俄国革命。

此外，葛兰西还提出了文化霸权的概念，以解释为什么社会主义革命没有像马克思所预言的那样在工业化的西欧社会中取得胜利。葛兰西认为，无产阶级之所以缺乏革命意识，并非因为缺乏适当的客观条件或经济条件所致，相反，原因在于主流文化对人民生活的持续控制（不是

---

① Boggs, Gramsci's Marism, p. 16.

② McLellan, Marism after Marx, p. 175.

③ Boggs, *Gramsci's Manism*, p. 19.

通过强制性的国家手段，而是通过文化和学术机构的操纵）。因此，一场革命运动不可能仅仅因为夺取了政权就获得了成功，它还必须设计一种新的无产阶级文化的"反霸权"结构以取代现有结构。所以，共产党必须努力提高群众的政治觉悟，促使他们从被动接受文化灌输的主体转变为积极推动社会变革的行动者。当然，这也是一个需要花费时间的政治化进程。一旦借此为社会转型创造出了适当的历史形势时，党就必须像布尔什维克1917年在俄国所做的那样，团结一致并准备采取大胆行动。这些不仅构成了葛兰西关于国家概念的基础，而且也形构了他改造国家的策略。同时，葛兰西还认为，意大利共产党只有将城市和农村的穷人团结为一个以群众为基础的革命政党，才能够赢得革命的胜利。①

此外，葛兰西认为，知识分子在为革命运动蓬勃发展创造适当条件方面起着至关重要的作用。当然，这些知识分子并非来自传统的精英阶级，而是从工人阶级中脱颖而出，并基于工人阶级的经历发展出大众政治意识。在葛兰西的实践哲学中，专门有一个部分论述保持知识分子与群众之间联系的重要性。党的领导万不可脱离群众，而应该有组织地、民主地从群众中选拔出来。当然，葛兰西写道，单纯依靠"从群众中脱颖而出的知识分子"绝不可能造就深刻和持久的社会变革，但"意识到自己与民族斗争有关的知识分子"必将揭示主流文化霸权的控制本质，并帮助群众提高政治觉悟。② 这些看法构成了葛兰西在进行社会主义革命时强调主观因素（意识）而不是客观因素（经济关系）的理论基础。

葛兰西还指出，这种文化的转变不可能通过没有问责制的无产阶级专政来实现。相较而言，葛兰西赞成在民众参与的基础上建立一种民主集中制的非官方机构，这种机构可以保护个人的思想、新闻和结社自由。当然，这些主观观念也必须加以塑造，以适应特定的历史和文化条件。如若塑造不出自愿接受（的意愿）和有机的适应（能力），则社会革命注定会失败。葛兰西这套理论最终催生出了民族马克思主义这一战略性的批判思想，这种思想反映了意大利共产党在其发展过程中展现出来的特点，并赢得了拉丁美洲左派领袖的广泛认可。尽管共产国际妄图

---

① Gorman, "Gramsci, Antonio", in Gorman, *Biographical Dictionary of Neo-Marxism*, p. 178.

② Ibid. .

凭借有悖于第三世界所需的东西来赢得一场社会革命，然而毋庸置疑的是，葛兰西思想的核心原则对于拉丁美洲地区社会革命的成功起到了至关重要的作用。①

总而言之，葛兰西所代表的非专制的、民主的马克思主义思想形式已经在世界许多地方产生了重要的影响。20 世纪 60 年代，美国的许多新左派或新马克思主义知识分子和政治家也曾被这种思维方式所吸引。"美国民主社会主义者"组织的前领导人迈克尔·哈林顿（Michael Harrington）继承并发展了葛兰西的传统，以最具创造性和创新性的方式批判了北美社会。在《资本主义的黄昏》（*The Twilight of Capitalism*）一书中，哈林顿从马克思主义的视角分析了西方资本主义危机，然而他的分析视角与斯大林主义的机械论解释截然不同。哈林顿的思想中并没有僵化的教条主义，而是充满了一种人道的、民主的马克思主义形式。他强调马克思主义理论的精神和文化层面，他提出的理论比莫斯科宣传的理论要"灵活得多"，同时也"更加开放且充满活力"。② 他将这些思想冠以"新卡尔·马克思"的名号展现在世人的面前。哈林顿主张借助于个体行动的唯意志论而非依赖于经济决定论来实现社会变革，并且希望以此建立一个平等、民主和非精英的政治体系。他追随了"从来不写庸俗的和机械的作品"的葛兰西，拒斥实证主义或决定论的马克思主义，转而支持一种主观的、创造性的和革命性的民主社会主义形式。③ 哈林顿认为，只有以充满活力的马克思主义取代陈腐过时的马克思主义，才能催生出 21 世纪的社会批判理论。

如同在欧洲和北美一样，葛兰西也为拉丁美洲左派留下了一份具有持续生命力的遗产。在 20 世纪六七十年代，他的想法在整个拉丁美洲

---

① 史蒂夫·费曼在对坦桑尼亚农民知识分子的研究中，在明确了葛兰西思想的重要性之后，拒斥了在一个中央集权的政党中实现民主的可能性，并认为坦桑尼亚农民不需要借助工人阶级或共产党的领导来承认他们的历史地位。参见 Feierman, Peasant Intellectuals, pp. 18 - 21。费尔曼对僵化集权主义的反对是新马克思主义思想（包括欧洲共产主义）的一个重要主题，但也必须记住，一般情况下，葛兰西的思想不能僵化地从一个国家移植到另一个国家。

② Harrington, *Twilight of Capitalism*, p. 12.

③ Ibid., p. 347.（同样地，迈克尔·阿尔贝托和罗宾·汉内尔批评正统的马克思主义是机械的、缺乏革命精神，通常是"阻碍社会主义革命的精神外衣"。参见 Albert and Hahnel, *Unorthodox Marxism*, p. 6。）

"像火山爆发"般地蔓延开来。① 在20世纪60年代的拉丁美洲，葛兰西的作品首次从意大利语翻译成了其他语言。② 何塞·阿里科在他的《魔鬼的尾巴：葛兰西的拉丁美洲行程》（*La cola del diablo：Itinerario de Gramsci en America Latina*）一书中，考察了20世纪50年代到80年代葛兰西影响力在拉丁美洲的扩散情况。尽管阿里科的创作很大程度上源于他在阿根廷和墨西哥的见闻，但在古巴和秘鲁等其他拉丁美洲国家中也的确可以发现葛兰西的影响。这种影响在将桑地诺推上权力巅峰的1979年尼加拉瓜革命中表现得尤为明显。在探索桑地诺革命思想根源的研究中，唐纳德·霍奇斯特别强调，葛兰西是桑地诺创新马克思主义理论时的重要灵感源泉。由于他强调唯意志论和主观因素，例如意识形态在推动群众发动革命时的重要性，因此桑地诺主义者认为葛兰西是"自列宁以来最重要的马克思主义理论家。"③ 值得一提的是，支持桑地诺的学者里卡多·莫拉莱斯·阿维莱斯（Ricardo Morales Aviles）还将葛兰西的政治霸权思想引入了尼加拉瓜。由于葛兰西的影响，桑地诺主义者并没有止步于政治或社会革命，而是试图发动一场文化革命，以此创造出一种社会主义"新人"。④ 在尼加拉瓜，受葛兰西等人影响而创造出来的革命神话使桑地诺支持者和解放神学支持者形成了紧密的联盟，他们一起为社会的革命性变革而奋斗。

19世纪，欧洲激进的哲学思潮席卷了阿根廷、古巴和其他的拉丁美洲国家，唯独秘鲁人被长时间孤立在这股思潮之外。然而，早期的秘鲁知识分子曼努埃尔·冈萨雷斯·普拉达（Manuel Gonzalez Prada，1848—1918）却打破了这种孤立。由于普拉达坚信秘鲁的土著传统和人民必须融入秘鲁民族文化之中，于是他试图将民族主义与土著主义（即倡导本土社会价值观的运动）相结合。尽管普拉达反对历史唯物主义和马克思主义、社会主义，并主张无政府主义，但他的思想确实在19世纪70年代受到了马克思著作的影响。而他激进的民族主义和土著主义也为成熟的

---

① Arico, *La cola del diablo*, p. 12.

② Arico, *La cola del diablo*, p. 20.

③ Hodges, *Intellectual Foundations*, p. 179.

④ Ibid., p. 183.

秘鲁马克思主义的诞生创造了条件。①

　　马里亚特吉是在这种历史背景下涌现出来的最杰出的，也是最著名的拉丁美洲马克思主义者之一。他是第一位将马克思主义的革命理解带到了拉丁美洲，并对拉丁美洲社会问题进行严谨且系统的马克思主义分析的秘鲁人。此外，马里亚特吉还直接质疑了苏联控制下共产国际提出的许多教条性假设，并希望发展出一种植根于拉丁美洲自身历史现实的"印第安—美洲社会主义"。正如罗伯特·帕里斯（Robert Paris）所言，在马里亚特吉之前，拉丁美洲人把社会主义和马克思主义视为纯粹的欧洲学说。② 但马里亚特吉却对此争辩道："尽管社会主义和资本主义都诞生于欧洲，但社会主义并不是仅限于欧洲的学说，而是一场世界性的运动。"③ 也正因如此，马里亚特吉因将马克思主义"拉丁美洲化"和"精神化"而为世人所熟知，他在其中提出了对马克思主义理论的唯意志论解释，即要"将激情升华为革命力量"。④ 马里亚特吉把欧洲马克思主义学说融入拉丁美洲社会的批判中，影响了整整一代为改变社会而奋斗的马克思主义者。时至今日，他的思想仍然具有重要意义。

　　马里亚特吉的影响遍及整个拉丁美洲。除了数不清的书籍之外，《何塞·卡洛斯·马里亚特吉全集》其中四卷不仅收录了秘鲁同胞的文章，而且还收录了拉丁美洲、北美和欧洲作家的文章。这些文集展示了马里亚特吉所具有的国际吸引力的广泛程度，并且证实了在整个拉丁美洲、欧洲乃至世界其他地方，人们对他的思想都十分熟悉并受其影响。在与秘鲁相邻的安第斯国家——厄瓜多尔也可以找到马里亚特吉影响的痕迹，马克思主义学者奥斯瓦尔多·阿尔博诺兹（Oswaldo Albornoz）最近评论说，马里亚特吉"对厄瓜多尔社会主义思想中政治和思想方面的发展具有重要的意义"。他的作品是"传播马克思主义学说的重要载体。最重要的是，这些著作教导了我们如何将马克思主义应用于厄瓜多尔的现实"。⑤而马里亚特吉的文学作品很早就流传到了厄瓜多尔。1916 年，也就是他

---

① Chavarrfa, *Jose Carlos Maridtegui*, pp. 27 – 33.

② Paris, *La foracion ideologica*, p. 12.

③ Mariategui, "*Aniversario balance Amauta*", 3/17（September 1928），p. 2.

④ Sanchez Vazquez, "*El marxismo en la America Latina*", p. 8.

⑤ Albornoz, "*Mariategui en el Ecuador*", pp. 43, 51.

成为马克思主义知识分子的领军人物前 10 年，厄瓜多尔人就开始阅读他的诗歌和文章。后来在厄瓜多尔还为此形成了一个复杂的传播网络，除了分发他的工人阶级报纸《劳动报》和他出版的其他各种书籍之外，还分发了他的先锋杂志《阿毛塔》。马里亚特吉对秘鲁现实的许多见解，尤其是他的土著主义思想，后来也被证明与厄瓜多尔有关。这是因为厄瓜多尔和秘鲁一样，都拥有大量的土著人口。尽管马里亚特吉 1923 年从欧洲返回时，只在厄瓜多尔的瓜亚基尔待了一个礼拜，但是阿尔博诺兹仍坚称，马里亚特吉在厄瓜多尔人尽皆知，而且他的思想对理解厄瓜多尔的现实是必不可少的。①

马里亚特吉的思想除了在厄瓜多尔具有强烈的吸引力之外，他的作品在整个拉丁美洲都也受到了同样的好评。尽管他并没有踏遍拉丁美洲的土地，但他却是这个大陆上知名度最高的知识分子。这种情况不仅发生在拥有大量土著人口的国家，而且也发生在历史和文化现实与秘鲁略有不同的其他国家。众所周知，古巴和尼加拉瓜是两个经历了成功的社会主义革命的拉丁美洲国家，想要理解马里亚特吉思想的这种广泛吸引力，就必须通过考察他的思想在古巴和尼加拉瓜中的传播史，并从中获得启发。这些思想传播史有助于凸显整个拉丁美洲经验所具有的共性，而这些经验为马里亚特吉的马克思主义理论提供了借鉴。但在继续考察这些特定国家的历史之前，我们必须首先了解马里亚特吉的拉丁美洲马克思主义思想的独特性。

---

① Albornoz, "*Mariategui en el Ecuador*", p. 53.

第二章
何塞·卡洛斯·马里亚特吉
（1894—1930）

　　1894 年 7 月 14 日，马里亚特吉出生在秘鲁南部的沿海小镇莫克瓜，后来在利马的郊区长大。他的母亲名为玛丽亚·阿玛利亚·拉希拉（María Amalia LaChira），是一名贫困的混血妇女，马里亚特吉是她的第六个孩子。由于头三个孩子都在出生后不久就夭折了，因此拉希拉成为一名虔诚的天主教徒。母亲的天主教信仰对年少的马里亚特吉产生了深刻的影响。[1] 马里亚特吉的父亲名为弗朗西斯科·哈维尔·马里亚特吉（Francisco Javier Mariategui），是拉丁美洲独立战争期间一位同名英雄的孙子。他的爷爷深受法国革命精神的影响，最终却因为反对教权干预政治，以及参加共济会而被天主教教会开除了教籍。[2] 在秘鲁保守的环境下，为避免家庭遭到宗教迫害，马里亚特吉的父亲向妻子隐瞒了自己的身世。[3] 然而在马里亚特吉出生后不久，拉希拉就发现自己的丈夫是一个"被教会谴责的堕落叛徒的子孙"。[4] 为避免自己的孩子受到丈夫自由主义思想的影响，拉希拉立刻决定与丈夫离婚。

　　相较于那个时代的许多知识分子，马里亚特吉的成长环境迥然不同。

---

①　Rouillon，*La creacion heroica*，Vol. 1，p. 32.

②　Ibid.，p. 20.

③　Ibid.，p. 28.

④　Ibid.，p. 41.

他不仅没有接受过上流社会的教育，而且由于从小体弱多病，不得不克服诸多生活困难。马里亚特吉在很小的时候就患上了结核病，8 岁时还因左腿受伤而落下了终身残疾。① 由于家境拮据，他上到 8 年级就辍学回去养家糊口了。15 岁那年，马里亚特吉在秘鲁《新闻报》谋得了一份杂工的差事，正是这份差事使他接触到了新闻领域。由于在新闻工作中表现出了极高的天赋，他很快就从杂工升到了撰稿人和编辑的职位。终其一生，新闻技能既是马里亚特吉谋生的手段，又是他表达政治观点的工具。16 岁时，马里亚特吉的作品开始表现出社会主义倾向。② 马里亚特吉和朋友塞萨尔·法尔孔（César Falcón）共同发表了《我们的日子》（"Nuestra Epoca"）和《原因》（"La Razon"）两篇文章，但文章刊登不久即被撤稿。尽管这两篇文章皆持倾向工人的立场，但此时的两人并不支持后来在马里亚特吉作品中彰显的革命的马克思主义。③ 但马里亚特吉公开支持工人和学生的革命愿望的行径，还是引起了秘鲁独裁者奥古斯托·B. 莱吉亚（Augusto B. Leguia）的强烈不满，于是在 1919 年 10 月，他以秘鲁"情报特工"的名义，将马里亚特吉和法尔孔流放到了欧洲。这次欧洲之行对马里亚特吉思想的形成和发展产生了极大影响，同时坚定了他的社会主义信仰。以至于当马里亚特吉回顾他作为报社记者的早期生涯时，曾坦言与 20 世纪 20 年代之后作为一个成熟的马克思列宁主义革命思想家所写的著作相比，这是他创作的"石器时代"。

在 1919 年被流放到欧洲之前，马里亚特吉在政治上已经意识到了社会主义的必要性，并着手研究马克思主义。但直到抵达欧洲后，他才明确地继承了马克思主义传统。④ 他在法国和意大利学习期间，遇到了许多欧洲社会主义者。在法国，他见到了罗曼·罗兰（Romain Rolland）、亨利·巴布斯（Henri Barbusse），以及革命性组织"明晰"（Clarté）的成员。从这些人身上，他感受到了"新民众中强烈的社会革命热情"。⑤ 马里亚特吉在意大利总共待了三年，在旅居期间，他遇到了许多意大利思想界的重要人物，

---

① Rouillon, *La creacion heroica*, Vol. 1, pp. 45, 48.

② Mariategui, "Del Autor", in *Ideologla politica*, p. 17.

③ Vanden, *National Marxism*, p. 118.

④ Rouillon, *La creacion heroica*, Vol. 1, pp. 205, 227.

⑤ Bazan, *Maridtegui su tiempo*, p. 56.

如贝内代托·克罗齐、乔瓦尼·帕皮尼（Giovanni Papini）、马里内蒂（Marinetti）、戈贝蒂（Gobetti）、普雷佐里尼（Prezzolini）。① 虽然马里亚特吉到了晚年才成为一名成熟的马克思列宁主义思想家，但他的许多思想都源于他在意大利期间的游历。那是一个国际共产主义运动山包海汇的时期，"（当时）苏联教条的历史唯物主义还未能成为马克思主义的主流思想"②。1921 年意大利共产党的成立给马里亚特吉留下了深刻印象，后来他承认："在那之前，马克思主义对我来说是一种相当混乱、枯燥且冷漠的理论。"③但意大利共产党的领导使他深深地认识到马克思主义的唯意志论进路具备的革命潜力。因此，在意大利的旅居时光是马里亚特吉的"重要的政治学徒训练期"。正是在那段时光里，他开始认同"极端马克思主义左派"和第三国际。④

　　1923 年，当马里亚特吉即将动身返回秘鲁时，他宣称自己是"一个坚定的、公开的马克思主义者"。⑤ 他利用在欧洲获得的经验，在利马新成立的冈萨雷斯·普拉达人民大学开设了名为"世界危机史"的系列讲座。尽管马里亚特吉的讲座内容主要涉及拉丁美洲地区，但他仍站在工人阶级立场上批评欧洲时事，并借此阐述了他对战后欧洲重大政治主题的远见卓识。⑥ 于是，马里亚特吉老师在大学里颇受欢迎。然而不尽如人意的是，尽管学生们强烈要求，但是圣马科斯公立大学仍以马里亚特吉没有接受过正规的学术教育为由，拒绝授予其教授职位。耐人寻味的是，马里亚特吉骨

---

① Nunez, *La experiencia europea*, p. 20.

② Vanden, *National Marxism*, p. 13.

③ Bazan, *Maridategui y su tiempo*, p. 64.

④ Ibid., p. 66.

⑤ Mariategui, "The Problem of Land", in *Seven Interpretive Essays*, p. 42. （许多早期关于马里亚特吉的学术研究并没有强调他的马克思主义倾向。哈里·范登在《马里亚特吉》一书中明确地证明了马里亚特吉曾研读过马克思主义经典著作，并借助马克思主义的范畴和立场来分析秘鲁的现实处境。）

⑥ Mariategui, *Historia de la crisis mondial.* [拉蒙·安东尼奥·罗梅罗·坎塔雷罗做了一项有趣的研究，他通读了马里亚特吉的著作，目的是论证马里亚特吉理论重心的转变。在 1923 年和1924 年期间（在他回到秘鲁之后以及在他做这一系列演讲期间），马里亚特吉的 60 部作品中有 54部是关于国际问题的。1924 年至 1928 年期间（直到他最著名的作品《关于秘鲁国情的七篇论文》为止），他写了大约 70 篇关于秘鲁国家问题的文章。在第三个，也是最后一个时期（1928 年，直到 1930 年去世），马里亚特吉关注的是秘鲁革命运动的理论和实践基础。]

子里是一个与学术界格格不入的知识分子。他在晚年曾提到了自己"即使不是反学术的，也是非学术的个性"，① 并承认自己"并不能满足大学的学术技能要求"②。虽然马里亚特吉没有受过正规的教育，但他有一颗极富才华和创造力的头脑。他很喜欢读书，并且几乎是自学成才。③ 从他的马克思主义国家理论出发，马里亚特吉认为只有正视秘鲁经济和社会不平衡的现状，才能真正理解秘鲁教育制度的问题。关于教育问题，马里亚特吉曾写道："教人读书、写字并不是真正的教育。"④ 为此，他批评了西班牙、法国和北美对秘鲁教育制度的控制，并认为拉丁美洲的公共教育制度同美国和欧洲一样，是为了服务和捍卫精英阶层的利益而存在的。⑤ 如果要使教育制度真正满足大众需要，那它就必须由大众来主导。马里亚特吉在书中写道，只有社会主义才能创造一个民主平等的教育体系，所有社会成员都将因此得到应有的教导，从而齐心协力地推动国家发展。⑥ 而鉴于新兴的职业学校和冈萨雷斯·普拉达人民大学致力于培养群众的阶级意识，所以他把两者都视作社会主义教育的典范。此外，马里亚特吉还指出，为了避免精英阶层利用教育系统牟取私利，国家需要建构一个民主的、社会主义的教育系统，从而保障更广泛的社会公益。

1924 年，马里亚特吉失去了右腿，从此他不得不在轮椅上度过余生。尽管健康状况每况愈下，他却更加积极地在秘鲁筹划着社会革命运动。1926 年，他创办了《阿毛塔》（Amauta），希望借此成为秘鲁新一代知识分子和精神运动的擎炬人。这份杂志旨在分析和总结政治、哲学、艺术、文学和科学等领域的革命成果，以便制订更加清晰合理的革命计划。马里亚特吉还宣布，《阿毛塔》将在国际背景下，"从理论和科学的角度分析秘鲁的问题"。⑦ 正因如此，《阿毛塔》（在盖丘亚语中意为"明智的老

---

① Letter from Jose Carlos Mariategui to Samuel Glusberg, 10 January 1928, in Mariategui's *Jose Carlos Mardtegui: Correspondencia* (hereafter, *Correspondencia*), Vol. 2, p. 332.

② Mariategui, "Author's Note", in *Seven Interpretive Essays*, p. xxxvi.

③ Bazan, *Maridtegui y su tiempo*, p. 15.

④ Mariategui, "Public Education", in *Seven Interpretive Essays*, p. 122.

⑤ Mariategui, "La ensefanza y la economfa", in *Temas de educacion*, p. 39, and "Ensenanza unica y ensenanza de clase", Ibid., p. 54.

⑥ Mariategui, "Principios programaticos del Partido Socialist", in *Ideologla politica*, p. 161.

⑦ "Presentacion de Amauta", *Amauta* 1/1 (September 1926), p. 1.

师"）在整个拉丁美洲受到了广泛关注。① 秘鲁的本土画家何塞·萨博加尔（Jose Sabogal）认为这个名称既象征了马里亚特吉的民族主义精神，又象征了他的本土精神和先锋思想。② 然而，由于不菲的价格和"过于高雅的格调"，《阿毛塔》并没有受到秘鲁工人阶级的青睐。因此在1928年，马里亚特吉又创办了一份名为《劳动报》的半月刊。相较于《阿毛塔》，这份杂志风格更接地气，内容更丰富，从而弥补了《阿毛塔》的受众问题。③《劳动报》还试图为工人提供政治资讯和政治教育，以激发工人阶级的政治革命热情。可惜的是仅仅不到一年，它便被莱吉亚独裁政府取缔了。虽然官方从未解释取缔《劳动报》的原因，但人们普遍认为是由于它对"日益不得人心且危在旦夕"的莱吉亚政权造成了威胁。④ 相比之下，《阿毛塔》则侥幸得以继续出版，直至1930年马里亚特吉去世为止。

马里亚特吉也会在为各种秘鲁期刊撰写的文章中，宣传他的政治观点。此外，他一生只出版了两本书，分别是1925年出版的《当代场景》（*La escena contemporánea*），以及1928年出版的《关于秘鲁国情的七篇论文》（*7 ensayos de interpretación de la realidad peruana*）。其中，《当代场景》是他为《其他资讯》（*Variedades*）和《环球》（*Mundial*）所撰写的各种文章的汇编。在这些文章中，他探讨了当时世界的政治局势，包括法西斯主义、民主主义、社会主义和反犹主义的兴起。《关于秘鲁国情的七篇论文》于1971年被译为英译本（英译本名为：*Seven Interpretive Essays on Peruvian Reality*）。迄今为止，此书已被翻译成八种语言，在世界各地广为流传。这本书因其对拉丁美洲现实的独到见解而广受赞誉。在书中，马里亚特吉从马克思主义的观点出发，透彻地分析了秘鲁问题，以及拉丁美洲问题。这本书包含七篇文章，主题包括经济发展、土著人口、土地分配、教育制度、宗教和文学。今天，拉丁美洲的许多马克思主义知识分子已经将其视为拉丁美洲马克思主义的经典著作。而马里亚特吉也希望这两部作品既能对秘鲁的历

---

① Wise, "Mariategui's *Amauta*（1926—1930）", p. 288.
② Reedy, "Cohesive Influence of Jose Carlos Mariategui", p. 143.
③ Wise, "Labor", pp. 118 – 119.
④ Ibid. , p. 125.

史性问题进行社会主义批判，又能有助于秘鲁社会主义的建立。①

马里亚特吉所著的这两本书既没有专门地涉及政治理论，也没有出现任何的理论建构性的文章（doctrinaire treatises），但在《关于秘鲁国情的七篇论文》的导言中，他提出了一个编纂一本关于秘鲁政治和意识形态演变的著作的计划。② 马里亚特吉计原划将这本书命名为《捍卫马克思主义：革命的争论》（Defensa del marxismo, polémica revolucionaria），并拜托他的老朋友和同志——塞萨尔·法尔孔在西班牙出版。但最终因为书稿在运往西班牙的途中遗失了，所以这项工作未能如愿。③ 1934 年，这部作品的残缺版本在智利出版。直到 1959 年，阿毛塔印书馆才出版了一个更接近原论文的版本，并将其收录进马里亚特吉全集系列作品之中。在他所有的作品中，马里亚特吉在《捍卫马克思主义》（Defensa del marxismo）中对马克思主义做了概括性的解释。《捍卫马克思》与《意识形态政治》（"Ideologíay política"）（马里亚特吉全集的第 13 卷，其内容包括马里亚特吉的社论、论文、宣言和各种政治文件）详尽地阐述了马里亚特吉的政治思想及其实践活动，以及他对秘鲁政治和意识形态演变的解读。马里亚特吉本打算在有生之年修订并出版更多的书籍［包括《早晨的灵魂和其他季节》（El alma matinaly otras estaciones del hombre de hoy）和《小说与生活》（La novelay la Vida）］，但直到 20 世纪 50 年代，即他逝世之后，这些书才得以公开发表。④ 与他的其他著作一样，这些著作不仅论述了国内的政治主题，还涉及

---

① Mariategui, "Author's Note", in Seven Interpretive Essays, p. xoxvi.

② Ibid. , pp. xoxvi, xxxv.

③ 关于马里亚特吉丢失的书稿，他的追随者们众说纷纭。里查多·马丁内斯·德拉托雷在他的《马克思主义》第 2 卷第 404 页中认为是塞萨尔·法尔孔丢失了这本书。在他的著作《我的家庭》（EI hombre en su accion, 1977, p. 224）的附录中，豪尔赫·法尔孔（Jorge Falcon）为自己兄弟的清白进行了冗长的辩护。正如里卡多·卢纳·维加斯在《马里亚特吉》一书中关于马里亚特吉逝世后作品的后记中所说，马里亚特吉不太可能在没有备份的情况下，将如此重要的原稿送往西班牙。里卡多·梅尔加·巴奥在他的文章《马里亚特吉和第三国际》（"La Tercera International y Mariategui", pp. 47 - 48）中认为共产国际与这本书的失踪脱不了干系。马里亚特吉去世后不久，《阿毛塔》第 31 期曾刊登了一则公告，称马德里的《新历史》社论正在出版一本题为《秘鲁政治意识形态》的书，这本书将继承并发展《关于秘鲁国情的七篇论文》中的理论。遗憾的是，阿毛塔编辑部并没有能够在 1974—1976 年的《阿毛塔》杂志中增添关于新书的内容。无论如何，阿毛塔编辑部默认这部作品已经永远丢失了，并取而代之地出版了《政治意识形态》中的文章。

④ Amauta 4/31 (June-July 1930), inside back cover. Also see Luna Vegas's discussion in Jase Carlos Maridtegui, pp. 95 - 98.

了秘鲁现实生活中的文学和文化，以及周遭的国际社会。后来，马里亚特吉的著作被汇编在了 20 卷的《马里亚特吉全集》中，这些作品不仅展示了他的智慧与激情，同时也有助于拉丁美洲建立起创新和革命的马克思主义理论。

马里亚特吉的革命活动并没有停留在理论层面。除了教育改革之外，马里亚特吉还提出了其他具体的革命要求，从中不难窥见他理想中的秘鲁社会主义的图景：他提议进行劳动和社会改革、建立社会保障体系，并废除了臭名昭著的债务奴隶制（enganche），实行八小时工作制和最低工资制，提高工人收入水平。[1] 此外，马里亚特吉还高瞻远瞩地号召在秘鲁发动一场统一的阶级斗争。工人阶级期刊《劳动报》代表着"包括工业和交通工人、农业工人、矿工、土著社区、教师、雇员在内的整个生产阶级的利益和愿望"，随后在他的号召下知识分子和学生也加入了斗争的行列。[2] 为了推动革命的发展，他于 1928 年成立了秘鲁社会党（the Peruvian Socialist Party），并成为首任总书记。该党在成立后听命于第三国际，并由一个"七人秘密小组"领导。作为无产阶级的先锋队，秘鲁社会主义党在贯彻阶级斗争思想的同时，也逐渐确立了自身的定位和斗争方针。[3] 为了团结工人阶级，秘鲁社会党于 1929 年成立了一个马克思主义为指导思想的工人联合会，并将其命名为秘鲁工人联合会（the Confederación General de Trabajadores del Perú）。[4] 秘鲁社会党（PSP）和秘鲁工人联合会（CGTP）都奉行国际主义原则，并积极参加共产国际主办的会议。在这段时间里，马里亚特吉建立的共产党支部遍布秘鲁各地。[5]

---

[1] Mariategui, "Principios programaticos del Partido Socialista", in *Ideologia y politica*, pp. 162 – 164.

[2] "Labor continua", *Labor* 1/9 (18 August 1929), p. 1, also reprinted in *Ideologla y politica*, pp. 255 – 256.

[3] Mariategui, "Principios programatico del Partido Socialista", in *Ideologla y politica*, p. 162.

[4] 除了在马丁内斯·德拉托雷所著的《马克思主义解释学笔记》（*Apuntes Para una Interpretacion marxista*）中关于马里亚特吉工会活动的第一手文件（尤其是第一卷第六章"C. G. T. p. 中的何塞·卡洛斯·马里亚特吉"，以及第三卷的"秘鲁工人总联合会"）（Falcon, *Maridtegui：Arquitecto Sindical*, and Kapsoli, *Mariategui y los congresos obreros.*）

[5] Vanden, *National Marcism*, p. 72.

虽然秘鲁当局并不清楚马里亚特吉组织活动的性质和范围，但他的活动已经对秘鲁国家的安全构成了严重威胁。因此即便马里亚特吉本人从未犯罪，莱吉亚独裁政府依然两次逮捕并关押了他。1924 年，他因涉嫌在冈萨雷斯·普拉达人民大学从事颠覆政权的活动而遭到秘鲁当局的逮捕。但由于国际社会对此予以强烈抗议和谴责，马里亚特吉很快就被释放了。然而好景不长，1927 年，马里亚特吉再度遭到逮捕，并被指控参与了一个共产主义阴谋。虽然只是被拘留在一家军事医院 6 天，但在此期间，警察不断地对其进行拷问、迫害。1929 年 9 月，马里亚特吉的工人阶级期刊《劳动报》被取缔。同年 11 月，警方突袭他的住所，并且"绑架"了他和他的家人长达三天。在此之后，马里亚特吉公开否认了政府的指控，并声称这些指控都是出于政治目的。在给朋友的信中，马里亚特吉这样写道："当然，他们谈论的是一个共产主义阴谋。"这或许是指马里亚特吉曾在《阿毛塔》和《劳动报》上发表文章，批判塞罗迪帕斯科镇（Cerro de Pasco）上的一个美国独资铜矿不仅强迫工人进行剥削性劳动，而且还缺乏相应的安全措施。秘鲁政府据此担心马里亚特吉是在"捍卫工人阶级的利益，并煽动工人阶级起来反抗"。由于秘鲁政府极力避免因国内社会动乱而失去外国资本的青睐，所以马里亚特吉对矿工的有组织斗争，以及罢工行动的支持极大地震动了美国公司和秘鲁政府。①

马里亚特吉的民族马克思主义理论

马里亚特吉既没有详细描述他理想中的国家结构的细节，也没有阐明如何建立这个共同体。尽管马里亚特吉自己也尝试过组建一个合法政党，但他始终以批判的眼光看待那些致力于议会斗争的欧洲社会主义者。因此，虽然他反复告诫大家不要通过军事手段夺取政权，但如果确有必要，他也会同意通过暴力手段达成目的。在与秘鲁阿普拉政党领袖维克多·劳尔·阿亚·德·拉·托雷（Victor Raúl Haya de la Torre）的论战中，马里亚特吉指出，正统的马克思主义理论断言，在爆发社会主义革命之前，必先爆发

---

① Mariategui, *Correspondencia*, Vol. 2, p. 677. and Flores Galindo. *Los mineras de la Cerro de Pasco*, pp. 53 –57. （何塞·卡洛斯·马里亚特吉给塞萨尔·阿尔弗雷多·米罗·克萨达的信，弗洛雷斯·加林多的著作很好地概述了矿中劳工斗争的历史。）

资产阶级革命。但在拉丁美洲，情况却并非如此。他认为秘鲁的社会主义革命需要的不是工人阶级与民族资产阶级的联盟，而是革命先锋队领导下工人、农民和本土无产阶级的参与。鉴于此，马里亚特吉还专门组建了秘鲁社会党，并将其视为列宁主义在秘鲁的先锋队。当然，考虑到农民和工人阶级不可能在短时间内夺取政权，所以他并不寄望于这些组织层面能够立即奏效。但他坚信，革命是人民群众通过自身努力实现民主的过程（尽管有时候不一定表现为选举）。如果脱离了群众，那么领导革命的先锋队必会失败。可见，马里亚特吉敏锐地洞察到了教条地应用斗争策略而无视国情所带来的潜在危险，并且认为只有根据具体情况才能制定相应的策略。马里亚特吉这种根据秘鲁政治形势制定政治策略的见解，证明他能在具体工作中以开放、发展的眼光看待马克思主义。

　　虽然马里亚特吉反对教条化的马克思主义，但他仍然认同马克思历史唯物主义的基本观点，即历史是一个阶段性发展的过程：人类社会历经原始的公社或部落社会、封建主义和资本主义社会，并将最终迈向共产主义社会。基于历史唯物主义的基本观点，马里亚特吉认为秘鲁的共产主义思想可以追溯到古老的印加帝国。到了 16 世纪，西班牙殖民者在秘鲁建立起了封建制度。19 世纪秘鲁独立后，欧洲资本沿着海岸线向内陆推进，最终在秘鲁建立了资本主义。然而，马里亚特吉并不认为眼下的秘鲁已经形成了一个成熟的资本主义体系。相反，秘鲁已经陷入一个极端落后的境地。这是因为在秘鲁并存着三种不同的经济体：安第斯山脉残存着的印加公社经济、土地所有制中保留着的殖民时代的封建主义、在沿海地区不断发展的资本主义经济。因此，即便秘鲁大力发展资本主义经济，其国内经济依旧萎靡。此外，由于秘鲁经济以出口为主导，因此秘鲁极度依赖国际资本主义市场。为了解决这种困局，马里亚特吉试图将秘鲁社会推向马克思主义历史阶段理论中人类社会的第四个阶段——共产主义阶段。为此，秘鲁必须脱离对外国资本的依附，将社会生产的重心逐渐转向国内，并使原本孤立的土著人民融入秘鲁的民族文化之中。

　　自从使用马克思主义阶级理论分析秘鲁社会以来，马里亚特吉在将马克思主义应用于社会现实方面展现出了过人的天赋。他不断地强调这是一场民族主义的、反帝国主义的，且以土地为基础的革命。同时，马里亚特吉坚持认为任何革命行动必须取决于"这个国家的现实国情"①。马克思主义不是"在所有历史环境和社会范围都可以生搬硬套的教条"。相反,他强调:"只有在充分考虑现实的情况下,人们才能在具体情境中运用马克思主义。"② 马里亚特吉把他在欧洲时的见闻,以及他对欧洲哲学家(例如安东尼奥·葛兰西和乔治·索雷尔)的了解,与秘鲁国情相结合,创立了"民族马克思主义"。同时,他还借鉴了欧洲马克思主义唯意志论者"强调社会变革中人的作用"的观点,并将他们的观点与秘鲁本土思想相结合,为拉丁美洲创造了一种崭新且灵活的马克思主义方法论。需要注意的是,这种马克思主义并不是带有狭隘的爱国主义、褊狭的世界观色彩的民族主义。事实上,作为一位积极的国际主义者,马里亚特吉声援了整个拉丁美洲的革命者。他的理论方法不仅能直接适用于秘鲁,而且还能适用于拉丁美洲。因此,他所开创的新政治思想影响了整个拉丁美洲的社会运动。马里亚特吉思想中的核心问题是主客观因素之间的关系。事实上,马克思在其早期著作中就已经强调了结合主客观因素的必要性,但直到20世纪30年代,这一思想才引起人们的重视。相较而言,那些以正统自居的马克思主义者更倾向于强调经济决定论。③ 他们认为,一个社会只有具备了特定的客观条件(一个先进的、工业化的资本主义国家,且这个国家中存在着庞大的工人无产阶级),社会主义革命才会爆发。而马里亚特吉反对这种所谓的"历史唯物主义"的机械决定论观点(只要满足这些客观物质条件,就可以产生通向社会主义的革命阶级意识)。他认为,这些决定论解释是19世纪机械论思想的产物,本就与现代社会格格不入。为此,马里亚特吉在一篇文章中这样写道:"马克思主义已经证明自身是一种革命理论,这也就意味着无论身处何地,马克思主义都不是一种消极且僵化的决定论。"④ 在马里亚特吉看来,秘鲁人口主要由秘鲁农民和土著人民组成,他知晓秘鲁国情不同于19世纪欧洲工业社会中工人阶级所面临的社会现实。秘鲁农民尽管饱受贫困和被剥削,但他们却不可能自发地产生阶级意识。因此马里亚特吉试图

---

① Mariategui, "Principios programaticos del Partido Socialist", in *Ideologla y Politica*, p. 159.

② Mariategui, "Mensaje al Congreso Obrero", in *Ideologia y Politica*, p. 112

③ See, for example, Marx, "Private Property and Communism", in *Early Writings*, p. 162.

④ Mariategui, "El determinismo marxista", in *Defensa del Marxismo*, pp. 65, 67.

将客观经济条件与主观因素结合起来，以便唤醒秘鲁群众的阶级意识和族群意识。当然，马里亚特吉并没有寄希望于依靠（尚不存在的）经济因素发动人民参加革命，而是强调发挥马克思主义教育和政治组织的力量，进而"点燃社会主义的革命意识，推动社会主义的革命进程，从而弥补这个国家欠发达的社会缺陷"。[1] 此外，在马里亚特吉看来，马克思本人已经意识到了无产阶级的精神和思想准备是社会革命的必要前提，[2] 所以他才会借助"主客观条件之间的辩证关系"，强调"凭个体自身意志展开行动的重要性"。[3]

对于这种马克思主义的民族主义进路，最著名的支持者就是列宁。他发展了马克思主义的学说，使其适用于他所理解的俄国历史现实。马里亚特吉受到了列宁的启发，将马克思主义创造性地、灵活地运用于秘鲁具体的民族现实，并依靠主观条件而非客观条件来发动社会革命。正如列宁在书中所写的那样："马克思的理论并不是尽善尽美的、不容侵犯的"，"相反，它只是奠定了马克思主义理论的科学基石，如果社会主义者想要跟上社会生活的步伐，就必须全方位地发展这门科学"。[4] 列宁警告人们，寄希望于适当的、客观的经济条件来促使社会爆发革命的想法不仅是不现实的，而且（依赖这种机械方法论）还是危险的。因此，在组织布尔什维克革命先锋队时，列宁强调自觉性和主动性对于革命领导人是相当重要的。[5]

正如列宁对俄国的判断一样，马里亚特吉也发现 20 世纪 20 年代的秘鲁与 19 世纪 20 年代的工业化欧洲几乎没有共同之处。于是，马里亚特吉也推崇列宁的方法论，并声称列宁"毫无疑问是他那个时代最具活力、最深刻的马克思主义思想的恢复者"。此外，他还将俄国十月革命视作当代社会主义的主流。[6] 在马里亚特吉于 1928 年起草的《秘鲁社会主义党纲领》中，他的列宁主义倾向表现得淋漓尽致。在《纲领》中，马里亚特吉这样写道，"马克思列

---

① Vanden, *National Marism*, p. 78.

② Mariategui, "El Determinismo Marxista", in *Defensa del Marxismo*, p. 67.

③ Vanden, *National Marxism*, p. 77.

④ Lenin, "Our Programme", in *Selected Works*, p. 34.

⑤ Lenin, *What Is To Be Done?* p. 61.

⑥ Mariategui, "Henri de Man y la 'crisis' Marxismo", in *Defensa del Marxismo*, pp. 21 – 22.

宁主义不仅是这一阶段马克思主义的社会主义的实践，还是帝国主义时代的革命方法"，因此他把这一革命方法当成了自己的"斗争方法"。① 在更为正式的表述中，马里亚特吉提出了一条革命原则，即秘鲁社会党将根据国内具体情况进行革命实践，并且这些实践的发展符合历史发展的规律。② 可见在马里亚特吉看来，马克思列宁主义不过提供了理论分析和革命运动的理论框架，但这个框架必须根据特定国家的具体国情进行发展。③

意大利马克思主义者葛兰西不仅对马里亚特吉产生了重要影响，而且促成了他对马克思主义进行创造性的、非决定论的理解。尽管出生在不同的大陆上，但葛兰西和马里亚特吉的人生却有许多相似之处。例如，虽然葛兰西比马里亚特吉年长三岁，但最终他们都英年早逝。此外，两人都出生于单亲家庭，迫于生计从小就开始工作，还都因为患有肺结核过着体弱多病的生活。成人之后，他们都娶了外国妻子（葛兰西的妻子是俄罗斯人，马里亚特吉的妻子是意大利人）。不仅如此，两人都是曾经对政治进行了深入研究，并对马克思主义思想做出了重大贡献的记者。④ 虽然早在葛兰西的作品被结集出版之前，或者说他的思想在意大利之外流行起来之前，马里亚特吉就去世了。但是，早在1921年召开的利沃诺（Livorno）代表大会上，即意大利左派成立意大利共产党的时候，马里亚特吉和同伴法尔孔就可能已经听说，甚至见过葛兰西。⑤ 从那之后，马里亚特吉阅读了葛兰西创办的共产主义报刊——

---

① Mariategui, "Principios programaticos del Partido Socialista", in *Ideologla y Politica*, p. 160.

② Ibid. , p. 159

③ Vanden, *National Marxism*, p. 89. For a fuller Analysis of the Leninist Influence on Mariategui, see Choy et al. , *Lenin y Mariategui*.

④ Nunez, *La Experiencia Europea*, p. 27.

⑤ 葛兰西和马里亚特吉的关系是葛兰西和马里亚特吉学者之间争论的焦点。或许是在马里亚特吉的《意大利对拉丁美洲文化的影响》（"La influencia de Italia en la cultura hispano-americana"）文章中发现了蛛丝马迹，安东尼奥·梅丽斯在他的文章《马里亚特吉，美洲的第一个马克思主义者》（"Mariategui, el primer marxista de America"）中认为马里亚特吉与葛兰西和其他20世纪20年代的意大利思想家在私底下有密切的往来。同样，马里亚特吉的遗孀安娜也表明认识葛兰西。与之相反，罗伯特·巴里斯在《意识形态的形成》（"La formacion ideologica", pp. 85 – 86）中认为，两者的档案研究和口头采访中并没有任何证据表明两人之间存在明显或长期的来往。葛兰西学者弗朗西斯·吉尔巴认为葛兰西并没有对马里亚特吉产生直接的影响，但是在两人的思想之间存在着"无数重大的巧合"。然而，研究两者思想的相似点对于更准确地理解拉丁美洲的"实践哲学"仍颇有裨益。（Guibal's Appendix, "Mariategui,¿un Gramsci Peruano?", in his *Gramsci: Filosofia, Politica, Cultura*, p. 339. Also see the Chapter "Gramsci y Mariategui" in *Guibal and Ibaez, Mariategui hoy*, pp. 133 –45. ）

《新秩序》（*L'Ordine Nuovo*），后来还仿效葛兰西创办了《阿毛塔》。他将葛兰西视为意大利共产党最重要的知识分子之一，并时常在有关意大利当代政治的文章中提到葛兰西的名字。[①]

比起相似的人生经历，葛兰西和马里亚特吉在思想和哲学上的共识更为重要。他们的著作中都涉及了类似的主题，比如泰勒主义和福特主义对社会的负面影响。[②] 除此之外，这两位思想家都无法融入当时的主流知识界。这是因为葛兰西和马里亚特吉都确信"知识作为一个整体是具有张力的"，而人们也不可能"不受利益驱使地"思考或仅仅为了学习而学习。[③] 于是，马里亚特吉寄希望于葛兰西和《新秩序》提出的观点能够帮助人们理解新时代的神话。[④] 拉斐尔·龙卡利奥洛（Rafael Roncagliolo）在一篇关于意大利人的文章中写道："了解葛兰西的思想，有助于人们更全面地了解马里亚特吉。"[⑤]此外，龙卡利奥洛还特别指出，两人在"民族主义和资产阶级在具体民族情境中的作用"上的观点是类似的。罗伯特·帕里斯（Robert Paris）是最早研究这两位思想家之间共同点的学者，他认为马里亚特吉之所以拒绝消极决定论、推崇唯意志论的行动主义，正是因为他深受葛兰西哲学的影响。此外，他还阐述了他们非教条主义的政治哲学基础都源于索雷尔、克罗齐和皮耶罗·戈贝塔的思想。[⑥] 塞萨尔·勒瓦诺（César Lévano）也认为，这些思想上的相似之处并非巧合，而是两位才华横溢、富有创造力的思想家在试图将阶级学说应用于农业

---

① Mariategui, "La prensa Italiana", in *Cartas de Italia*, p. 123. Also see Mariategui's regerences to Gramsci in "La politica socialista en Italia", in *La escena contemporanea*, p. 141, and "La economia y Piero Gobetti", *El alma Matinal*, p. 139.

② See Gramsci, "Americanism and Fordism", in *Selections from the Prison Notebooks*, pp. 279 – 318, and Mariategui, "El caso y teoria de Ford", in *Defensa del Marxismo*, pp. 151 – 154.

③ Antonio Gramsci, "Letter to Tatiana", 15 December 1930, in *Letters from Prison*, p. 193.

④ Mariategui, "El mito de la nuevo generacion", in *Defensa del Marxismo*, p. 94.

⑤ Roncagliolo, "Gramsci, Marxista y Nacional", p. 120.

⑥ See Paris's book *La Formacion ideo Ogica* and his articles "Elmarxismo de Mariategui", in Arico, *Maridtegui los orgenes del Marismo Latinoamericano*, pp. 119 – 144, and "Mariateguiy Gramsci", pp. 31 – 54, for a Comprehensive analysis of the Parallels Between the two men's thought. Also see Vanden, *National Marism*, pp. 13 – 14, 87 – 91.

文化时，自然而然产生的结果。①

诸多主张葛兰西和马里亚特吉存在相似之处的学者，都认为是马里亚特吉将意大利的马克思主义思想引入拉丁美洲，并因此将他视为拉丁美洲的第一个葛兰西主义者。诚然，葛兰西的思想得以在拉丁美洲传播，马里亚特吉功不可没。而且马里亚特吉对拉丁美洲马克思主义本土化的理解，的确受到了葛兰西的启发。事实上，两位思想家之间的关系还远比这复杂。何塞·阿里科就指出葛兰西的确影响了马里亚特吉，在20世纪60年代，随着葛兰西的作品广为流传，特别是《狱中札记》（*Prison Notebooks*）的流传，促使拉丁美洲知识分子对马里亚特吉的思想进行了二度发掘。② 由此可见，虽然两位思想家已作古多年，但他们的著作仍然影响着后人对彼此思想的解读。

葛兰西和马里亚特吉都遵循一条动态的、唯意志论的马克思主义思想进路，并强调个人在历史进程中的作用。他们都坚信，单单改变经济基础尚不足以促成社会革命的爆发；只有对无产阶级进行政治教育，才能推动阶级斗争。因此，葛兰西反对正统马克思主义中主流的"辩证唯物主义"思潮，而更关注文化因素对历史变革做出的贡献。③ 后来，他创建了一套反机械论的唯意志论哲学，并借助这套哲学"复兴了马克思主义思想中的主体性的、创造性的一面"。④ 可见，相较于经济因素，葛兰西更看重意识形态对历史的推动作用。在他看来，马克思主义是一种实践哲学（是理论和实践的结合），这种实践哲学在专注于哲学和政治理论的同时，也应该关注精神和文化问题。葛兰西"关注知识和文化因素的影响，而非单纯地强调经济影响"的观点深深影响了马里亚特吉对艺术、文学、文化和革命政治行为之间关系的看法。⑤ 相较于枯燥的世界经济分析，葛兰西和马里亚特吉

① Cesar Levano, "Mariategui: la voz del Peru Integral", in Romero and Cesar Levano, *Regionalismo y Centralismo*, p. 66.

② Arico, *La cola del diablo*, p. 123.

③ Joll, *Antonio Gramsci*, p. 18. For an analysis of Gramsci's influence on Mariategui's Critique of the Orthodox Marxism of the Communist International, see Fernandez Diaz, "Gramsci y Mariategui", pp. 135 – 144.

④ McLellan, *Marxism after Marx*, p. 175.

⑤ Joll, *Antonio Gramsci*, p. 16.

显然对文化研究更感兴趣。① 后来马里亚特吉写道，马克思运用文化分析的方法"开创了行动和思想的人的类型"。② 可见，他深信葛兰西的实践哲学植根于马克思的革命传统之中。而葛兰西希望探寻出一种新的历史分析理论，以此统一主客观因素，并试图利用这种历史理论发现"推翻……资本主义的社会—经济关系所必需的政治手段"。③ 葛兰西的这一表述最终影响了马里亚特吉，他认为"由于（共产国际的）宏观指示在当地往往收效甚微，因此革命实践成功的前提是基于不同国家的实际情况灵活运用马克思主义，而非基于这些（编者注：外来权威的）指示"④。无独有偶，罗伯特·帕里斯也曾提出过相似的观点，他认为摆在拉丁美洲和其他地方的马克思主义者面前的主要问题是："在一个没有无产阶级的国家里，什么是'无产阶级'（革命主体——译者注）?"⑤ 在意大利，葛兰西的回答是将农民阶级吸收到革命运动之中，或许马里亚特吉也是因此在秘鲁做出了类似决策。⑥ 除此之外，葛兰西重视工人的阶级意识、《新秩序》杂志和都灵工厂委员会运动都影响了马里亚特吉创建的秘鲁工人联合会（CGTP）的组织结构。总之，葛兰西和马里亚特吉都是在自身所处的历史现实的基础上，努力建构一种独立（本土化）的马克思主义。

　　秘鲁马克思主义作家阿尔贝托·弗洛雷斯·加林多（Alberto Flores Galindo）观察到马里亚特吉与葛兰西的理论背景是相似的，并认为这一背景源于乔治·索雷尔，他对两人的思想都产生了重要影响。乔治·索雷尔是 20 世纪早期的法国哲学家，他 1906 年出版《论暴力》（*Reflections on Violence*）一书，反对改良主义运动，并成功激发了工团主义的革命潜力。⑦ 在

---

① Guibal, *Gramsci*, p. 17.

② Mariategui, "La Filosofia Moderna el Marxismo", in *Defensa del marcismo*, p. 44.

③ McLellan, *Marxism after Marx*, p. 184. See Gramsci, *Selections from the Prison Notebooks*, p. 465. ［弗朗西斯·吉巴尔也认为葛兰西的实践哲学是理解马克思主义思想在拉丁美洲发展的基础。（Guibal, *Gramsci*, p. 332.）］

④ Vanden, *National Marxism*, p. 90.

⑤ Paris, "Mariategui y Gramsci", p. 38.

⑥ Vanden, *National Marxism*, p. 14.

⑦ Flores Galindo, Buscando un Incai, p. 267. ［另一方面，梅利斯引用了马里亚特吉的文章《意大利影响拉丁美洲文化》，认为克罗齐是葛兰西和马里亚特吉之间相似性的主要原因。（Melis, "Mariategui, Primer Marxista de America", p. 208.）］

该书中，乔治·索雷尔叙述了一场神话般的大罢工，这场罢工催生了工人阶级的革命动力，并动员工人阶级参加旨在摧毁资本主义的阶级斗争。相比于构建一个连贯的理论体系，索雷尔显然对旨在发动群众的政治动员工作更感兴趣，因此，他的研究成果成为最严肃、最新颖的马克思主义批判作品之一。

葛兰西以乔治·索雷尔的革命神话思想为基础，进而考察马基雅维里式的"现代君主"理论，并试图借此促使社会摆脱资本主义精英阶级的霸权控制。他把乔治·索雷尔称为历史研究领域的一个"发明家"，因为"他并没有把这种策略（方法）传授给那些有抱负的门徒，也并不相信这种方法可以被机械地、一劳永逸地应用到每个人身上，并使他们产生明智的认知"①。真正的革命者会分析自己所处的历史现实，并据此制定出适合自身境况的策略。与意大利唯心主义哲学家克罗齐一样，索雷尔也拒斥那种对马克思主义进行经济和历史决定论的解释。而且，索雷尔和克罗齐也反对所谓的"社会主义者"把"科学"看成一个"把问题倒进去，解决手段就会自动研磨出来的磨坊"。② 综上所述，虽然两人都反感那些认为社会科学可以解决社会问题的观点，但是索雷尔超越了克罗奇的唯意志论，进而探寻马克思主义思想中的感性和非理性因素。思想史学家亨利·斯图尔特·休斯（Henry Stuart Hughes）注意到在那个时代的欧洲，唯有索雷尔"发现在'客观'和感性的相互作用中，人的认识能力会得到发展"。③ 在马里亚特吉看来，索雷尔显然代表着马克思主义动态的革命性理念的复归。④ 马里亚特吉主义研究学者何塞·阿里科认为，马里亚特吉在意大利的经历，对他形成反经济决定论的、反教条的马克思主义是至关重要的。何塞·阿里科认为"马里亚特吉选择以意大利历史主义的视角来解读马克思文本"。而结果就是克罗齐、索雷尔和葛

---

① Antonio Gramsci quoted in Cammett, *Antonio Gramsci*, p. 254, n. 7. Also see Gramsci's Comments on Sorel in his essay "The Modern Prince" in *Selections from the Prison Notebooks*, pp. 125 – 130.

② Sorel, "La necessita e il fatalismo nel marxismo", in *Saggi di Critica del marxismo*（Milan, 1903）, p. 92, quoted in Hughes, *Consciousness and Society*, p. 93.

③ Hughes, *Consciousness and Society*, p. 94.

④ Mariategui, "Henri de Man y la crisis del Marxismo", in *Defensa del Marxismo*, pp. 20 – 21.

兰西的理想主义深刻地影响了马里亚特吉的思想。①

索雷尔批评了理性主义和实证主义，而为历史发展提供的能量、信仰和道德力量的宗教信仰最终吸引了他的目光。他看到天主教徒"即使在最艰难的考验中也从未气馁"，因为他们坚信这些考验"最终会以天主教的胜利而告终"。② 对此，乔治·索雷尔常引用教会历史学家欧内斯特·勒南（Ernest Renan）的话来加以说明，即"人们之所以甘愿为了'应然'而非'实然'牺牲生命，是因为他们相信而非确定"③。索雷尔写道："参加伟大社会运动的人总是把未来想象成一场终将胜利的战斗。"④ 而且，他还指出了革命神话在对抗犬儒主义和理性主义方面的必要性。索雷尔写道，"如果没有能被群众所接受的神话"，"那么，人们谈论革命时就只会纸上谈兵，而不会付诸实践"⑤。他认为，革命意识可以分为理性和非理性。理性源于对特定历史形势仔细、具体地分析，这种分析将证明社会革命的必要性。但由于非理性可以为革命行动提供更为强大的动力，因此它对于社会革命的成功也是至关重要的。非理性包括人们相信一场社会革命不仅是可能的，而且是可取的、必要的，且迫在眉睫的。对此，古巴学者 C. 弗瑞德·贾德森认为这涉及"对社会革命事业的情感认同，以及通过暴动和革命复兴社会的信念"。⑥

索雷尔的主张影响了马里亚特吉对于"无意识和非理性在个体行动中的作用"的看法。⑦ 在推动社会革命的过程中，马里亚特吉认为："人的意识是对历史的反映，同时也是改变历史的关键力量。"⑧ 他强调主观因素，并认为革命中起主导作用的是智力和情感的力量。⑨ 因为，冷冰冰的理论分析并不足以掀起一场革命。在《当代场景》中，马里亚特吉这样写道："革命不仅仅是概念，更是一种情绪；革命不仅仅是理论，更是

---

① Jose Arico, "Introduccion", in *Mariategui y los origenes del marxismo latinoamericano*, p. xv.

② Sorel, *Reflections on Violence*, p. 42.

③ Ibid., p. 45.

④ Ibid., pp. 41 – 42.

⑤ Ibid., p. 49.

⑥ Judson, *Cuba and the Revolutionary Myth*, p. 2.

⑦ Ibid., p. 8.

⑧ Angotti, "Contributions of Jose Carlos Mariategui", p. 38.

⑨ Judson, *Cuba and the Revolutionary Myth*, p. 2.

一种激情。"① 与索雷尔一样，马里亚特吉相信不能消极地指望历史趋势来实现社会革命，无产阶级必须在精神和知识上做好准备。② 据此，他还批判当代资产阶级文明存在的（对信仰的）怀疑主义倾向，并认为这样的社会缺乏神话、信仰和希望。他指出资产阶级被一种理性主义所困，这种理性主义"存在一种悖论，即理性把人引向一个忧郁情绪的死胡同，无法为人类指明道路。这样的理性主义只会让理性蒙羞"。此外，马里亚特吉还指出，"理性已然从资产阶级文明的灵魂中消灭了古老神话的残余"。资产阶级过去曾依靠理性和科学，但是两者都无法满足人们最深层的需要。因此，"理性和科学已经侵蚀并瓦解了古代信仰的声望"。③

与资产阶级不同，无产阶级是相信神话的，那就是社会革命。④ 马里亚特吉认为，人是形而上学的动物，他们总是被神话的精神力量和伦理原则所感动，从而采取行动。正如马里亚特吉所说："如果没有神话，那么人的存在将没有任何历史意义。"他认为，只有神话才会绽出那种蕴藏在个人内心深处关于"自我"的宝贵美德。⑤ 鉴于这样的认识，马里亚特吉逐渐脱离了科学社会主义的路线，转而对马克思主义进行更为主观的文化解读。马里亚特吉曾坦言："革命力量并非源于科学，而是源于参与者的信仰、激情和意志。这是一种宗教的、神秘的精神力量，也就是神话的力量。从这个角度而言，革命情感是一种宗教情感。"⑥ 正如一位学者的观察："革命的马克思主义者为了追求共同的目标——社会主义——而联合起来，他们现在拥有了早期基督教会救世主般的热情。"⑦ 马里亚特吉的社会主义必须在安第斯乌托邦主义和"千禧年运动"的背景下加以理解，这些运动曾在该地区引发许多叛乱，但马里亚特吉本人对于基督教抽象的、虚幻的、永不降临的"千年王国"的太平盛世是不以为然

① Mariategui, "El grupo 'Clarte'", in *La escena contemporinea*, p. 152.

② Mariategui, "El determinismo marxista", in *Defensa del marxismo*, p. 68.

③ Mariategui, "EI hombre el mito", in *El alma Matinal*, p. 23.

④ Ibid. , p. 27.

⑤ Ibid. , pp. 23 - 24.

⑥ Ibid. , p. 27.

⑦ Baines, *Revolution in Peru*, p. 113.

的。① 图帕克·阿马鲁革命运动和当时其他社会斗争的确唤起了他的革命情绪，但是这些情绪必须落实为实际的革命运动。可见，和索雷尔一样，马里亚特吉不仅关注乌托邦式的理想，而且关心这些阶级斗争的救赎性质。两位思想家都相信人们对于最后一役的想象有助于改善人之本性，这使马克思主义者的阶级斗争理论拥有了崭新的维度和信仰（通常无法在马克思主义理论中寻觅到这些内容）。对马里亚特吉而言，具有讽刺意味的是"本应同样教导人们追求神话和信仰需求的哲学，通常情况下却无法理解新时代的神话和信仰"②。

对于组织社会革命而言，这种以主体视角研究马克思主义的尝试是非常重要的。正如索雷尔所说："真正的问题是理解究竟是什么促使人们成为重大历史事件的参与者。"③ 索雷尔从经典的马克思主义方法出发，以阶级冲突为导火线，在无产阶级内心掀起一场全面罢工，从而"激发出无产阶级业已具备的最高尚、最深刻、最感人的情感"。④ 与此同时，索雷尔强调行动才是神话的关键；神话不是对事物的描述，而是行动时的决心。⑤ 对此，马里亚特吉表示赞同，他也反对无产阶级被动地等待合适的历史时机采取行动。于是，他在分析所处的历史条件的基础上制订出合理的计划，并且教育和组织群众参加革命运动，从而创造出革命的新局面。正如马里亚特吉所宣称的那样："无产阶级从来都不是历史舞台的旁观者，而是舞台上的亲历者。"⑥ 总之，索雷尔和马里亚特吉都选择与正统马克思主义的历史决定论分道扬镳，而"恢复"了马克思主义中的神话元素。⑦ 因此，马里亚特吉也成为当时欧洲马克思主义修正派的一员，他将马克思主义的中心问题从政治经济学转移到了社会生活的道德

---

① Mariategui, "La lucha final", in *El alma matinal*, p. 30. In general, see Flores Galindo's treatment of this theme in *Buscando un Inca*, especially the sixth chapter, "El horizote utopico".

② Mariategui, "El hombre y el mito", in *El alma matinal*, p. 28.

③ Hughes, *Consciousness and Society*, p. 96.

④ Sorel, *Reflections on Violence*, p. 127.

⑤ Ibid. , p. 50.

⑥ Mariategui, "La Conferencia, la crisis mundial y el proletariado peruano", in *Historia de la crisis mundial*, pp. 15 – 16.

⑦ Judson, *Cuba and the Revolutionary Myth*, p. 9.

和文化。① 此外，他还驳斥了"陈腐的马克思主义经济决定论解释，这种
解释把为实现社会主义而进行的阶级斗争简化成为了更高的工资和更好
的工作条件而进行的一系列经济斗争"②。马里亚特吉十分赞同法国社会
主义者亨利·巴比塞（Henri Barbusse）对于固守经济决定论的马克思主
义者的批评，并认为这种马克思主义经济决定论"倾向于将经济唯物主
义，乃至历史唯物主义的核心问题偷换成纯粹、庸俗的经济问题，并将
'教条的客观主义'视作无须个人便可发挥作用的绝对真理"③。与之相
对，马里亚特吉强调人在推动社会变革中的重要作用。他认为，尽管马
克思主义的批评者并不理解马克思主义的能动性，但这并不意味着马克
思主义的主流应该是决定论。关于马克思主义中主体性和神话的地位，
马里亚特吉曾这样概括："马克思主义的每一句话，每一个行动，都包含
着信仰的、意志的、崇高的和创造性的信念；相较而言，要求人民在一
种平庸且被动的决定论观点中去寻找革命动力，这种尝试显然是极其荒
谬的。"④

　　正如前文所述，马里亚特吉并不满足于将他的信念停留在抽象的理
论层面。于是，他亲自参与并解决了那个时代的许多紧迫问题。值得注
意的是，其中的许多问题并非仅仅存在于 20 世纪 20 年代的秘鲁（而是
在拉丁美洲具有某种普遍性的存在。——译者注）。因此，即便在整个拉
丁美洲，马里亚特吉那些关于土著主义、农民、宗教和国际主义的思想
仍然具有现实性和重要性。在考察完马里亚特吉对于这些问题的看法之
后，他在 20 世纪拉丁美洲革命理论发展过程中的关键地位也就昭然若
揭、不言而喻了。

土著主义和农民阶级

　　马里亚特吉参与了 20 世纪 20 年代和 30 年代的秘鲁土著主义（Indi-
genismo）运动，该运动颂扬古印加文明的美德，并试图使其后代真正地

---

① Hughes, *Consciousness and Sociery*, p. 96.

② Angotti, "Contributions of Jose Carlos Mariategui", p. 54.

③ Barbusse, "El Presente el Porvenir", *Amauta* 2/8（April 27）, p. 10.

④ Mariategui, "El Determinismo Marxista", in *Defensa del Marxismo*, p. 69.

融入秘鲁。马里亚特吉理想化地描述了印加帝国的社会主义特性，认为古代印加人生活富裕、食物充足，人们对自己的生活感到幸福和满足。① 到达美洲的西班牙征服者不仅摧毁了这一切，还利用西班牙殖民主义的封建传统持续剥削当地的土著人民。对此，马里亚特吉从马克思主义经济学的角度分析了土著人民的异化。他认为"拉丁美洲社会问题的根源在于土地所有制，只有消灭这种封建所有制，才能变革其他社会领域"②。马里亚特吉还认为，新社会秩序应该借鉴高度发达且和谐的印加共产主义体系。因此之故，想要在秘鲁实现共产主义，就不能简单且教条地复制欧洲社会主义，而是要建立在秘鲁文化和语言中土生土长的"印第安—拉丁美洲社会主义"。③ 最终，土著主义运动不仅在秘鲁发展壮大，甚至影响了拉丁美洲的诸多地区，并成为玻利维亚、危地马拉和墨西哥革命的关键一环，也成为秘鲁国家精神不可分割的一部分。④ 因此，尽管秘鲁没有庞大的工人阶级，但是马里亚特吉相信土著人民和农民大众也具有革命潜力。农村社区可以补充，甚至取代传统马克思主义所赋予城市工人阶级的历史使命。为此，马里亚特吉特别强调了工农联盟的重要性。在秘鲁工人联合会（CGTP）上，他呼吁工人和农民团结起来，并宣称："只有工农联盟才能承担阶级斗争的历史使命。"⑤ 此外，马里亚特吉不仅经常在著作中提到土地问题，而且在《阿毛塔》和工人阶级期刊

---

① Mariategui, "Outline of the Economic Evolution", in *Seven Interpretive Essays*, p. 3.

② Mariategui, "The Problem of the Indian", in *Seven Interpretive Essays*, p. 22.

③ Mariategui, "Aniversario y Balance", *Amauta* 3/17（September 1928）, p. 3.

④ Liss, *Marxist Thought*, p. 137. ［过去，土著运动的各个领域往往由一个远离本土社会现实的精英阶层和专横的混血知识分子阶层主导，而现如今，他们已不被土著人民信任并遭受了排斥。这方面内容在格纳尔（Gnerre）和博塔索（Bottasso）的《土著主义》（*Del Indigenismo*）中有所涉及。迪亚斯—波兰科（Diaz-Polanco）的《土著主义、民粹主义和马克思主义》（*Indigenismo, Populism, and Marxism*）一书则对类似的理论问题作出了马克思主义立场的批判。美国印第安人运动（AIM）活动家沃德·丘吉尔（Ward Churchill）则致力于弥合马克思主义和土著社会正义愿景之间的鸿沟。他曾说："拉丁美洲独有的激进视角能够积极推动社会变革……然而如果仅仅引入该理论，却没有针对土著现实进行任何批判与改造，只会使已经无法忍受的情况变得更糟。"这一关于土著主义的观点类似于马里亚特吉的主张，但是比马里亚特吉早了一个世纪。］［Ward Churchill, "Introduction: Journeying Toward a Debate", in Marxism and Native Americans, ed. Ward Churchill（Boston, Mass.: South End Press, 1983, p. 10.）］

⑤ "Manifiesto de la Confederacion General de Trabajadores del Peru' a la clase Trabajadora del pais", in *Ideologla y Politica*, p. 139.

《劳动报》中专门论述了秘鲁农民面临的困境。值得注意的是，他将《劳动报》中论述农民问题的章节命名为"艾柳"村社（El Ayllu）。纵然历经数千年，村社始终是安第斯社会结构的基础。马里亚特吉希望以这种方式向秘鲁本土的农业主义致敬。[①] 他认为农民和土著人民的命运是交织在一起的，故而常常强调两个群体共同关心的问题。他在这些杂志中提出的主题，实际上是在详细阐述《关于秘鲁国情的七篇论文》（Seven Interpretive Essays on peru Reality）一书中的土地主题。此外，马里亚特吉还指出，他在专栏中提出的问题不仅关系到贫困、受剥削的农民和佃农，也关系到土著社区和秘鲁土地所有制下其他受剥削的人民。在他看来，占秘鲁人口80%的农民和土著人民应当在秘鲁问题上发挥重要的作用。

1929年，第一届拉丁美洲共产党大会在布宜诺斯艾利斯举行。马里亚特吉特地为此撰写了一篇文章并提交大会。然而，这篇文章的主张违背了共产国际希望在南美洲建立一个独立的土著共和国的立场。共产国际领导层原本计划将安第斯高地上的盖丘亚人和艾马拉人分隔来，以此建立一个独立国家。然而马里亚特吉指出，这一设想不仅低估了拉丁美洲国家的既有实力，而且试图将欧洲和苏联关于"民族问题"的经验生搬硬套到拉丁美洲。所以，他认定这一脱离拉丁美洲实际的计划是行不通的。在其他地方建立自治共和国或许是可行的，但共产国际之所以会对秘鲁做出这样的指示，是因为他们根本不了解当地群众的社会经济状况。欧洲的解决方案在拉丁美洲难免会"水土不服"，更何况拉丁美洲国家中的种族问题也不尽相同。因此，人们应该根据拉丁美洲各个国家的实际情况制定合适的策略。[②]

在这场与共产国际的论战中，核心问题是"土著人民的贫困现状究竟是因为阶级还是因为种族"。马里亚特吉的回答是阶级。他认为即便成功建立起一个自治国家，该国既不会产生"无产阶级专政，也不会像共产国际期待的那样形成一个无阶级国家。这个国家最终将与其他资产阶

① "El Ayllu", *Labor* 1/9（18 August 1929），p. 6.

② Mariategui, "El problema de las razas en la america latina", *Ideologta y politica*, p. 32. Also see Angotti, "Contributions of Jose Carlos Mariategui", p. 50, and Chavarria, *Jose Carlos Maridtegui*, pp. 160 – 161.

级国家一样，沦为一个充斥着内外矛盾的资产阶级印第安国家"。① 因此，他认为建立自治国家无益于问题的解决。另外，土著人民并不是因为种族而受到压迫，而是因为他们遭受着封建经济制度的剥削。马里亚特吉将问题置于具体的物质条件下进行考察，并得出结论："土著问题的本质是土地问题。"② 只有以阶级为基础的革命运动，才能带领农民和其他阶层结束被剥削的局面，最终获得解放。而且马里亚特吉相信，一旦土著人民萌生了革命意识，他们将在争取社会主义的过程中迸发出不可估量的力量。③

在最著名的《论印第安人的问题》（*The Problem of the Indian*）一文中，马里亚特吉继续挖掘这些问题的根源。他写道："社会主义教导我们要用全新的方法论去看待印第安人的问题。如今，我们不再把它看作抽象的种族或道德问题，而是具体的社会、经济和政治问题。"④ 同时，马里亚特吉还批评其他为提高土著人民的地位所采取的策略，这些策略包括了人道主义活动、行政政策、法律改革、与白种人进行种族联姻、源自良知的道德诉求、宗教皈依，以及普及教育等。⑤ 他认为解决土著人民的贫困问题既不能指望个体行为，也不能依赖外部干预，因为非土著人士只会根据自身利益改造"低劣"的种族。总而言之，土著人民贫困问题的根源在于土地所有制的实质，只有进行根本性的经济变革和土地改革，社会变革才能得以实现。

马里亚特吉计划基于古印加帝国的社区价值观，在秘鲁建立"印第安—拉丁美洲"社会主义。他相信，如果将"艾柳"村社（秘鲁古代社区社会的结构，作为昔日印加帝国的基石，它至今仍存在于安第斯山脉地区）纳入国民经济之中，它们势必会成为现代秘鲁社会主义的

---

① Mariategui, "El problema de las razas en la america latina", in *Ideologla y politica*, p. 81.

② Ibid. , p. 42.

③ 尽管辩论的"民族问题"主题都是围绕着土著人民是否因为他们的种族或阶级被剥削，但是，显而易见，马里亚特吉或共产国际并没有征求土著居民是否希望实现一个共和制的国家。事实却是，安第斯地区最近的土著运动，以及他们与马克思主义激进分子的一些战略和计划的历史性分歧，都表明了土著居民对这个问题的鲜明态度。（Ibid. , pp. 84 – 85. ）

④ Mariategui, "The Problem of the Indian", in *Seven Interpretive Essays*, p. 29.

⑤ 马里亚特吉写道："期望印第安人通过土著人与白人移民的融合而获得解放，是一种反社会的无知，只有美利奴羊贩子的古董脑子才会长出这种想法。"

天然基石。① 此外，马里亚特吉还认为秘鲁社会主义建设的基础是实行恰当的农业政策，即以国家经济的当前环境和切实需要为导向，实行土地公有化政策。② 因此，1917 年《墨西哥宪法》（*Mexican Constitution*）的第27 条规定（该规定允许国家根据需求来分配土地的使用权）便是秘鲁土地改革值得效仿的榜样。马里亚特吉还指出，单一的出口经济已经将秘鲁变成了世界资本主义市场的新殖民地。为摆脱这一境况，社会主义必须摧毁苟延残喘的秘鲁封建大庄园，而"艾柳"村社能够有效地解决这一问题。一旦社会主义与土著公共土地价值观相结合，人民就可以重新获得土地（和权力）。

正统马克思主义将农民阶级视为保守的反动阶级，认为农民无法领导社会革命。在《共产党宣言》（*The Communist Manifesto*）中，马克思更是坚信只有无产阶级才是真正的革命阶级。因此，正统马克思主义认为农民不仅是"非革命且保守的"，而且因为他们试图开历史倒车，所以还是反动的。③ 在斯大林时期，共产国际便开始敦促拉丁美洲共产党动员城市的无产阶级，并淡化农民的作用。在布宜诺斯艾利斯，共产国际审查了马里亚特吉的一些"非正统"原则，其中也包括了"秘鲁土著人民和农民阶级具有革命潜力"的观点。然而，20 世纪 20 年代的秘鲁并没有庞大的工业化工人阶级（就这一点来说，今天拉丁美洲的大部分地区还是如此），秘鲁经济也不完全是资本主义经济。这样看来，秘鲁并不满足马克思主张的进入社会主义阶段所必需的基本经济条件。但是，马里亚特吉相信与马克思所处的欧洲大工业时代的工人阶级一样，秘鲁农民也在统治阶级的压迫下经历了异化，并随时准备反抗压迫。他声称土著人民的诉求绝对是革命性的，而且社会主义革命的思想将会促使他们采取行动。④ 因此，马里亚特吉呼吁拉丁美洲土著人民和农民阶级承担起他们的

① Mariategui, "The Problem of Land", in *Seven Interpretive Essays*, p. 59.

② Mariategui, "Principios de Politica Agraria Nacional", in *Peruanicemos al Peni*, p. 149.

③ Marx, "The Communist Manifesto in Karl Mar", in *Karl Marx*, *Selected Writings*, p. 229. For an excellent analysis of the relationship among Marx, Marxism, and the peasantry in Latin America see Vanden, "Marxism and the Peasantry".

④ Mariategui, "The Problem of the Indian", in *Seven Interpretive Essays*, p. 29.

历史使命，在秘鲁掀起一场社会革命，① 并且坚信在拉丁美洲，农民阶级能够在农耕封建社会的地基上直接建起社会主义的大厦。

当然，马里亚特吉不是唯一秉持这种信念的人，历史也证明了农民的革命力量。埃里克·沃尔夫（Eric Wolf）在《二十世纪的农民战争》（*Peasant Wars of the Twentieth Century*）中就曾经探讨了墨西哥、俄罗斯、中国、越南北部、阿尔及利亚和古巴的农民如何引领了社会革命。② 在拉丁美洲，尼加拉瓜和古巴成功的革命运动同样依靠了农民的力量。马里亚特吉也参与了这些运动，并在马克思主义中找到了将农民接纳为革命同志的依据。可见，他始终将马克思主义思想置于特定历史时期、特定国家的具体国情进行考察。历史已经证明，只有灵活地运用方法原则，而非僵化地固守马克思著作，革命才会成功。同样，其他革命家也陆续对马克思主义进行了反教条式的批判。在中国，毛泽东批评机械唯物主义和其他对马克思主义的教条式理解，并指出马克思主义的革命潜力源于具体问题具体分析。同样，非洲马克思主义领袖阿米尔卡·卡布拉（Amilcar Cabral）也曾表示："我们应当根据我国的国情来进行革命……解放斗争必须视具体国情而定。"③

宗　教

马里亚特吉将葛兰西和索雷尔的唯意志论和强调主体性的观点运用于拉丁美洲的革命实践中，这也促使人们重新认识了宗教在革命斗争中的作用。不同于 19 世纪的欧洲，20 世纪的秘鲁社会仍充斥着天主教的身影。或许是考虑到了这一现实境况，他写道："革命批评家不再与宗教和教会争论它们为人类社会发展做出的贡献，抑或是它们各自的历史地位。"④ 马里亚特吉将宗教视为人类社会的内在组成部分，他"从来不认

---

① Mariategui, "Manifiesto de la Confederacion General de Trabajadores del Per a la clase trabaja-dora del pais", in *Ideologia y polltica*, p. 139.

② Wolf, *Peasant Wars*.

③ Vanden, *National Marsism*, pp. 91, 107. For specific quotes from Mao Tse-Tung and Amilcar Cabral see Mao Tse-Tung, "On Contradiction", in *Mao Tse-Tung*, p. 224, and Cabral, *Retum to the Source*, p. 77.

④ Mariategui, "The Religious Factor", in *Seven Interpretive Essays*, p. 124.

为参与社会斗争必须拒斥宗教"。① 相反，他承认宗教可以为社会革命做出积极贡献，并赞扬耶稣会改变人民命运的努力。② 尽管马里亚特吉也尖锐地批判了某些传教士利用宗教来压迫人民的行径，③ 但总体而言，他认为19世纪盛行于拉丁美洲的反教权主义自由派改革不过是"自由资产阶级的消遣"。④ 马里亚特吉还批评了这些秘鲁改革者，特别是19世纪伟大的秘鲁哲学家曼纽尔·冈萨雷斯·普拉达（Manuel González Prada），认为他们希望将宗教连根拔起，却没有为人们提供新的理想。⑤ 马里亚特吉在《关于秘鲁国情的七篇论文》一书中激烈地批判道："冈萨雷斯·普拉达鼓吹宗教信仰的消亡，却根本没意识到自己就是新信仰的承载者。"与这些改革者不同，马里亚特吉主张赋予宗教新的内涵，他认为革命也离不开人们的信仰，而且究其本质，共产主义也是一种信仰。⑥ 共产主义这种"新宗教"所传递的精神组成了革命神话的一部分。为此，马里亚特吉引用了索雷尔的话："宗教和社会主义革命的共同诉求就是让人学习、准备，并最终实现个体的重建。"⑦ 索雷尔和马里亚特吉都期待爆发一场社会主义革命——它将像古老的宗教神话一样彻底俘获人们的良知。⑧ 而在马克思主义的语境中，马里亚特吉发现了一种信仰。不像天主教关注彼岸世界的空中楼阁，这种信仰旨在满足人民当下的需求。⑨ 就像天主教徒在其宗教信仰中找到了力量源泉一样，无产阶级也从革命神话中汲取着力量。⑩ 许多马克思主义者认为宗教是人民的精神鸦片，但马里亚特吉认为没必要拒斥母亲笃忠的宗教信仰。对此，学者们众说纷纭。有些人

① Klaiber, *Religion and Revolution in Peru*, p. 98.

② Mariategui, "Outline of the Economic Evolution", in *Seven Interpretive Essays*, 5; cf. Sorel, *Reflections on Violence*, p. 7.

③ Mariategui, "Politica colonial burguesa e imperialista frente a las razas", in *Ideologfa y Politica*, pp. 57 – 58.

④ Mariategui, "The Religious Factor", in *Seven Interpretive Essays*, p. 151.

⑤ Klaiber, *Religion and Revolution*, p. 106.

⑥ Mariategui, "Literature on Trial", in *Seven Interpretive Essays*, p. 212.

⑦ Mariategui, "El hombre y el mito", in *El alma matinal*, p. 28; cf. Sorel, *Reflections on Violence*, p. 35.

⑧ Mariategui, "The Religious Factor", in *Seven Interpretive Essays*, p. 152.

⑨ Wiesse, *Jase Carlos Mariategui*, p. 16.

⑩ Klaiber, *Religion and Revolution*, p. 98.

认为马里亚特吉这么做是因为他尊重他的母亲——一名虔诚的天主教徒，或者因为他想要安抚自己的良心。[1] 而约翰·贝恩斯（John Baines）在政治传记《马里亚特吉》中指出，马里亚特吉的宗教观深受米格尔·乌纳穆诺（Miguel Unamuno）"痛苦灵魂"（agonic soul）存在主义观念的影响。贝恩斯主张"马里亚特吉的马克思主义不是政治行动的公式，而是一种个人的、宗教式的道德准则，因此他能够忍受身心的痛苦"[2]。但是，事实上，马里亚特吉始终积极地参加政治活动，而贝恩斯所谓"马克思主义是逃避现实的宗教精神"的定义显然不符合这一现实。此外，马里亚特吉的政治理论确实带有宗教色彩，但从当今解放神学的视角来看，宗教已然成了政治变革的载体。有人曾总结道："这种马克思主义和基督教的结合……比任何群体的正统学说更能代表许多拉丁美洲人的真实感情。"[3] 受到了马里亚特吉宗教观念的影响，尼加拉瓜的桑地诺革命也热情地欢迎天主教神父，以及其他宗教人士加入革命斗争。

国际主义

尽管马里亚特吉强调革命斗争需要扎根于本国国情，但他并没有因此忽略革命斗争的国际环境，从他的著作和期刊中，不难发现他频繁地联络国际运动。他不仅关注着墨西哥革命的走向、玻利维亚锡矿工人起义的渊源、桑地诺在尼加拉瓜与美国海军进行的游击战等各种问题，还与中国、法国和美国的革命家和知识分子保持着联系。[4] 1929 年，他与桑地诺（Sandino）、墨西哥壁画家迭戈·里维拉（Diego Rivera）一同当选为国际反帝联盟总理事会理事。马里亚特吉负责在秘鲁组建反帝联盟的分部，可惜他没能在有生之年完成任务。[5] 在为 1929 年布宜诺斯艾利斯拉丁美洲共产主义会议撰写的《反帝论》（*Punto de vista antiimperialista*）

---

① Chang-Rodrguez, *La literatura poltca*, p. 15.

② Baines, *Revolution in Peru*, pp. 112 – 113.

③ Schutte, "Nictzsche, Mariategui, and Socialism", p. 79.

④ 其中的诸多国际交往都是通过梅利斯编辑的《何塞·卡洛斯·马里亚特吉：通讯》一书中收集的信件记录下来的。里卡多·卢纳·维加斯通过 1984 年马里亚特吉出生 90 周年时最初发表在秘鲁报纸《达里奥共和报》上的 18 篇文章，厘清了马里亚特吉与 24 个不同国籍的人士的通信，并将该记录纳入《地球历史》的第三章再次出版。

⑤ Dumpierre, "Mariategui, Cuba y la lucha contra el imperialismo", p. 228.

中，马里亚特吉进一步表达了他的反帝情绪，以及对拉丁美洲各个共和国半殖民地国情的殷切关注。最后，他以一段激动人心的陈词结束了整篇文章："我们之所以成为了反帝国主义者，是因为我们是马克思主义者，是革命者……是因为在与外国帝国主义的斗争中，我们与欧洲革命者们一起履行着自己的使命。"①

《劳动报》刊登出的一份关于先锋主义杂志和报纸的长长的目录，进一步证明了马里亚特吉积极地联络世界各地的左派分子，并相互分享第一手资料的事实。这些左派杂志和报纸包括了巴黎的亨利·巴比塞的《世界报》（*Monde*），纽约的《民族报》（*The Nation*）和《新共和报》（*The New Republic*），哥斯达黎加华金·加西亚·蒙格（Joaquín García Monge）的《美洲报》（*RepertorioAméricano*），古巴的《社会报》（*Social*）和《前进报》（*Revista de Avance*），以及墨西哥的美国反帝国主义联盟的《解放者》（*El Libertador*）等。② 此外，《阿毛塔》最后一期刊登的一则广告表明，马里亚特吉的报刊不仅在秘鲁以及整个拉丁美洲（包括智利、阿根廷、乌拉圭、巴西、厄瓜多尔、哥斯达黎加、萨尔瓦多、危地马拉、墨西哥和古巴）出版，而且已经远播至纽约、巴黎、西班牙和墨尔本。③ 在两位著名的无政府主义者尼古拉·萨科（Nicola Sacco）和巴托洛米奥·凡泽蒂（Bartolomeo Vanzetti）在波士顿牺牲的两周年之际，马里亚特吉为《劳动报》杂志撰写了一期专刊，并把他们的素描照片放在第一页的正上方，以此纪念他们的精神。里卡多·马丁内斯·德拉托雷（RicardoMartínez de la Torre）向《劳动报》杂志的读者们介绍了这一事件，并声明：秘鲁无产阶级愿意与其他美洲国家的无产阶级结成紧密的国际合作关系。④ 显然，马里亚特吉已经意识到，如果要在 20 世纪 20 年代

---

① Mariategui, "Punto de vista anti-imperialista", in *Ideologia y Politica*, p. 95.

② 这份清单总共包括来自法国、德国、西班牙和美国的 42 个项目，以及 9 个拉丁美洲国家（阿根廷、巴西、智利、哥伦比亚、哥斯达黎加、古巴、墨西哥、秘鲁和乌拉圭）。马里亚特吉还在下面一期的《劳工》中转载了这份清单。[*Labor* 1/3（8 December 1928），p. 6]

③ *Amauta* 4/32（August-September 1930），inside front cover.

④ Ricardo Martinez de la Torre "20. aniversario de Sacco y Vanzetti", *Labor* 1/9（18 August 1929），p. 1.（在对萨科和范泽蒂案例的报道中，还包括了由哈佛大学教授菲利克斯·法兰克福特对案例的两部分研究。）[Felix Frankfurter, "El Proceso de Sacco y Vanzetti", *Labor* 1/9（18 August 1929），p. 2, and *Labor* 1/10（7 September 1929），pp. 4 – 5.]

组织秘鲁国内的阶级斗争，必须加入国际阶级斗争的统一阵线。

　　马里亚特吉与国际共产主义运动的关系，也反映了他所秉持的非机械论、非决定论的方法论。马里亚特吉支持第三国际支援俄国布尔什维克革命、发动国际革命工人阶级运动的倡议，但是他的独立性思想最终促使他在 1929 年拉丁美洲共产主义会议上与共产国际公开决裂。共产国际曾命令马里亚特吉在秘鲁组建一个共产党，但是他却组建了秘鲁社会党。当然，正如秘鲁社会党的声明中所说，这一决定并不是因为马里亚特吉否定共产国际的意识形态，而是因为他坚信社会主义实践应与本国国情相适应。① 劳工历史学家维克多·阿尔巴（Victor Alba）也以马里亚特吉在拉丁美洲问题上的独创性进路为例，阐述如果摆脱了共产国际的管制，拉丁美洲马克思主义理论本可以走出的发展方向。② 欧多西奥·拉维内斯（Eudocio Ravines）更是在《延安之路》（The Yenan Way）中写道："（编者注：这场阶级）运动的性质、最终目标或实现过程不会因为我们的党是社会党还是共产党而发生改变。"另外，他强调成立社会党完全是因为考虑到现实条件，因为在秘鲁，带有社会主义标签的政党是合法的。相较于被视为非法的共产党，（编者注：带有社会主义标签的）合法政党可避遭警方的迫害。③ 因此，在布宜诺斯艾利斯会议上，当朱利奥·波托卡罗罗（Julio Portocarrero）代替马里亚特吉发言时，明确表示秘鲁社会党忠于共产国际的意识形态，并希望共产国际认可秘鲁的工人运动。④ 虽然会议批评了马里亚特吉违背共产国际的指示，但共产国际的领导人却很欣赏马里亚特吉。共产国际主席格雷戈里·季诺维耶夫（Gregory Zinoviev）曾表示："马里亚特吉头脑聪明，是个真正的创造者。他从不照搬欧洲人的经验，而是创造着自己的理论。"⑤

　　虽然马里亚特吉所建立的政党和工会在蓬勃发展，但他本人的身体状况却每况愈下。在 1930 年 4 月 16 日去世之前，他还在为了恢复健康和

---

① Mariategui, "Principios programaticos del Partido Socialista", in *Ideologfa poltica*, p. 159.

② Alba, *Politics and the Labor Movement*, p. 121.

③ Ravines, *Yenan Way*, p. 75.

④ Martinez de la Torre, *Apuntes para una interpretacion marxista*, Vol. 2, p. 423.

⑤ Ravines, *Yenan Way*, p. 70. See Flores Galindo's essay "Ia polemica con la Komintern", in his book *La agonia de Mariategui*, pp. 19 – 146. （进一步讨论了马里亚特吉与共产国际的关系。）

完成政治工作而计划前往阿根廷寻找更适宜的居住环境。在马里亚特吉去世前不久，拉维内斯（Ravines）被任命为秘鲁社会党秘书长。他不远千里从莫斯科跑到秘鲁担任共产国际的代理人，就是为了协助秘鲁组建符合斯大林主义的共产党。① 因此在马里亚特吉去世后，拉维内斯立即修改了秘鲁社会党的组织名称和主要纲领。他试图在党内抹去马里亚特吉的思想，从而使秘鲁的共产党与第三国际保持一致。② 在拉维内斯的领导下，新成立的秘鲁共产党（PCP）坚称秘鲁存在革命局势，并强行发动革命起义，最后导致了灾难性的后果。秘鲁当局迅速镇压了马里亚特吉精心组织的革命运动，取缔了秘鲁工人联合会（CGTP）和秘鲁共产党。秘鲁共产党被迫转成一个地下组织，而秘鲁工人联合会则被彻底地摧毁了。③ 随着马里亚特吉的逝世，他发起的革命运动也失去了活力和发展潜力。这场失败表明了斯大林主义的革命经验无法适应拉丁美洲的政治局势，也反衬出马里亚特吉提出的拉丁美洲马克思主义理论自主发展进路的强大力量。值得注意的是，由于跟苏联领导秘鲁共产党的思路存在哲学上的分歧，马里亚特吉的亲密伙伴里卡多·马丁内斯·德拉托雷最终也离开了秘鲁共产党。

马里亚特吉的思想和影响力已遍布整个拉丁美洲。他被公认为是"拉丁美洲马克思主义之父"，同时也是最具创造力的思想家，而且许多其他国家的共产党活动家都表示《阿毛塔》和《关于秘鲁国情的七篇论文》对他们的思想发展产生了重要的影响。例如沃尔多·弗兰克（Waldo Frank）就指出，从古巴到阿根廷，知识分子把马里亚特吉尊为"导师"，他们阅读他的著作，并因此而热爱、追随他。④ 马里亚特吉深刻地影响了土著主义，这种影响最终体现在了墨西哥革命、玻利维亚民族革命运动政府（the MNR）和危地马拉的雅格布·阿尔本斯革命政府所采取的策略上。⑤ 此外，马里亚特吉对马克思主义的主体性解读也深深地鼓舞了那些奋战中的游击队战士，这其中就包括了哥伦比亚的卡米洛·托雷斯

---

① Ravines, *Yenan Way*, pp. 60 – 61.

② Quijano, *Introduccion a Maridtegui*, p. 110.

③ Reid, *Peru: Paths to Poverty*, p. 32.

④ Frank, "Great American", p. 704.

⑤ Liss, *Marxist Thought*, p. 137.

（Camilo Torres）和萨尔瓦多的民族解放阵线（Frente Farabundo Martípara la Liberación Nacional）。

　　在研究和解读马里亚特吉主义（mariateguismo）时，有两个历史转折点格外地引人注目。第一个转折点发生在 1959 年，正当拉丁美洲的共产党丧失了生命力和革命动力时，菲德尔·卡斯特罗（Fidel Castro）领导的革命一举推翻了古巴富尔根西奥·巴蒂斯塔（Fulgencio Batista）的独裁统治。古巴革命的成功重新激发起人们对于马克思主义的热情，并促使人们重新探索在整个拉丁美洲发动社会主义革命的可能性。同时，这次理论探索也发展了共产党先锋队陈旧过时的思想方针，并寻求关于马克思主义的新颖的、创造性解释。其结果是人们对葛兰西和马里亚特吉等思想家更强调主观因素的著作和思想产生了新的兴趣，并对其加以研究。例如，谢尔登·利斯在他的《拉丁美洲马克思主义思潮》（*Marxist Thought in Latin America*）中指出，古巴革命胜利之后，在委内瑞拉诞生了一批对马克思主义思想表现出浓厚兴趣的学者，他们将马里亚特吉推举为"拉丁美洲马克思主义之父"。[1]

　　20 年后，伴随着桑地诺革命的胜利，尼加拉瓜出现了研究马里亚特吉主义的第二个转折点。20 世纪 20 年代，美国海军陆战队占领了尼加拉瓜。在此后的岁月里，桑地诺主义者不仅以桑地诺将军为榜样，揭竿而起对抗美国海军陆战队，而且还从拉丁美洲土著主义革命理论传统中获得了理论支持。值得一提的是，启发桑地诺主义者的这一传统可以追溯至古巴革命和桑地诺的斗争之前，理论源头直指 20 世纪 20 年代的革命思想家们，马里亚特吉就是其中不可或缺的一员。受马里亚特吉的启发，桑地诺主义者摆脱了斯大林主义的束缚，发展出了唯意志论的马克思主义。在实践层面，马里亚特吉的社会主义理论也取得重大进展。这种理论传统并非源于欧洲或苏联，而是萌发于拉丁美洲本土，并致力于解决拉丁美洲的实际问题。这也意味着，拉丁美洲马克思主义理论的发展方式与马克思的正统解释之间产生了根本性的决裂。其中，桑地诺主义融合了尼加拉瓜民族主义和马克思主义的阶级分析理论，从而进一步助推了马克思主义的内部张力，关于这一张力最为显著的表现莫过于两者在

---

　　[1]　Liss, *Marxist Thought*, p. 162.

"如何看待宗教的作用"，以及"如何理解煽动革命意识的主观因素"等问题上的分歧。拉丁美洲历史上的许多主题都是马里亚特吉在其著作首开对之进行探讨的先河的，而尼加拉瓜的桑地诺则是最早将马里亚特吉理论付诸实践的。

马里亚特吉相信，拉丁美洲革命是实现世界社会主义革命的一次尝试。他用"反帝国主义""土地主义者"和"民族主义者"来描述他设想中社会革命的本质。① 值得注意的是，这些原则也是拉丁美洲日后爆发的社会革命的指导思想。马里亚特吉尤其强调要以积极的态度面对革命理论，菲德尔·卡斯特罗的口号正是其革命态度的精练表达："发起革命是每个革命者的任务……我们决不能坐在家门口等着看到帝国主义的尸体。"② 马里亚特吉那创造性的、灵活的马克思主义方法论最终作为宝贵遗产，馈赠给日后的拉丁美洲革命运动。它为推动尼加拉瓜的两次桑地诺起义，以及解决古巴革命的理论问题都提供了理论依据。况且，这些群众运动的成功已经证明了马里亚特吉革命道路的正确性，也证明了制定革命理论必须依据当地的实际情况。同时，古巴和尼加拉瓜的革命斗争也为拉丁美洲本土马克思主义革命理论增添了崭新的内容。

---

① Mariategui, "Aniversario y balance", *Amauta* 3/17 (September 1928) p. 2.

② Castro, "The Duty of a Revolutionary is to Make the Revolution", in *Fidel Castro Speaks*, p. 115.

第三章 古巴革命

1959 年，卡斯特罗率领一支游击队夺取了古巴的政权。这些革命者凭借的正是古巴源远流长的政治激进主义传统。通过回顾这段历史，再结合马里亚特吉等政治哲学家的研究，不难发现尽管古巴并不具备正统马克思主义所强调的发动社会主义革命必需的客观经济条件，但是古巴人民已经意识到古巴存在爆发革命变革的可能性。虽然在一开始，古巴共产党还谴责卡斯特罗的游击队"太过冒险"，并劝告卡斯特罗等到客观条件成熟时再采取行动。但是古巴革命最终取得了成功，全世界也因此看到了处在成长中的拉丁美洲本土革命理论的力量。

同样是在 20 世纪 60 年代的古巴，马里亚特吉的著作获得了用武之地。在 1967 年的一篇文章中，梅利斯认为马里亚特吉的思想再次吸引了拉丁美洲人民的注意。尤其在古巴，人们在政治斗争中贯彻着他的理论思想，并且越发热情地讨论着马里亚特吉对拉丁美洲革命思想理论的贡献。然而早在 20 世纪 20 年代，马里亚特吉的理论思想就已经传到了古巴。作为一个真正的国际主义者，马里亚特吉不仅讨论具有重大国际意义的主题，还在哥斯达黎加的《美洲报》（*Reperoleo Américano*）、古巴的《社会报》（*Social*）和《前进报》（*Revista de Avance*）等先锋杂志上发表文章。通过著述，"马里亚特吉跨越了地理界线的束缚，进而在他的祖国秘鲁……乃至整个拉丁美洲都掀起了一场关于政治及意识形态的激烈变革运动。（他）极大地丰富了拉丁美洲和加勒比地区人民的革命经验"。马里亚特吉主编的马克思主义学刊《阿毛塔》"在古巴广泛传播……与他保持联系的（古巴革命领导人）鲁宾·马丁内斯·维伦纳（Rubén Martínez Villena）、胡安·马里内略（Juan Marinello）、埃米利奥·罗伊格·德·莱赫森林（Emilio Roig de Leuchsenring）和劳尔·罗亚（Raúl Roa）等人也受到了积极影响"。① 可见，在古巴人灵活运用社会主义理论的探索道路上，马里亚特吉扮演了一个极其重要的角色。此外，许多古巴作家也强调了马里亚特吉对他们国家革命思想发展的重要影响。在他的影响下，美洲第一次爆发了社会革命，这就是古巴革命。

胡里奥·安东尼奥·梅里亚

第一个受马里亚特吉思想影响的古巴人是古巴共产党创始人胡里奥·安东尼奥·梅里亚，他的思想和行为也因此发生了改变。20世纪 20 年代，当时梅里亚还是哈瓦那大学的一名学生领袖。他通过阅读马里亚特吉关于大学改革运动的文章而知晓了这位思想家，并知晓了这场由学生发起，为了在大学事务方面获得更多话语权的大学改革运动。在这篇文章中，马里亚特吉认为这场学生运动标志着拉丁美洲新一代阶层的产生，还指出眼下所有的拉丁美洲大学里都洋溢着追求改革的强烈愿望。② 于是在墨西哥和俄国革命胜利的刺激之下，拉丁美洲大学改革运动于 1918 年在阿根廷的科尔多瓦率先爆发。改革运动主张大学要有自主性，要采取实验性的、科学的指导方法，并取消教授的终身任职制。以阿根廷为源头，这场大学改革运动很快便蔓延到了整个拉丁美洲，并且在秘鲁和古巴发展得尤为声势浩大。马里亚特吉和梅里亚都意识到，这场大学改革运动同他们各自国家的独立运动，以及激进的社会政治变革运动之间存在着千丝万缕的联系。于是，两人不约而同地站了出来，成为改革运动的领导者。他们与学生运动合作，与工人阶级建立联盟，并鼓励新思想的诞生，防止改革运

---

① Dumpierre, "Mariategui: luz de America", p. 86.

② Mariategui, "Public Education", in *Seven Interpretive Essays*, p. 91.

动在既有体制内裹足不前。① 在秘鲁，大学改革运动直接促成了 1921
年冈萨雷斯·普拉达人民大学的建立。建立这所大学的目的就是把学
生运动同工人运动结合起来，并为工人提供教育和社会帮助。1923
年，马里亚特吉从欧洲返回秘鲁。随后，他在这所学校开设了一系列
讲座，并担任了该校《光明》杂志的主编一职，为大学改革撰写了多
篇文章。② 也是在那一年，梅里亚在古巴参与创建了何塞·马蒂人民
大学，而这所大学正是仿照利马的冈萨雷斯·普拉达人民大学建
立的。③

据记载，在 1924 年，梅里亚和马里亚特吉第一次产生了交集。当时
马里亚特吉因涉嫌在冈萨雷斯·普拉达人民大学从事所谓的颠覆性活动
而被捕入狱。梅里亚代表哈瓦那的何塞·马蒂人民大学，向秘鲁政府发
出了一封公开信，抗议马里亚特吉所遭受的不公正待遇。信中写道，马
里亚特吉是一位具有影响力的秘鲁知识分子，却因为思想自由而被投进
了监狱。④ 这封公开信也是这所新生的大学首次为拉丁美洲间的国际团结
而发出的声明。⑤ 此外，马里亚特吉和梅里亚并没有止步于教育和大学改
革运动。正如埃拉斯莫·杜皮埃尔（Erasmo Dumpierre）所言，两人都参
与了反帝国主义的斗争和争取国际团结的运动，并且还都对民族主义情
绪以及农民阶级在革命发展中的推动作用产生了兴趣。⑥

1925 年，梅里亚同古巴共产党人卡洛斯·巴里尼奥（Carlos Baliño）

---

① Liss, *Marxist Thought*, p. 244；Fabio Grobart, "Prologo", in Julio Antonio Mella, *Escritos Revolucionarious*, p. 18. ［马里亚特吉关于这个话题的许多文章都被收录在《马里亚特吉全集》的第 14 卷《教育主题》（"Temas de educación"）中。马丁内斯·德拉托雷在第 6 章《解释马克思主义的注意事项》（"Apuntes para una interpretación marcista"）中谈到了大学改革运动（详见 258—264 页他对马里亚特吉的评论），埃德加·蒙蒂尔（Edgard Montiel）还在《马里亚特吉大学》（"Mariategui Universidad"）一文中总结了马里亚特吉在运动中的参与情况。关于大学改革运动的总体情况，参见曼努埃尔·阿古斯丁·阿奎尔的《大学和学生运动》，第 169—252 页。（Manuel Agustin Aguirre, *Universidad y movimientos edtudiantiles*, pp. 169–252.）］

② Chavarria, *Jose Carlos Mariategui*, p. 72.

③ Orrillo, "Primeras huellas", p. 179.

④ Mella, "Carta al representante del Perú", in *Documentos y Articulos*, p. 99.

⑤ Roa, *El fuego de la semilla*, p. 117.

⑥ Dumpierre, "Mariategui, Cuba y la lucha contra el imperialismo", pp. 216–221.

一起创立了古巴共产党和美洲反帝国主义联盟古巴分部，后来马里亚特吉和桑地诺也加入了该组织。梅里亚积极倡导"泛美洲国际主义"（Pan-Americanist internationalism），他与反帝联盟合作，一起反对奥古斯托·B. 莱古亚（Augusto B. Leguía）在秘鲁的独裁统治。① 在谴责莱古亚政府监禁马里亚特吉的公开信中，梅里亚毫不客气地指出，关押马里亚特吉无益于维护秘鲁的国家秩序。并且这样写道："尽管目前还存在着荒谬的边境线，但经过新思想洗礼的美洲人民终将共同创造一个伟大的国家。因此，对任何一个秘鲁人的污蔑就等同于对全美洲人民的污蔑。"②

1927 年，格拉多·马查多（Gerardo Machado）独裁政府以采取反帝立场并以攻击美国为由，强行关闭了何塞·马蒂人民大学。梅里亚也因此被迫逃往墨西哥，并深入墨西哥共产党的活动中。在此期间，他曾担任墨西哥反帝国主义联盟秘书长，并与迭戈·里维拉（Diego Rivera）一起主编了该联盟的报刊《解放者》。梅里亚从反帝国主义联盟的立场出发，号召整个拉丁美洲人民一起反对美国在尼加拉瓜的帝国主义行径，声援桑地诺反抗美国海军陆战队的斗争。③ 梅里亚还同里维拉一起，成立了"尼加拉瓜反对干预主义行动委员会"（The Anti-interventionist Hands-off Nicaragua Committee）。该组织为桑地诺反抗斗争募集医疗援助，鼓动尼加拉瓜独立，并呼吁各国尊重拉丁美洲主权。④ 在 1928 年 6 月的一次会议上，梅里亚指出，桑地诺游击队"是整个拉丁美洲反对美帝国主义革命斗争的先驱"，并呼吁各个地区的工人踊跃支持尼加拉瓜人民的斗争。⑤

1929 年 1 月 10 日，古巴独裁者马查多手下的特工谋杀了梅里亚。秘鲁的革命者仿佛就此失去了一位共同的战友。马里亚特吉在《阿毛塔》和《劳动报》上发表了感人肺腑的评论，以此对梅里亚的遇刺表示沉痛

① Liss, *Roots of Revolution*, p. 88.

② Mella, "Carta", in *Documentos y articulos*, p. 99.

③ Mella, "Declaración de la Liga Antimperialista de las Americas", in *Documentos y articulos*, pp. 262 - 263; Instituto de Historia del Movimiento Comunista y de la Revolución Socialista de Cuba, "Prólogo", ibid. , p. 8.

④ Mella, *Julio Antonio Mella*, p. 157. Also see chapter 7, "Mella con Sandino", pp. 155 - 167.

⑤ Ibid. , p. 164.

的哀悼。在《阿毛塔》的一则讣告中，马里亚特吉深情地回忆了这位英勇的战士，称他是大学改革运动中的真正革命者。[1] 在《劳动报》里，马里亚特吉这样写道，"拉丁美洲的无产阶级会永远记得这位伟大战士的名字，大学生们也永远不会忘记这位英勇的青年领袖"[2]。在劳动节当天，《劳动报》推出了专刊，第一页就是梅里亚的半身肖像，并配上了标题：他把一生都奉献给了社会主义革命。[3]

　　古巴革命胜利后，新政府总结了马里亚特吉和梅里亚的相似之处。他们分别参与建立了拉丁美洲最早的两个共产党，而且都凭借自己过人的新闻能力为实现社会主义而斗争，也都启发了工人关于阶级斗争本质的认知。新政府在一篇研究马里亚特吉对古巴革命影响的文章中写道，这两位伟大的革命先驱都曾为捍卫工人阶级大团结以及为有共同思想、利益的人们的大团结而奋斗。不仅如此，他们在革命思想和行动上还存在着很多共同点。[4] 古巴记者梅赛德斯·桑托斯·马里（Mercedes Santos Moray）在她编辑的《拉丁美洲马克思主义文集》中也提到了类似的共同点。桑托斯·马里在序言中写道："在这本文集里，我们想把梅里亚和马里亚特吉的文稿整合在一起。"这是因为在拉丁美洲，是梅里亚和马里亚特吉引领了他们这一代人学习马克思列宁主义理论，并且两人也都意识到了必须在教育和文化认同方面进行实质性的社会转型。[5] 此外，桑托斯·马里盛赞马里亚特吉敏锐的观察力，深刻的理论见解以及优秀的表达技巧，并称他是那个时代的马克思列宁主义理论大师，认为他的作品影响了整个拉丁美洲大陆。桑托斯·马里还通过对比马里亚特吉和梅里亚的作品来论证他们的相同之处，即他们都认为泛美主义并非拉丁美洲土著文化的表现，而是美帝国主义的工具。[6] 梅里亚强调，古巴人需要强化自己的文化认同感，从而避免受到外国文化的侵略。然而正如利斯

① "Necrología: Julio Antonio Mella", *Amauta*, 3/20 (January 1929), p. 96.

② "El asesinato de Julio Antonio Mella", *Labor* 1/5 (15 January 1929), p. 8.

③ *Labor* 1/8 (1 May 1929), p. 1.

④ Departamento de Orientación Revolucionaria del Comite Central del Partido Comunista de Cuba, *Jose Carlos Mariategui*, pp. 25, 29.

⑤ Santos Moray, "Nota de presentación", in Mella et al., *Marxistas de America*, p. 6.

⑥ Mella, "La cruz del sur", in Mella et al., Marxistas de America, pp. 20 – 21; cf. Mariategui, "El ibero-americanismo y pan-americanismo", Ibid., pp. 119 – 122.

（Liss）指出的那样，由于早在西班牙侵略古巴时，古巴土著居民就已经被全部驱逐出境，因此现代古巴人很难效仿马里亚特吉在秘鲁的做法，即在自己的本土历史中寻找革命灵感。因此，梅里亚发起了一场探寻古巴历史上西班牙、非洲和中国的文化根源，并借此找到自身文化认同感的运动。[①] 在此过程中，梅里亚借鉴了何塞·马蒂的反帝国主义思想，将古巴的民族主义和国际主义结合了起来。[②]

梅里亚和马里亚特吉一样，也反对阿亚·德拉托雷（Haya de la Torre）的"阿普拉"（Aprista）美洲人民革命联盟运动。1928 年，梅里亚撰写了题为《什么是 ARPA（美洲革命大众联盟）？》（"¿Quées el AR-PA?"）的文章，批评"阿普拉"（APRA，美洲人民革命联盟）是一场反对阶级斗争和社会主义社会建设的民粹主义、改良主义运动。1930 年，最后两期《阿毛塔》又重新刊登了这篇文章。[③] 虽然《什么是 ARPA（美洲革命大众联盟）？》是在梅里亚和马里亚特吉去世后发表的，但事实上，马里亚特吉很可能在生前就收到了梅里亚撰写的这篇文稿，而里卡多·马丁内斯·德拉托雷（Ricardo Martínez de la Torre）（《阿毛塔》的新主编）很可能就是按照马里亚特吉的思路撰写的这篇文章。[④] 在文中，梅里亚采用了和马里亚特吉类似的方法分析 1928 年尼加拉瓜的总统选举，并认为自由党候选人蒙卡达（Moncada）和保守党候选人迪亚兹（Díaz）都是叛徒，只有桑地诺代表了尼加拉瓜的主权利益。对此，梅里亚总结道："那些不支持桑地诺的人，都是背叛了这片大陆上受压迫阶级利益的卖国贼。"[⑤]

少数派

梅里亚并不是唯一受到马里亚特吉影响的古巴人。质言之，他不过

---

① Liss, *Roots of Revolution*, pp. xiv – xv.

② Mella, "Glosas al pensamiento de Jose Marti", in *Documentos y Articulos*, pp. 267 – 274.

③ Mella, "La lucha revolucionaria contra el imperialismo. Quees el ARPA?", *Amauta* 4/31 (June-July 1930), pp. 41 – 49; and Mella, "Quees el ARPA?", *Amauta* 4/32 (August-September 1930), pp. 24 – 37. ［在辩论中，梅里亚称 ARPA 为美洲革命大众联盟，而不是更常见的美洲人民革命联盟（APRA）。］

④ Orillo, "Primeras huellas", p. 179.

⑤ Mella, "¿Que es el ARPA?", *Amauta* 4/32 (August-September 1930), p. 32.

是马里亚特吉和古巴革命者之间在文学和思想方面广泛联系的开端。在梅里亚被驱逐出古巴之后，古巴的"少数派"（Grupo Minorista）仍与马里亚特吉保持着最关键的联络。"少数派"是在 20 世纪 20 年代蓬勃发展起来的团体，它由作家、艺术家和新闻工作者组成，并相信知识分子"少数派"可以为古巴社会和政治的革命变革创造良好的条件。[①] 1923年，"少数派"作为一个拥有政治社会蓝图并渴望革新古巴艺术的先锋运动组织出现在世人面前，而它的活动也印证了马里亚特吉对古巴国情的分析。[②] 胡安·马里内略（Juan Marinello）和鲁本·马丁内斯·维伦纳（Rubén Martínez Villena）是古巴社会主义的两位早期领导人，同时也是"少数派"的重要创始人。他们是哈瓦那大学的校友，与梅里亚一起组织了很多政治活动，其中就包括大学改革运动、创立古巴共产党以及建立美洲反帝国主义联盟。尽管古巴独裁者富尔根西奥·巴蒂斯塔（Fulgencio Batista）于 1934 年下令杀害鲁本·马丁内斯·维伦纳，但维伦纳用充满诗意的语言描绘出的那个社会主义的、反帝国主义的古巴却激励着一代又一代的革命者。他也因此被视为古巴革命的重要先驱。

也恰恰是马里内略成就了马里亚特吉在古巴最重要且最持久的影响。如果说梅里亚对古巴革命理论发展做出的最重要的贡献是将马克思主义中的阶级分析理论引入古巴，那么马里内略则使古巴的马克思主义研究更具创造性和创新性。和马里亚特吉一样，马里内略也是受到了列宁的启发，认识到要灵活地运用思想，要让思想适应新的环境。[③] 尽管马里亚特吉和马里内略从未谋面，但通过书信交流，他们发现"两人都关心着美洲的命运"。[④] 同时，马里亚特吉鲜明的个性也给马里内略留下了深刻印象。最终，马里内略成为马里亚特吉的忠实读者。他在后来曾感慨："毫无疑问，马里亚特吉是拉丁美洲最完美的马克思主义思想家。"再加上马里亚特吉英年早逝且身处那样一个时代，却仍能迸发出这样的创造力和精辟深邃的思想，这些（因素）都深深地感染了马里内略。他也因

---

① Liss, *Roots of Revolution*, p. 65.

② Cairo, *El Grupo Minorista*, p. 116.

③ Liss, *Roots of Revolution*, p. 102.

④ Santos Moray, "Nota de presentación", in Mella et al., *Marxistas de America*, p. 10.

此呼吁"整个美洲大陆的青年都应该读一读马里亚特吉的作品"①。在马里亚特吉于 1930 年去世之后,马里内略还进一步探讨了他这一生所做的贡献及其作品的价值。除此之外,他还于 1939 年在智利的圣地亚哥大学表达了自己对马里亚特吉的追思,并于 1946 年向秘鲁共产党致以最崇高的敬意。马里内略的文章证明了马里亚特吉对古巴乃至整个拉丁美洲皆产生了深远的影响。② 在智利召开的一次讨论会上,马里内略更是自称为马里亚特吉的学生,并表示将忠于他的愿景。③

　　古巴的社会主义者不仅给予了马里亚特吉高度的评价,还把他的许多思想融入革命斗争实践之中。马里内略和马里亚特吉一样,也意识到了拉丁美洲土著居民所遭受的持续剥削并不是由于这些人种族低劣。实际上,帝国主义和廉价劳动力的刺激才是导致这一种境况的罪魁祸首。究其本质,(编者注:拉丁美洲土著居民的剥削问题)是土地分配不公而引发的社会经济问题。④ 因此,想要改变土著居民的命运,就必须进行土地改革。在古巴,这种认为拉丁美洲的问题源于经济关系而非种族关系的观点赢得了广泛关注。⑤ 相比之下,马里亚特吉对"少数派"的影响仅局限在文学和艺术方面。作家安娜·卡里奥(Ana Cairo)在她编写的关于"少数派"的著作中,多次提到了收录在《艺术家与时代》(*El artista y la época*)里的马里亚特吉的作品,以及这些作品对古巴先锋派人物的观点和政治信仰所产生的影响。⑥

　　从《阿毛塔》和一些"少数派"期刊(如《社会报》和《前进报》)的互动中我们不难发现,马里亚特吉与古巴的先锋运动始终保持

---

① Castellanos, "Conversación a los 75", p. 6.

② See the numerous references to Marinello's writings on Mariategui on these and other occasions in Rouillón, Bio-bibliografia de Jose Carlos Mariátegui, and in Antuna and Garcia-Carranza, Bibliografia de Juan Marinelo.

③ Marinello, "EI gran Amauta del Perú", in Nieto, *Mariategui, poema*, p. 13.

④ Manuel Galich, "Comentario y glosa al codice Juan Marinello: Guatemala nuestra", in Perez and Simón, *Recopilación*, pp. 558 – 559.

⑤ Cairo, *EI Grupo Minorista*, p. 97.

⑥ Cairo, *EI Grupo Minorista*, pp. 112, 114, 144, 154. See Unruh, "Mariategui's Aesthetic Thought". (在该文中,作者分析了马里亚特吉作为文学批评家的重要地位,及其与国际先锋派运动之间的关系)

着联系。马里亚特吉和"少数派"的接触始于 1924 年。当时，阿根廷诗人奥列维里奥·吉隆多（Oliverio Girondo）从墨西哥写信给马里亚特吉，向他介绍了组织的主要成员。吉隆多在信中特别提到了历史学家，马蒂亚诺学者（Martiano scholar），先锋派杂志《社会报》的文学主编埃米利奥·罗伊格·德·莱赫森林（Emilio Roig de Leuchsenring）。吉隆多认为在当时的古巴，《社会报》是唯一一本刊出的内容很有趣的杂志。①《社会报》由 C. W. 马萨格尔（C. W. Massaguer）于 1916 年创办，文章内容包括文化运动、艺术、思想、风尚和体育的发展。尽管这份杂志并不带有明显的政治色彩，但它的确为"少数派"提供了一个重要的表达平台。

1925 年，马里亚特吉的首部著作《当代场景》（*La escena contemporánea*）在古巴出版，这也标志着马里亚特吉与古巴革命领导者开启了漫长且具有重要意义的思想交流。这本著作直接影响了哈瓦那大学的青年知识分子，提升了他们的思想境界。"少数派"还在组织内部传阅了这本书，并组织成员一起学习马里亚特吉的思想。② 按照马里内略的说法，这标志着拉丁美洲的思想发展到了一个新的阶段。古巴人意识到马里亚特吉的作品具有持久且深远的意义。③ 罗伊格·德·莱赫森林是第一批收到《当代场景》复印本的古巴人，他把马里亚特吉关于法国作家阿纳托尔·法朗士（Anatole France）的文章转载到了《社会报》上。在附加上去的引言中，罗伊格·德·莱赫森林指出，马里亚特吉在著作中对时代问题做出了深刻而明晰的分析。④ 第二年，马里亚特吉在计划出版《阿毛塔》时，曾寄给罗伊格·德·莱赫森林一份样刊，并提议古巴和秘鲁的先锋作家们可以互相交换意见。为促成这次交流，马里亚特吉随函还附上了一份即将出版的《社会报》原稿。⑤ 随后，马里亚特吉的著作深

① Letter from Oliverio Girondo to Jose Carlos Mariategui on 3 October 1924 in Mariategui, *Correspondencia*, Vol. 1, p. 57.

② Orill, "Raul Roa", pp. 4 – 5.

③ "La palabra para alimentar la hoguera", in Perez and Simón, *Recopilación*, p. 53.

④ See Mariategui, "La escena contemporanea: la revisión de la obra de Anatole France", *Social* 11/4（April 1926），pp. 16 – 173; reprinted from Mariatagui, *La escena contemporanea*, pp. 169 – 73.

⑤ Letter from Jose Carlos Mariategui to Emilio Roig de Leuchsenring on 24 October 1926 in Mariategui, *Corespondencia*, Vol. 1, p. 183.

深地打动了马丁内斯·维伦纳。他从罗伊格·德·莱赫森林那里收到了一份《当代场景》的复印本，而正是这本书"让他对错综复杂的世界局势产生了生动连贯的认识"。[①] 1926 年，第一期《阿毛塔》在古巴发行，马丁内斯·维伦纳"带着近乎狂热的喜悦翻遍了它"。这是一份"挑战美洲左翼知识分子和政治运动"的杂志，其中包含的信息迅速传遍了整个拉丁美洲。[②] 马丁内斯·维伦纳不仅借助马里亚特吉的《关于秘鲁国情的七篇论文》推动和证实了自己的研究，还在研究本国问题时将这本著作当成参考依据。[③]

1927 年，马里内略与"少数派"成员阿莱霍·卡彭铁尔（Alejo Carpentier）、马蒂·卡萨诺瓦斯（Martí Casanovas）、弗朗西斯科·伊卡索（Francisco Ichaso）和乔治·曼什（Jorge Mañach）一起创办了《前进报》。这既是一份先锋派文学报刊，也是一份左翼先锋杂志，其政治色彩也明显强于《社会报》。《前进报》以《阿毛塔》为蓝本，倡导"政治运动、政治变革、政治进步……并且争取古巴的绝对独立"。[④] 它为辩证唯物主义、历史唯物主义、科学社会主义以及民族认同感等新思想提供了一个涌入古巴的平台。[⑤] 同时，还在古巴知识分子与马里亚特吉的思想交流中发挥了积极的作用。也正因如此，马里亚特吉在去世前还给马里内略寄去了两篇论文，并承诺很快会再寄一篇用以发表的文章。[⑥] 此外，《前进报》促进了《阿毛塔》在古巴的传播，并让古巴人接触到了秘鲁作家的作品。一家名为"密涅瓦"的书店（和出版马里亚特吉著作的报社同名）还在杂志上为马里亚特吉的《关于秘鲁国情的七篇论文》、路易斯·瓦尔卡塞尔（Luis E. Valcarcel）的《安第斯山脉的风暴》（*Tempestad en los Andes*）、里卡多·马丁内斯·德拉托雷的《1919 年的工人运动》

---

① Roa, *El fuego de la semilla*, p. 173；Orrillo, "Raul Roa", p. 5.

② Roa, *El fuego de la semilla*, p. 177.

③ Santos Moray, "Nota de presentation", in Mella et al., *Marxistas de America*, p. 7.

④ Los Cinco, "Al levar el ancla", *Revista de Avance* (Havana) 1/1 (15 March 1927), p. 1.

⑤ Liss, *Roots of Revoluion*, p. 68.

⑥ Letter from Mariategui to Juan Marinello on 16 March 1930 in Mariategui, *Correspondencia*, Vol. 2, p. 745. （显然，马里亚特吉还未来得及寄出上文提到的这篇文章就去世了。）

（*El movimiento obrero en* 1919）等作品刊登了广告。[①] 据一位 20 世纪 20 年代的革命领导人的回忆，当时马里亚特吉总共寄了 15 份《关于秘鲁国情的七篇论文》的复印本，以备在古巴的《前进报》上发表。[②] 在古巴，马里亚特吉的作品和《阿毛塔》随处可见，这个国家的政治激进分子也对他的思想理论烂熟于心。

1927 年，莱古亚（Leguía）独裁政府下令查封《阿毛塔》，并以涉嫌参与"共产主义阴谋"为由再次逮捕了马里亚特吉，还把他的两名同事流放到了古巴。"少数派"很快发了一封海外电报给莱古亚政府，要求立即释放马里亚特吉。《社会报》和《前进报》也发表声明，谴责莱古亚政府的行为。在一封题为《马里亚特吉与〈阿毛塔〉》"的短笺里，马里内略对秘鲁独裁者的行为表示强烈抗议，并向利马的杂志社及其勇敢的支持者们致以同情。[③] 面对古巴人民声援秘鲁人民的行为，古巴政府以所谓参与共产主义阴谋的罪名，逮捕了几个"少数派"成员。[④] 然而，政府的镇压并没有阻止古巴人和秘鲁人团结在一起。马里亚特吉在 1927 年 10 月写给罗伊格·德·莱赫森林的信中，感谢了"少数派"为他的自由所做出的努力。他宣布将坚持继续出版《阿毛塔》，并邀请罗伊格·德·莱赫森林负责该杂志在哈瓦那的发行。[⑤] 于是在 1927 年 12 月，《阿毛塔》恢复了出版。马里亚特吉在题为《第二幕》（"Segundo acto"）的社论中指出，该杂志始终"受到拥有最佳灵魂的西班牙裔拉丁美洲人的保护"，同时他还感谢了"少数派"对他的支持。[⑥] 随后，马里亚特吉继续在《社会报》上发表关于文学和政治问题的文章。1927 年 8 月，《社会报》刊

[①] 能证明这些改变的另一个例子是《阿毛塔》中为《前进报》刊登的一些广告，名单中按姓名列出了在职的编辑（弗朗西斯科·伊恰佐、弗利克斯·利扎佐、豪尔赫·蒙克、胡安·马里内略）。[*Amauta* 4/32（August-September 1930），inside front cover.]。在 1929 年写给豪尔赫·蒙克的一封信中，马里亚特吉说，他想要进一步规范和扩大这类文学交流。

[②] Orrillo，"Raul Roa"，p. 5.

[③] Juan Marinello，"Mariategui, Amauta"，*Revista de Avance*（Havana）1/8（30 June 1927），pp. 181–182.

[④] Roig de Leuchsenring，"Notas del director literario"，*Social* 12/8（August 1928）：6.

[⑤] Letter from Mariategui to Roig de Leuchsenring on 10 October 1927 in Mariategui，*Correspondencia*，Vol. 1，p. 306. 罗伊格·德·莱赫森林同意代表《阿毛塔》杂志社，负责该杂志在古巴的发行。

[⑥] Mariategui，"Segundo acto"，*Amauta* 2/10（December 1927），p. 1.

登了马里亚特吉对《链条》（*Les Enchainements*）的评论。① 该书的作者亨利·巴比塞（Henri Barbusse）影响了马里亚特吉对马克思主义非决定论的早期理解，即强调革命信仰和个人自由意志中的主观要素。古巴学者普遍认为，马里亚特吉对于欧洲社会主义思想的阐释是以拉丁美洲现状为基础的。罗伊格·德·莱赫森林在《社会报》上评论了马里亚特吉的《关于秘鲁国情的七篇论文》，并从马里亚特吉的一篇关于秘鲁文学中土著主义的论文中节选出了一些片段刊登出来。作为回应，马里亚特吉感谢了罗伊格·德·莱赫森林"在《社会报》上关于《关于秘鲁国情的七篇论文》的友好之词"，并寄给他一篇准备刊登在《早晨的灵魂》（*El alma matinal*）上的，关于查理·卓别林（Charlie Chaplin）的文章。②

　　1928 年，围绕着"革命的意义"与"西班牙先锋文学的衰落"这两个主题，马里亚特吉与《前进报》编辑部发生了短暂的争执。马里亚特吉先是在《阿毛塔》上刊登了 E. 吉梅内斯·卡巴莱罗（E. Giménez Caballero）的诗——《坐浴盆颂》（"Oda al Bidet"），随后又发表社论批评这首诗"堕落的轻浮"，是"艺术非人性化"的体现。③ 而且，这首诗是马里亚特吉从 1928 年 2 月的《前进报》上转载的。因此该杂志的编辑认为，马里亚特吉的评论是在抨击他们的政治主张。④ 马里亚特吉则回应绝无攻击编辑的意思，他还提及 1927 年《前进报》抗议《阿毛塔》停刊一事，并再次表达了真挚的感谢。马里亚特吉坦言，"（编者注：《前进

---

① Mariategui, "Les Enchainements´ de Barbusse", *Social* 12/8（August 1927）, pp. 11, 78 – 79; reprinted from Mariategui, *La escena contemporanea*, pp. 158 – 164.

② Letter from Mariategui in "Notas del director literario", *Social* 14/12（December 1929）, p. 6（also printed as letter from Mariategui to Roig de Leuchsenring on 30 June 1929 in Mariategui, *Correspondencia*, Vol. 2, p. 599）. Also see Mariategui, "Indologia´de Jose Vasconcelos", *Social* 13/1（January 1928）, pp. 10, 62, 66, later published in Mariategui, *Temas de nuestra America*, pp. 78 – 84. The article, "esquema de una explicación de Chaplin" was published in *Social* 14/12（December 1929）, pp. 11, 69, 82, 88, and later published in *El alma matinal*, pp. 67 – 74.

③ E. Gimenez Caballero, "Elogio al Bidet", with a "Nota polemica", *Amauta* 3/15（May-June 1928）, p. 40.

④ "Discrepancias", *Revista de Avance*（Havana）3/25（15 August 1928）, pp. 203 – 204; E. Gimenez Caballero's poem "Oda al Bidet" was originally published in *Revista de Avance* 3/19（15 February 1928）, p. 46.

报》）是一本直击我们灵魂深处的杂志"。①

卡洛斯·拉斐尔·罗德里格斯（Carlos Rafael Rodríguez）是古巴马克思主义理论的先驱之一，他也表示马里亚特吉促进了他在思想和政治方面的成长。罗德里格斯在读到马里内略刊登在《前进报》上的《何塞·卡洛斯·马里亚特吉和〈阿毛塔〉》（"El *Amauta* José Carlos Mariategui"）后，才接触到了马里亚特吉的思想。也正是这篇文章促使他继续阅读了马里亚特吉《关于秘鲁国情的七篇论文》一书的原版，以及该书1934年在智利的版本——《捍卫马克思主义》（*Defensa del Marxismo*）。罗德里格斯表示，即使《捍卫马克思主义》是"一个非常糟糕的版本，但也是这本著作让我们得以接触到马里亚特吉的其他作品"。罗德里格斯对马里亚特吉开放性的马克思主义观点非常感兴趣，并表示"我们应该尝试着把那些马里亚特吉用来分析秘鲁国情的思维模式应用到我们自己的国家中"。② 在马里亚特吉的启发下，罗德里格斯认识到要从实际状况出发，在具体的革命实践中把理论和实践结合。他也因此成功地将卡斯特罗、格瓦拉这一代的革命思想同早期激进运动思想联系了起来。此外，他还把马里亚特吉早期的学说介绍给古巴革命者，并强调古巴要走一条灵活的、非教条主义的社会主义道路。和马里亚特吉一样，罗德里格斯追求独立自主的马克思主义的做法偶尔也会让他与苏共产生路线分歧。③ 尽管如此，他仍坚称："毫无疑问，马里亚特吉影响了我们整整一代人。"④

劳尔·罗亚（Raúl Roa）是另一个明确表示马里亚特吉的作品深刻影响了其革命意识发展的古巴人。罗亚曾与梅里亚、马里内略在古巴共产党内共事。古巴革命胜利后，他去了新政府的外交部工作。受马里亚特吉的影响，罗亚也支持反帝国主义的政治主张，并关心拉丁美洲的土著人民。在马里亚特吉的影响下，罗亚也认识到了知识分子在革命进程中应该扮演的角色。⑤ 和罗德里格斯一样，罗亚也是一位承袭了马里亚特吉

---

① "Notas：'1928' y la 'Oda al bidet'"，*Amauta* 3/17（September 1928），p. 91. See also the letter from Jose A. Foncueva to Mariategui in Mariategui，*Correspondencia*，Vol. 2，p. 439.

② Orillo，"Carlos Rafael Rodriguez"，pp. 16 – 17.

③ Liss，*Roots of Revolution*，pp. 148 – 149.

④ Orillo，"Carlos Rafael Rodriguez"，p. 17.

⑤ Liss，*Roots of Revolution*，p. 125.

衣钵的独立的马克思主义思想家。他认为，革命理论必须同古巴历史境况相结合。正如马里亚特吉在 20 世纪 20 年代面对共产国际时所做的那样，罗亚也试图在古巴实践一套独立于苏联的思想体系。他批评了苏联的官僚作风、1956 年对匈牙利的入侵，以及对马克思主义僵化的理解与阐释。罗亚认为，古巴革命的进程不能够简单地复制法国、墨西哥或俄国革命的模式，而必须创造性地走适合自身历史境况的道路。① 最终，罗亚证实了马里亚特吉的思想确实会给古巴带来巨大的影响。② 他表示《阿毛塔》激起了"人民大学和反帝国主义联盟内部富有成果的讨论"；并且还透露，20 世纪 20 年代被逮捕的革命者会把马里亚特吉的作品带在身上，以便在狱中学习他的思想。尤其是马里亚特吉的《关于秘鲁国情的七篇论文》，这本著作给他们指明了一条古巴的未来之路——将辩证唯物主义应用到对人民现实状况的具体研究上。③ 罗亚还强调，从来没有一个马克思主义作家能像马里亚特吉一样，在拉丁美洲拥有如此巨大的影响力。他认为，马里亚特吉是拉丁美洲第一位马克思主义思想家，其思想具有广泛的国际意义。"这位出色的马克思主义思想家、杰出的作家的去世，沉重地打击了拉丁美洲的革命。"④ 马里亚特吉帮助古巴人找到了他们自己的历史命运，"马里亚特吉的行动、思想和作品，给这个时代的古巴革命知识分子、艺术家和进步人士留下了深刻的印象。"罗亚还比较了马里亚特吉、梅里亚和马丁内斯对古巴革命思想的影响。⑤ 对此，马里内略补充道，这些领导人都为反对帝国主义的斗争做出了全新的马克思主义阐释。而正是在这种新阐释的指引下，人们推翻了古巴的帝国主义政府，发动了人民的、民族的解放运动。因此，马里内略这样写道："古巴革命不过是拉丁美洲革命进程的开端，这些早期的马克思主义作家才是这场斗争的奠基者。"他们都曾试图去改变所处时代的现实境况。对此，马里亚特吉和梅里亚、阿尼巴尔·庞塞、鲁宾·马丁内斯·维伦纳共同

① Liss, *Roots of Revolution*, pp. 130 – 131.
② Roa, *El fuego de la semilla*, p. 179.
③ Raul Roa quoted in Orrillo, "Raul Roa", p. 5.
④ Roa, *El fuego de la semilla*, pp. 177，418.
⑤ Roa, *El fuego de la semilla*, p. 179; also see Orrillo, "Raul Roa", p. 6.

提出了一种全新的深度阐释。①

　　何塞·安东尼奥·方奎瓦（José Antonio Foncueva）尽管不像他的同辈们那样出名，但他依然可以作为一个证明马里亚特吉曾给那个时代的古巴年轻人带来了极大影响的例子。在方奎瓦 15 岁的时候，他就同梅里亚一道，在美洲反帝国主义联盟和古巴共产党内工作。第二年，他创立了面向学生的革命杂志《学生报》（El Estudiante），并担任该杂志的主编。方奎瓦还曾试图与马里亚特吉联络，并称其为思想导师。方奎瓦写道：“在古巴，我们像爱本国杂志一样地爱《阿毛塔》。”他还提议《学生报》与《阿毛塔》进行交流，并表示自己可以为《阿毛塔》在古巴的发行提供帮助。对于 1927 年马里亚特吉被逮捕和《阿毛塔》被停刊一事，方奎瓦自豪地说：“在古巴，《学生报》第一个站了出来，抗议民权主义者肆意处置《阿毛塔》编辑部。”② 在写作中，方奎瓦借鉴了马里亚特吉关于艺术、土著主义和墨西哥革命的观点。③ 此外，他还赞扬了马里亚特吉围绕这个时代的秘鲁政治、经济和社会问题，提出了新颖且独到的见解。④ 1928 年，方奎瓦给马里亚特吉寄去了一篇文章，以备在《阿毛塔》上发表。在这篇文章里，他分析了何塞·马蒂（José Martí）的社会思想，以及这种思想对这个时代的重要意义。⑤ 但很显然，他们的很多信件都被秘鲁和古巴警局截下了，马里亚特吉发给方奎瓦的《阿毛塔》复印本还被遣返回了秘鲁。之所以会出现这种情况，是因为古巴通讯部长发表了一份通告，明令禁止一切革命出版物的流通。为避免此类状况再次发生，方奎瓦建议马里亚特吉把杂志发到另一个地址，在包装上也不要有任何关于《阿毛塔》的标记。⑥ 方奎瓦在 20 岁死于肺结核，巧合的是在他去世的前几天，他的思想导师马里亚特吉也去世了。古巴的左

① Marinello，"Literatura y revolución"，pp. 43 – 44.

② Letter from Foncueva to Mariategui in January 1928 in Mariategui, Correspondencia, Vol. 2, p. 345.

③ Foncueva, Escritos, pp. 179 – 180, 237 – 238, 192 – 193.

④ Foncueva, Escritos, p. 238.

⑤ Foncueva, "Novisimo retrato de Jose Marti", Amauta 3/14（April 1928），pp. 22 – 24.

⑥ Letter from Foncueva to Mariategui on 20 September 1928 in Mariategui, Correspondencia, Vol. 2, p. 438. 马里亚特吉后来称，很可能有将近一半的信件都"丢失"了。See letter from Mariategui to Jorge Manach on 28 September 1929 in Anuario Mariateguiano 3（1991），p. 24.

翼文学杂志把这两位人物的死亡联系了起来：在玻利瓦尔（Bolívar）和马蒂构思出的蓝图带领下，他们都曾为了那些受压迫的人民和一个自由、解放的美洲而斗争。① 埃米利奥·罗伊格·德·莱赫森林主编的《社会报》还表示，方奎瓦发表在《阿毛塔》上的作品是关于马蒂的最优美的文章。②

　　尽管《前进报》已经是古巴最具影响力、发行时间最长的先锋刊物（1927 年到 1930 年，总共发行了 4 年），但除此之外，马里亚特吉还跟其他一些"少数派"先锋杂志和先锋派作家们保持着联系，其中就包括古巴作家兼记者何塞·安东尼奥·费尔南德斯·德·卡斯特罗（José Antonio Fernández de Castro）。费尔南德斯·德·卡斯特罗是古巴日报《海军杂志》（Diario de la Marina）周日文学增刊的主编。他以此为渠道，宣传"少数派"的思想和文学观点。1928 年，马里亚特吉在《阿毛塔》上刊登了费尔南德斯·德·卡斯特罗关于墨西哥革命的一篇文章，这篇文章是特里斯坦·马洛夫（Tristán Marof）寄给《阿毛塔》的。③ 特里斯坦·马洛夫还专门写了一篇关于马里亚特吉的文章，以备费尔南德斯·德·卡斯特罗发表在《海军杂志》的文学增刊上。④ 何塞·马蒂人民大学的反帝国主义杂志《自由美洲》（América Libre）及美洲人民革命联盟杂志《行动》（Atuei）（这是一份仿照《阿毛塔》初版模式发行的报刊，发行时间在马里亚特吉与阿亚·德拉托雷的多党派政治观点决裂之前）刊载的文章都印证了马里亚特吉对古巴思想界的影响。⑤ 另一个证明马里亚特吉和古巴少数派的发展密不可分的例子是在 1930 年前后，《阿毛塔》

---

　　① Antonio Soto, "Aspectos habaneros. Mariategui y Foncueva", *El Comercio* (Cien-fuegos, Cuba) 28/4 (3 July 1930); reprinted in Foncueva, *Escritos*, p. 285.

　　② Nicolas Gamolin, "Apuntos sobre Foncueva", *Social* (Havana) 15/7 (July 1930), p. 43; reprinted in Foncueva, *Escritos*, p. 288.

　　③ Fernandez de Castro, "Canto dionisiaco sobre la tumba de un amigo", *Amauta* 3/15 (May-June 1928), pp. 31 – 32.

　　④ Letter from Marof to Mariategui on 6 August 1928 in Mariategui, *Correspondencia*, Vol. 2, p. 408. See also the letter from Tristan Marof to Mariategui on 22 April 1928 in ibid. , p. 374. ［在 1924 年 10 月 3 日的信件中，奥列维里奥·吉隆多向古巴"少数派"成员们介绍了马里亚特吉，吉隆多还提到了费尔南德斯·德·卡斯特罗，并随函附上了费尔南德斯·德·卡斯特罗和费利克斯·利扎索写的现代诗歌。(Ibid. , Vol. 1, p. 57.)］

　　⑤ Cairo, *El Grupo Minorista*, pp. 136, 147.

曾时不时地提到一份实际存在时间很短的先锋派杂志《哈瓦那的复兴》（*Revista de la Habana*）。[1] 而在马里亚特吉去世后不久，费尔南德斯·德·卡斯特罗就在《哈瓦那的复兴》上发表了一篇关于他生平的短文，并称他为整个拉丁美洲最有声望的作家之一，认为他的去世是整个美洲的损失。[2]

除了费尔南德斯·德·卡斯特罗在《哈瓦那的复兴》上的文章之外，《社会报》和《前进报》的社论也表明古巴人就像哀悼同胞一样地哀悼马里亚特吉。《社会报》称马里亚特吉是"一位老师和向导，是他让知识分子们意识到，作为男人和公民，他们应有的先锋姿态"。[3] 1930 年 6 月的《前进报》专门追忆了马里亚特吉，编辑们还讨论了马里亚特吉对于古巴和拉丁美洲的重要性。在《何塞·卡洛斯·马里亚特吉和〈阿毛塔〉》中，马里内略盛赞马里亚特吉对世界、艺术和政治的深刻见解。他还指出，马里亚特吉的《关于秘鲁国情的七篇论文》深入剖析了秘鲁的经济和土著居民，因此对整个美洲大陆都具有重要的意义。就像他为秘鲁所做的那样，马里亚特吉同样捍卫了古巴的历史命运，他是整个美洲的"阿毛塔"（导师——译者注）。[4] 还有人评价了马里亚特吉作为政治榜样的重要性，及其所著两本书的文学风格。

除了这些思想家之外，马里亚特吉的作品在 20 世纪上半叶还影响了很多古巴文学界的大人物。通过除书信以外的其他文学交流形式，马里亚特吉与古巴人民保持着密切的联系。《阿毛塔》曾刊登了两篇评论古巴作家卡洛斯·蒙特尼哥罗（Carlos Montenegro）的故事集《你是我的朋友》（*El renuevo y otros cuentos*）的文章。[5] 而刊登在《前进报》上的一篇讨论秘鲁文学的文章中，秘鲁作家路易斯·阿尔贝托·桑切斯（Luis Al-

---

① Mariategui, "Crónica de Revistas: Revista de la Habana", *Amauta* 4/29 (February-March 1930), p. 104.

② Fernandez de Castro, "La muerte de Jose Carlos Mariategui: duelo de America", *Revista de la Habana* 2/2 (May 1930), pp. 219 – 220.

③ (Untitled), *Social* 15/6 (June 1930), p. 11.

④ Marinello, "El Amauta Jose Carlos Mariategui", *Revista de Avance* 5/47 (15 June 1930): 168 – 172; later reprinted in Bazan, *Mariategui y su tiempo*, pp. 199 – 201.

⑤ Magda Portal, "Crónica de Libros", *Amauta* 3/23 (May 1929), pp. 100 – 102; Xavier Abril, "Mosaico contemporaneo", *Amauta* 3/26 (September-October 1929), pp. 28 – 29.

berto Sánchez）讨论了马里亚特吉的作品。① 秘鲁和古巴知识分子之间各种形式的交流表明古巴人民对马里亚特吉的思想始终保持着高度关注。即使在他去世之后，这种关注度依旧有增无减。1936 年，曾于 1959 年至 1975 年期间担任古巴总统的奥斯瓦尔多·多尔蒂科斯·托拉多（Osvaldo Dorticós Torrado）为古巴杂志《争鸣》（Polémica）写了一篇文章。在文中，他认为马里亚特吉的思想在古巴表现出了越发强大的影响力，"我们必须继续以他为榜样，以他的思想为指导。我们终将见证一个全新的美洲"②。20 世纪 40 年代，在古巴杂志《辩证法》（Dialéctica）上，苏联作家 V. M. 米罗舍夫斯基（V. M. Miroshevski）与豪尔赫·德尔·普拉多（Jorge del Prado）、莫伊塞斯·阿罗约·波萨达斯（Moisés Arroyo Posadas）（后两位都是马里亚特吉在秘鲁共产党的同事）围绕着"马里亚特吉究竟是一个民粹主义者还是一个真正的马克思列宁主义者"这一辩题展开了论战。米罗舍夫斯基公然抨击马里亚特吉是一个类似于俄国革命前的"错误"思想家中的民粹主义者，而另外两位秘鲁人则辩护说，马里亚特吉是一位开创性的马克思列宁主义思想家，他的思想对拉丁美洲的马克思主义理论产生了重要的影响。③ 然而更重要的是，这次辩论表明了秘鲁的思想家仍在持续影响着古巴的思想界。尽管马里亚特吉在古巴政治辩论中被提及最频繁的时间段是 20 世纪 20 年代，但到了 60 年代后期，古巴人民再次对他的思想理论产生了兴趣。可见，马里亚特吉从未淡出古巴政治思想的舞台。

古巴革命

胡安·马里内略是被视为代表拉丁美洲马克思主义思想的重要人物，

---

① Luis Alberto Sanchez, "Literatura – Peru – 1929", *Revista de Avance* （Havana）5/42 （15 January 1930）, pp. 24 – 27.

② Dorticós Torrado, "Contorno y significación de Jose Carlos Mariategui", *Polemica* （Cienfuegos, Cuba）（1 August 1936）, pp. 14 – 15, cited in Dumpierre, "Mariategui, Cuba y la lucha contra el imperialismo", p. 229.

③ 这场辩论于阿里科《马里亚特吉和拉丁美洲马克思主义的起源》一书第 55—115 页中有记载。更多苏联作家倾向于支持马里亚特吉的思想。例如，尤里·祖布里兹斯基称马里亚特吉是秘鲁民主革命传统的继承者，他作出了对秘鲁现实状况的马克思列宁主义阐释。（Zubritski, "*Amauta*：el 80 aniversario", p. 117.）

他的影响力甚至可以媲美马里亚特吉、梅里亚和阿根廷人阿尼巴尔·庞塞（Aníbal Ponce）。① 与这些思想家和其他拉丁美洲革命者（如尼加拉瓜的桑地诺将军）不同，马里内略有幸在古巴革命胜利之际见证了自己梦想的实现。回望二十世纪三四十年代，古巴共产党曾遵循共产国际的统一战线策略，公开宣布与巴蒂斯塔（Batista）政权合作。当时的古巴共产党坚持认为，古巴的客观经济条件不足以支持武装斗争，为此还公开谴责卡斯特罗游击队"太过冒险"，批评他们的做法缺少意识形态的理论基础。然而在领导"7·26"运动时，卡斯特罗再次选择忽略古巴共产党。一直到古巴革命胜利七年后，新政府才接过担子，着手重建古巴共产党。可见，在古巴，马克思主义实践由理论走向行动的顺序发生了逆转。直到 1961 年，卡斯特罗才宣布自己是一名马克思列宁主义者，并开始从马克思列宁主义的角度出发，分析这个岛国的历史形势。受到列宁和马里亚特吉在本国做法的启发，菲德尔·卡斯特罗在古巴复兴了马克思主义理论。

在调和古巴共产党老兵与新左派之间的分歧方面，马里内略做出了无人能比的贡献。此外，他的出现改变了梅里亚、马里亚特吉和卡斯特罗、格瓦拉两代人之间再无伟人的局面，填补了两代人之间的空当。马里内略在 1971 年曾这样写道："古巴革命是拉丁美洲革命的开端。"在他看来，古巴革命实现了何塞·马蒂、马里亚特吉、庞塞、马丁内斯·维莱纳和梅里亚的夙愿，即只要推翻帝国主义，就能为人民和民族解放开辟道路。② 因此，马里内略积极地参与了这场社会变革。1962 年，他担任了哈瓦那大学的校长，并尝试在学校里实施大学改革（这是他和梅里亚在 20 世纪 20 年代的奋斗目标）。此外，直到 1977 年去世前，他始终在古巴社会主义新政府里担任要职，包括联合国教科文组织大使，以及古巴共产党中央委员会的委员。③

因为亲苏联的古巴共产党直到（卡斯特罗）游击队起义数年后的

---

① Santos Moray, "Nota de presentacion", in Mella et al. , *Marxistas de America*, p. 5.

② Marinello, "Literatura y revolución", pp. 43 - 44. ［利斯指出，在 20 世纪 50 年代，卡洛斯·拉斐尔·罗德里格斯同古巴共产党和马埃·斯特腊山区的卡斯特罗游击队有联系。（Liss, *Roots of Revolution*, p. 146.)］

③ Cairo, *El Grupo Minorista*, p. 222.

1959 年，才参与到古巴革命之中，所以马里内略预见并支持的古巴革命的确是拉丁美洲的本土产物，而不是来自莫斯科的"舶来品"。① 这引起了西班牙哲学家阿道夫·桑切斯·巴斯克斯（Adolfo Sánchez Vázquez）的探究兴趣：到底是什么样的马克思主义在推动古巴革命？他写道："古巴革命遵循的马克思主义是一种'完全不同'的马克思主义，它无法归类于任何既有的模式中。"② 因此，我们必须结合古巴的历史、古巴独立英雄何塞·马蒂的革命民族主义、拉丁美洲马克思主义理论的独特发展趋势来理解在古巴出现的马克思主义。跟许多人一样，桑切斯·巴斯克斯也认为必须要借助马里亚特吉的思想，特别是他对于主体性的、唯意志论的马克思主义的看法，来理解这些变化发展。马里亚特吉的思想不仅影响了马里内略以及古巴的早期革命者们，而且影响了 20 世纪 60 年代古巴革命的发展演变以及拉丁美洲后来的革命运动。

菲德尔·卡斯特罗

卡斯特罗是"7·26"运动的游击队领导人，该运动最终于 1959 年推翻了亲美的巴蒂斯塔独裁政府。相较于他的政治理论，以及马克思列宁主义思想家的身份，人们更津津乐道于他的组织能力和超凡的领导力。卡斯特罗研究并学习了桑地诺的尼加拉瓜战争经验，随后在马埃·斯特腊山区游击战中运用了这一军事策略。和桑地诺一样，卡斯特罗也制定了灵活的组织策略以应对不断变化的情况。在斗争中，这两位游击队领导人都得到了农民阶级的拥护。③ 20 世纪 40 年代，卡斯特罗曾在哈瓦那大学受到了马克思和梅里亚作品的熏陶，但当卡斯特罗在 20 世纪 50 年代参与政治活动时，还不是一个马克思主义者，而是一个革命的民族主义者。④ 从卡斯特罗对其在 1953 年 7 月 26 日攻打蒙卡塔尔兵营一事的辩解

---

① 卡罗尔（K. S. Karol）提到了革命前古巴共产党的历史。他认为这是一次失败的尝试，"因为它一字不落地复制了苏联模式的马克思列宁主义……这就使得 PSP（秘鲁社会党）忽视了像古巴这样的半殖民地国家的具体情况和实际潜力。从广义上讲，这也导致了第三世界共产主义者们能力不足的坏名声。"（Karol, *Guerrillas in Power*, p. 156. See esp. chapter 2, "The Communists and the Revolution".）

② Sanchez Vazquez, "El manxismo en la America Latina", p. 11.

③ For more on what Castro gained from Sandino, see Macauley, *Sandino Affair*, pp. 163 – 166.

④ Liss, *Roots of Revolution*, p. 171.

中，我们就不难窥见古巴革命的本土根源。在法庭自我辩护的《历史将宣判我无罪》（*History Will Absolve Me*）护词中，卡斯特罗多次提到了古巴独立英雄马蒂。虽然在这份辩护词里，马蒂关于国家改革的社会政治纲领占据了主要篇幅，但显然卡斯特罗的思想同样受到了另外一些思想家的影响。在1953年至1955年的服刑期间，卡斯特罗还阅读了包括马里亚特吉在内的一些思想家的著作。① 在面对古巴问题时，卡斯特罗与马里亚特吉保持了一致。他以灵活的态度和非教条主义的方式，探究激发起古巴人民革命意识的途径。卡斯特罗不仅是一个承袭了马蒂传统的反帝国主义的革命民族主义者，同时和马里亚特吉一样，他也强调农民阶级的革命潜力，并肯定了非洲及其他本土文化表现形式的价值。在1965年组建新的古巴共产党时，卡斯特罗强调该党将以古巴的思想和方法为基础。其结果就是，新的古巴共产党成为一个集本土、欧洲、拉丁美洲的社会主义与反帝国主义思想于一身的混合物。② 这也表明：尽管古巴在经济上同苏联保持着紧密联系，但它依然警惕外国意识形态干预本国共产党的统治。而且，即使与苏联存在着共同利益，但古巴仍然坚持独立的外交政策，其在安哥拉的卡洛塔运动就是最好的证明。按照法国马克思主义者 K. S. 卡罗尔（K. S. Karol）的观点，古巴革命者感兴趣的正是这种"在革命中忽视（实际上往往表现为直接反对）苏联理论及其万能组织法"的策略。③

　　卡斯特罗领导的"7·26"运动的胜利既构成了对正统马克思主义的挑战，也给新一代革命者带来了希望和鼓舞。法国的马克思主义哲学家雷吉斯·德布雷（Régis Debray）对共产国际的革命潜力持怀疑态度，并曾因支持埃内斯托·切·格瓦拉（Ernesto "Che" Guevara）的游击队而被监禁在玻利维亚。在他写的《革命中的革命？》（*Revolution in the Revolution?*）一书中，德布雷批评了"那些试图把某种革命模式机械地套用到拉丁美洲现状里的人。"④ 在拉丁美洲机械套用苏联和中国的革命模式并

---

① Liss, *Roots of Revolution*, p. 173.
② Ibid., pp. 180, 181.
③ Karol, *Guerrillas in Power*, p. 156.
④ Debray, *Revolution in the Revolution?*, p. 98.

不能奏效，准确地说"只有通过具体的实践才能认识到，拉丁美洲的革命战争具有与众不同的发展条件"①。与马里亚特吉不同的是，大多数马克思主义领导人和理论家只是简单机械地复制了欧洲已有的策略和概念。② 而德布雷则认为，所有拉丁美洲国家都应该从古巴革命中吸取到这样一个经验，即革命运动首先要考虑到本国的历史和现实。德布雷认为只有在充分了解"本国民族独立斗争传统"的情况下，才能发起这样的革命运动。"菲德尔·卡斯特罗在阅读列宁的作品之前先阅读了马蒂的作品"，同样地，一个秘鲁人在阅读其他人的作品之前，应该先读一读马里亚特吉的著作。③

埃内斯托·切·格瓦拉

阿根廷医生埃内斯托·切·格瓦拉（Ernesto "Che" Guevara）为古巴革命提供了很多思想意识和策略上的指导，他曾与卡斯特罗一起参加了在马埃·斯特腊山区的游击战。20 世纪 50 年代初期，他离开家乡阿根廷，前往拉丁美洲各地旅行，这一经历让他意识到绝大多数拉丁美洲人民正遭受着贫困和剥削。在秘鲁，他第一次接触到了马里亚特吉的思想，并结识了一些政治上的伙伴。当时，格瓦拉寄住在雨果·佩斯（Hugo Pesce）家里。而佩斯是马里亚特吉工作上的亲密伙伴、私下的朋友和思想上的知己。④ 佩斯和格瓦拉都是医生、政治活动家，在同一家麻风病医院工作。他们曾围绕拉丁美洲的社会和政治现状等问题，深入讨论了很长的时间。佩斯是共产主义秘密小组的一员，该小组曾直接领导了马里亚特吉在 1928 年创建的秘鲁社会党。1929 年 6 月，在马里亚特吉的授意下，佩斯带领秘鲁代表团前往布宜诺斯艾利斯参加了第一届拉丁美洲共产主义会议。在会议上，佩斯发表了他和马里亚特吉一起撰写的《拉丁美洲的种族问题》（El problema de las razas en la América Latina）一文。而佩斯也曾和格瓦拉一起讨论过马里亚特吉本人及其作品。很久之后，

---

① Debray, *Revolution in the Revolution?*, p. 21.

② Debray, *Strategy for Revolution*, p. 128.

③ Ibid., p. 80.

④ Vanden, *Mriategui*, pp. 9 – 10.

格瓦拉意识到，他跟佩斯的这些谈话深刻影响了他的政治思想，以及他对拉丁美洲社会现状的看法。[①]

1953 年，格瓦拉离开秘鲁，前往危地马拉。在 1954 年哈科沃·阿本斯（Jacobo Arbenz）革命政府被推翻之前，他一直在那里定居。在前往危地马拉的途中，格瓦拉在哥斯达黎加遇到了在桑地诺游击战中对抗美国海军陆战队的退伍老兵。他们讲述的桑地诺的故事，及其过人的领导力和高超的游击战术给他留下了深刻印象。[②] 随后在危地马拉，格瓦拉得到了伊尔达·加德亚（Hilda Gadea）的政治庇护。加德亚曾因参与美洲人民革命联盟的军事活动而被迫离开家乡秘鲁，开始了政治流亡。尽管马里亚特吉与美洲人民革命联盟领导人维克托·阿亚·德拉托雷（Víctor Haya de la Torre）曾于 1928 年因为多党派问题发生过争吵，但是加德亚还是选择了与该联盟的左翼合作，因为她相信这是秘鲁实现革命性变革的唯一途径。[③] 加德亚曾研读过马里亚特吉的著作，并在与格瓦拉进行的政治和思想讨论中多次提到这些作品。多年之后，加德亚回忆道，除了马里亚特吉的《关于秘鲁国情的七篇论文》，他们还讨论了 1950 年刚在秘鲁出版的马里亚特吉的文章——《早晨的灵魂》（El alma matinal）。显然，加德亚和格瓦拉都读过这些作品，并且格瓦拉十分熟悉马里亚特吉的思想。[④]

格瓦拉的诸多政治哲学思想都形成于他在危地马拉生活的日子里。格瓦拉从危地马拉革命的失败中吸取的最大教训就是，必须把工人之外的农民阶级和当地群众也吸纳进武装革命的斗争当中。美国于 1954 年一手策划的危地马拉政变也促使危地马拉转变成了拉丁美洲反抗美帝国主义的坚定支持者。当然，纵观拉丁美洲的革命运动，上述主张都不是什么新鲜事。在此 25 年前的秘鲁，马里亚特吉就提出过一种反帝国主义斗争的本土思想，桑地诺随后在尼加拉瓜发起的斗争中所沿袭的也正是这

---

① Alberto Tauro, "Prólogo", in Pesce, *El factor religioso*, p. xl.

② Macauley, *Sandino Affair*, p. 262.

③ Gadea, *Ernesto*, pp. 32, 49.

④ Ibid., p. 5.

一思想。^① 马里亚特吉对危地马拉革命的最大贡献，或许是他肯定了土著居民的文化和价值。就像秘鲁的高地印加人一样，大约65%的危地马拉居民都是古代玛雅文明的直系后裔。由于西班牙的侵略，他们游离于国家的主流社会之外。马里亚特吉关于土著主义的著作影响了危地马拉革命的领导者。通过他们的努力，结束了多年来大庄园主（如联合水果公司）对土著人民和农民群众的经济剥削。同样，格瓦拉也受到了马里亚特吉关于土著主义思想的影响。在秘鲁，他曾经参观过马丘比丘的印加遗址，了解到印加后裔所遭受的灾难和剥削。^② 在危地马拉，格瓦拉感受到了古玛雅文明的美和力量。他还试着在佩腾（玛雅文明曾在此处建立了好几个群居部落）谋求一份医生的工作，但最后未能如愿。

马里亚特吉的作品丰富了格瓦拉的知识背景，让他从正统马克思主义的"欧洲中心主义"假设中脱离了出来。除了《关于秘鲁国情的七篇论文》和《早晨的灵魂》之外，格瓦拉很可能还读了1934年智利版的《捍卫马克思主义》。^③ 相较其他作品，马里亚特吉在《捍卫马克思主义》一书中更为详细地表达了他对开放的、唯意志论的、非决定论的马克思主义的看法。面对修正主义者亨利·德曼（Henri de Man）的攻击，马里亚特吉在书中为列宁灵活运用马克思主义的做法进行了辩护，并强调葛兰西的唯意志论的马克思主义蕴含着创造的潜力。^④ 格瓦拉的思想还揭示了马里亚特吉那些以道德和人文主义为主题的作品的影响力。1967年，格瓦拉在玻利维亚参与斗争运动期间，《捍卫马克思主义》中的一篇题为《伦理与社会主义》（Etica y socialismo）的文章被古巴的《三大洲》（Tricontinental）杂志转载。^⑤

像马里亚特吉一样，格瓦拉也支持一种开放的、唯意志论的马克思主义，这种马克思主义依靠的是以农民为基础的农村运动，而不是正统

---

① 加德亚指出，在桑地诺遇刺20周年之际，危地马拉人也举行了纪念活动。（Cadea. *Ernesto*，p. 27.）

② Ibid.，p. 33.

③ Liss，*Roots of Revolution*，p. 157.

④ See Mariategui, "Henri de Man y la crisis del marxismo", in Defensa del marxismo, pp. 19 – 23, and "El determinismo marxista", in *Defensa del marxismo*, pp. 65 – 69.

⑤ Mariategui, "Ethics and Socialism by Jose Carlos Mariategui", *Tricontinental* 3 (1967): 20 – 27; cf. Mariategui, "Etica y socialismo", in *Defensa del marxismo*, pp. 55 – 63.

马克思主义依靠的城市工人运动。立足于马里亚特吉的创造性成果，格瓦拉把马克思主义应用到了对拉丁美洲情况的分析当中，并表示支持马里亚特吉的观点，即无产阶级是行动者而非旁观者。① 同时，格瓦拉赞同马克思主义思想需要依据特定的历史情况做出新的发展。就像列宁在1917年俄国革命中所做的那样，格瓦拉也试图将马克思主义创造性地运用到古巴的具体情况之中。在桑地诺的指导下，格瓦拉并没有依靠马克思认为的能够领导社会主义革命的城市无产阶级，而是依靠古巴农村的农民群众开展革命斗争。而且格瓦拉还批评那些正统马克思主义者："他们固执地认为群众斗争一定要以城市运动为中心，完全忽略了农村人民广泛地分布在美洲所有欠发达的地区。"② 他认为，革命起义必须从农村开始，而后蔓延到城市。

格瓦拉对拉丁美洲革命理论最重要的贡献莫过于他的游击中心（foco）理论。这一理论无疑对正统马克思列宁主义所认为的必须等待合适的客观条件才能进行革命斗争的观点构成了挑战。农民十分明白饥饿、贫穷和压迫是怎么回事，而这些因素恰恰是导致社会革命的客观条件。因此，格瓦拉认为，只有通过斗争，农民（以及其他阶层）才能够获得关于阶级斗争的理论知识。这是一次对马克思的大胆发展。马克思认为，缺乏适当理论框架的行动将会导致一种不成熟的共产主义。而格瓦拉则认为，古巴革命的胜利表明，没有必要非得等到合适的客观条件出现之后才采取行动。相反，一支小规模的游击队起义就可以为革命创造条件。他批评了那些"坐下来机械地等待所有必要的主客观条件自行出现，而不会去努力创造它们的人。"③ 雷吉斯·德布雷（Régis Debray）是格瓦拉"中心"战略的坚定支持者，他认为，古巴革命颠覆了马克思列宁主义学说中先锋政党创造起义中心的理论。事实上，是游击队创造了政党。的确，古巴游击队能够取得成功是因为他们先得到了马蒂的启发，随后才借鉴了马克思、列宁、毛泽东和武元甲（Giap）的思想。④ 按照德布雷的

① Mariategui, "la conferencia", *Historia de la crisis mundial*, pp. 15 – 16.
② Guevara, "Guerrilla Warfare", in his *Guerrilla Warfare*, p. 48.
③ Ibid. , p. 48.
④ Debray, *Revolution in the Revolution?*, p. 20.

说法，（编者注：格瓦拉的"中心"理论）终结了马克思主义理论同革命实践之间长达数十年的分裂。①

然而到了后来，由于实践"中心"理论的人们都遭到了惨痛的失败，因此拉丁美洲的人不再相信格瓦拉的这一理论。1965 年，赫克托·贝贾尔（Hector Bejar）在秘鲁发动的起义最终以失败告终。两年后，格瓦拉本人在玻利维亚试图实践该理论时遇害。很多人都批评格瓦拉过分强调革命运动中武装斗争的作用，并认为虽然一支小规模的游击队可以在古巴推翻巴蒂斯塔政权，但这一壮举依托的是持续多年的左翼政治运动，以及工人不断上升的期望值。② 就算是马里亚特吉，他也会赞同上述军事战略层面的分析。③ 他虽然支持在革命斗争中使用武力，但也警告在革命运动尚未获得大众支持的情况下，使用武力很可能会导致负面效果。④ 然而马里亚特吉并非一个军事策略家，因此他也没有解释格瓦拉强调的主观条件比客观条件更重要这一结论。

马里亚特吉把葛兰西（Gramsci）和索雷尔（Sorel）的主观性的唯意志论（subjective voluntarism）引入 20 世纪 60 年代的古巴革命，以及 70 年代的尼加拉瓜革命，是他对拉丁美洲革命理论做出的重要贡献之一。在 20 世纪 60 年代的古巴，人们把葛兰西的作品同马克思、恩格斯和列宁的作品放在一起研究。到了 70 年代，葛兰西借助基于意识形态的、非理性的诉求，以及情感和信仰为革命行为辩护，这也极大地影响了尼加拉瓜的革命者。⑤ 早在拉丁美洲左派人士推崇葛兰西的思想之前，马里亚特吉就已经对它非常熟悉。他还促进了葛兰西思想在古巴和尼加拉瓜革命中的传播。正是因为强调推动革命的主观因素，所以马里亚特吉的思想在古巴和尼加拉瓜极受欢迎。这些人还把他推崇为拉丁美洲最具独创性的马克思主义思想家。⑥ 他对"社会革命的神话般救赎力量的思考，蕴含

---

① Debray, *Revolution in the Revolution?*, p. 107.

② See, for example, the critique of the Trotskyite Hugo Blanco, *Land or Death*, pp. 62 – 64.

③ Letter from Mariategui to Samuel Glusberg on 30 April 1927 in Mariategui, *Correspondencia*, Vol. 1, p. 273.

④ See Chavarria, *Jose Carlos Mariategui*, p. 74.

⑤ Hodges, *Intellectual Foundations*, p. 182.

⑥ Ibid., p. 179.

着菲德尔·卡斯特罗于20世纪50年代对古巴青年的呼吁，呼吁他们去领导对抗巴蒂斯塔政权的斗争，去承袭古巴历史上的英雄及其在历史斗争中遗留下来的精神遗产"。[1] 卡斯特罗质疑了仅凭客观条件就能够推动社会走向社会革命的观点，认为奉行教条主义的马克思主义不可能激发革命热情；而卡斯特罗在古巴的成功则证明了主观性的马克思主义方法是正确的。正如卡斯特罗所强调的那样："革命者的任务就是去发动革命。……众所周知，革命将在美洲乃至全世界取得胜利，但是革命者不能坐在自家门口等着帝国主义自己灭亡。"[2] 在1988年的一次新闻发布会上，卡斯特罗指出，在古巴革命中，主观因素对结果产生的影响要远大于客观因素。[3] 卡斯特罗颠覆了正统马克思主义所认为的理论指导行动的观点。尽管他也同意，任何踏上革命道路的人终究会选择马克思主义，但与此同时他也强调"很多时候实践是第一位的，理论应屈居其后"。[4] 在实践理论的过程中，他把重点从强调科学社会主义原则转移到了强调革命意识和态度上来。[5] 质言之，卡斯特罗从一种被机械地诠释成了僵化的、衰败的、停滞不前的"马克思主义"转而求助于一种非理性的力量，并且坚信这种力量可以推动一个社会走向社会革命。[6]

　　格瓦拉则进一步阐述了马里亚特吉关于动员社会革命的主观因素的理论。他用自己一贯的口头禅作为开头："尽管可能会显得很可笑，但我想说真正的革命者是被强烈的爱所引导的。因此，很难想象一个真正的革命者会没有这种特质。"此外，革命者必须每天斗争，这样他们对现世人们的爱就会转化为具体的行动，成为后人的榜样和动力。马里亚特吉预见到了格瓦拉关于情感在革命斗争中的作用的观点，以及"艺术和创

---

[1]　Judson, *Cuba and the Revolutionary Myth*, p. 13.

[2]　Castro, "The Duty of a Revolutionary is to Make the Revolution", in *Fidel Castro Speaks*, p. 115.

[3]　Castro, *Una America Latina mas unida*, p. 26.

[4]　Castro, "Economic Problems confronting Cuba and the Underdeveloped World", in *Fidel Castro Speaks*, p. 145.

[5]　Hodges, *Intellectual Foundations*, p. 175.

[6]　Ibid., p. 178.（尽管有些矛盾，关于古巴在形成革命性政治意识过程中的主观因素运用的拓展研究，see Medin, *Cuba: The Shaping of Revolutionary Consciousness*.）

造性努力会将大众推向社会和政治行动"的观点。① 此外，马里亚特吉还影响了格瓦拉"使用道德激励而非物质激励"的观点，以及他对"社会主义新人"的看法。在他的影响下，格瓦拉尝试在新的社会中创造新的角色，而这一思路可以追溯到《阿毛塔》。《阿毛塔》是由马里亚特吉创办的杂志，目的是把秘鲁的"新人"（new Socialist Man）团结起来，创造新的秘鲁社会和文化。② 为了阐述"'印第安—伊比利亚美洲新人'的道德发展"，马里亚特吉写就了《当代场景》。③ 在书中他写道，一个"新人"，一个"正当壮年的人"，将会从衰亡的资产阶级文明中崛起。④ 按照唐纳德·霍奇斯（Donald Hodges）的说法，马里亚特吉的《当代场景》一书是格瓦拉新马克思主义的主要思想来源和指南。⑤

格瓦拉跟诸多拉丁美洲的左翼分子一样，也有反对教权的倾向，他认为天主教会阻碍拉丁美洲的经济发展和政治变革。对此，伊尔达·加德亚（Hilda Gadea）选择站在马里亚特吉的一边，她认为在拉丁美洲，由于天主教对社会存在着巨大影响，因此宗教不能被轻易抛弃。她的观点也影响了格瓦拉对宗教的认识。尽管教会的等级制度可能是反动的，但这并不意味着天主教教徒一定缺乏革命的潜力。并且，耶稣基督的激进事迹还可以作为榜样，用以激励教徒一起团结起来进行政治革命。⑥ 这些观点也预示着在古巴革命胜利之后，拉丁美洲会兴起解放神学运动。而格瓦拉对主观性的马克思主义中精神要素的强调以及他关于社会主义新人的观点，对某些人的政治发展产生了巨大的影响，这些人中就包括了1966年加入哥伦比亚左翼游击队的革命教士卡米洛·托雷斯（Camilo Torres）神父。

格瓦拉对马克思主义采取主观性的或非理性态度的做法，同样影响了卡斯特罗对待宗教的态度。他坦言："总的来说，你可以说我们国家与

---

① Guevara, "Man and Socialism in Cuba", in *Venceremos*! p. 398.

② "Presentación de Amauta", *Amauta* 1/1 (September 1926), p. 1.

③ Mariategui, *La escena contemporanea*, p. 12.

④ Mariategui, "El alma matinal", in *El alma matinal*, p. 14.

⑤ Hodges, *Intellectual Foundations*, p. 179.

⑥ Gadea, *Ernesto*, pp. 51 - 52.

教会之间的关系是正常的，因为我们的革命从未反对过宗教精神。"① 在接受巴西的解放神学家弗雷·贝托（Frei Betto）关于宗教问题的采访时，卡斯特罗表示，基督教和共产主义之间的共同点远比基督教与资本主义之间的共同点要多得多。他还发现早期的基督教之所以吸引人，是因为它更公平、更人性化、更有道德价值。② 此外，他还指出牧师和有宗教信仰的学生也为古巴革命的胜利做出了贡献。③ ［从以下事实中也可以窥见这种影响：弗兰克·帕夫斯（Frank Pafs）是来自古巴圣地亚哥的浸礼会神学家，1957 年在卡斯特罗的"7·26"运动中遇害。但他不仅被革命政府尊为伟大英雄，也被新教教会尊为殉道者。］

　　1975 年，古巴共产党中央委员会出版了一本关于马里亚特吉的小册子，其中提到，他的一大功绩就在于创造性地将马克思列宁主义应用到了古巴的现实情况当中。古巴人钦佩他有能力团结土著农民与城市工人阶级，能够促使这些人一起参与到人民斗争中，从而引发一场民主的、反封建的、反寡头的和反帝国主义的革命。④ 他们也指出了马里亚特吉和格瓦拉之间的相似之处。这"两位美洲大陆的伟人"不仅公历生日相同（6 月 14 日），而且都"把自己的思想、行动甚至生命全都奉献给了反殖民主义、反帝国主义和反国际新殖民主义的永不妥协的革命斗争。这两位伟人完美地诠释了争取美洲大陆完全独立的斗争传统。"⑤

在古巴出版的马里亚特吉著作

　　古巴革命胜利后，为了能让马里亚特吉的作品在古巴重新出版，格瓦拉做了很多努力。1960 年，也就是举办第一届政治思想节的那年，哈瓦那的《古巴和加勒比人民报》编辑部精选了马里亚特吉最著名的论文，以《土地问题和其他文章》（*El problema de la tierra y otros ensayos*）为题出版了论文集。编辑称，马里亚特吉是在秘鲁和拉丁美洲革命理论发展进程中成就最高，且最具声望的先驱。通过这部作品，马里亚特吉"为

① Castro, *Una America Latina mis unida*, p. 13.

② Betto, *Fidel and Religion*, p. 17.

③ Ibid. , pp. 18 – 19.

④ Departamento de Orientación del CC del PCC, *Jose Carlos Mariategui*, p. 14.

⑤ Ibid. , p. 11.

那些将在美洲发挥历史性作用的人们形成自身的政治意识"做出了贡献。① 论文集收录的 13 篇论文不仅表明了格瓦拉的思想理论主张，以及他与其他同志希望古巴革命前进的方向，还表明了编辑对马里亚特吉思想及其重要性的充分认识。其中的 10 篇论文选自 1959 年出版的《马里亚特吉全集》第 10 卷的第 1 部分，还有 1 篇论文则选自 1960 年刚出版的第 12 卷 "美洲主题" （*Temas de nuestra América*）。直到 1969 年《马里亚特吉全集》的第 13 卷 "思想与政治" 完成后，位于利马的阿毛塔出版社才把剩下的两篇论文也一起收录到这套书中进行出版。显然，古巴卷的编辑是从马里亚特吉《阿毛塔》的初版杂志中选取了这些文章。当《马里亚特吉全集》在利马出版时，这些卷册的内容已经传播到了古巴，而且古巴的编辑还可以查阅到《阿毛塔》的原刊。早在 "思想与政治" 这一章节出版前 10 年，古巴的编辑就从《阿毛塔》中引用了马里亚特吉作品当中两个具有强烈理论倾向的片段〔《致劳工大会》（ "Mensaje al congreso obrero"） 和《周年纪念和平衡》（ "Aniversario y balance"）〕。据此便不难发现他们对《阿毛塔》和马里亚特吉马克思主义思想的熟悉程度。因为直到 10 年后被收入《思想与政治》，这两篇文章才得到了更为广泛的关注。

在首个古巴版本的马里亚特吉作品集中，编辑选取了一些对马里亚特吉和古巴革命而言都十分重要的主题。《土地问题》（*El problema de la tierra*） 最初被收录在马里亚特吉《关于秘鲁国情的七篇论文》里，在这篇文章中，马里亚特吉将少数精英掌握大量土地的现象解释为社会经济和政治问题，而不是农学家的农业技术问题。② 马里亚特吉批评了想要把大片土地分割为小块私有财产的自由主义的、个人主义的做法，并宣称这种策略 "既不是乌托邦式的，也不是异端的、革命性的、布尔什维克的、先锋派的，而是正统的、合乎宪法的、民主的、资本主义的、资产阶级的"。在马里亚特吉看来，在秘鲁推行自由主义、个人主义的时代已

---

① Mariategui, *El problema de la tierra*, back cover.

② Mariategui, "EI problema de la tierra", ibid.; quoted from Mariategui, "The Problem of the Land", in *Seven Interpretive Essays*, p. 32.

经过去。① 这种土地所有制最终导致了秘鲁经济过分依赖出口，从而阻碍了国内发展，造成人民生活的贫困。② 马里亚特吉关于土地改革的思想非常适合 20 世纪 60 年代早期的古巴，当时古巴正努力让经济摆脱对糖制品的长期过度依赖，并谋求提高工人的生活水平。1983 年，秘鲁作家杰米·孔查（Jaime Concha）在古巴发表了一篇关于马里亚特吉和大农场主的文章，进一步证明了马里亚特吉关于土地占有方式的认识对古巴产生了深远持久的影响。③

《土地问题和其他文章》中的另外一些文章则主要涉及了马里亚特吉对于泛拉丁美洲主义和美帝国主义的看法。这些文章表明了马里亚特吉和古巴革命者都关心如何形成自己的文化认同感，并杜绝外来文化的干涉。在《拉丁美洲人的思想》（"Existe un pensamiento Hispano-Américano?"）一文中，马里亚特吉写道："欧洲已经失去了在精神和思想上影响新美洲的权利和能力。"④ 他设想了一个全新的美洲，它将摆脱腐朽的欧洲资本主义文明，建立起新的社会和政治秩序。马里亚特吉还强调，要在拉丁美洲本土文化的基础上形成新的文化认同感。不管是马里亚特吉还是古巴革命的领导者，都不希望古巴在脱离西班牙和英国的控制之后，又受到美国的经济控制。马里亚特吉在《北美的命运》（"El destino de norteamérica"）和《美国的社会主义》（"Yanquilandia y el socialismo"）中反映了古巴日益担忧美帝国主义在拉丁美洲的威胁。⑤

1959 年革命后，古巴陆续出现了各种版本的马里亚特吉作品。哈瓦

---

① Mariategui, "EI problema de la tierra", ibid.; quoted from Mariategui, "The Problem of the Land", in *Seven Interpretive Essays*, p. 33.

② Mariategui, "EI problema de la tierra", ibid.; quoted from Mariategui, "The Problem of the Land", in *Seven Interpretive Essays*, pp. 70 – 74.

③ Concha, "Mariategui y su critica del latifundio", pp. 15 – 27.

④ Mariategui, "Existe un pensamiento Hispano-Americano?", in *El problema de la tierra*; quoted from Mariategui, "Existe un pensamiento Hispano-Americano?", in *Temas de nuestra america*, p. 23.

⑤ Mariategui, "El destino de norteamerica", in *EI problema de la tierra*; and "Yanquilandia y el socialismo", ibid. Both essays are in Mariategui, *Defensa del marxismo*, pp. 145 – 150, 155 – 159.

那的文化出版机构"《美洲之家》杂志社"（Casa de las Américas）率先出版了三个不同版本的《关于秘鲁国情的七篇论文》。其中，第一个版本发行于 1963 年，那是马里亚特吉第一部作品集出版后 3 年，也就是卡斯特罗宣布古巴革命具备马克思列宁主义性质的两年后。在这个版本的序言中，费朗西斯科·巴埃萨（Francisco Baeza）总结了马里亚特吉的一生，并分析了这本书的历史意义。序言不仅阐述了秘鲁的现实状况，还从马克思主义的观点出发，分析了美洲的现实状况。这表明，古巴人从马里亚特吉那里获得了灵感，把一种富有创造性的、发展的马克思主义理论形式应用到了他们具体的革命情况当中。正如巴埃萨所言："这绝不是一个冷漠无情的研究者能写出来的作品。只有与美洲同呼吸共命运，为之痛苦，并满怀热忱，希望积极为之寻找解决方法的人才能写出来这样的作品。"[1]《关于秘鲁国情的七篇论文》第一版发行 35 年后，该书的影响力依旧有增无减，这也证明了马里亚特吉作品的不朽价值。巴埃萨认为，马里亚特吉与梅里亚、阿根廷人阿尼巴尔·庞塞一样，都是古巴青年思想上的擎炬人。[2]

在古巴，《关于秘鲁国情的七篇论文》的另外两个版本分别于 1969 年和 1973 年出版，这两个版本的序言指明了古巴革命的发展方向。1969 年的版本体现了格瓦拉强烈的国际主义思想，他于两年前曾试图在玻利维亚发动革命时被杀害了。在这个版本的序言中，巴埃萨相信马里亚特吉支持古巴反抗美帝国主义。他认为，马里亚特吉的这本书对拉丁美洲的革命进程产生了积极影响。"马里亚特吉的作品并没有随着时间的流逝就失去了它们的价值"，巴埃萨写道："整个美洲大陆的人民都以他的思想为指导开展武装斗争，从压迫者手中夺回权力。这场斗争的先锋者们、秘鲁和整个拉丁美洲的游击队队员们，所有的这些革命者都将马里亚特吉视为高尚的先行者。"[3]

在 1973 年出版的《关于秘鲁国情的七篇论文》的第三版（也是最后一版）中，巴埃萨所写序言的基调相较于 1969 年发生了很大变化。随着

① Baeza, "Nota preliminar", in Mariategui, *7 ensayos de interpretación* (Havana, 1963), p. xi.

② Ibid., p. xii.

③ Ibid., p. xiii.

古巴不再支持拉丁美洲的革命武装斗争，巴埃萨在序言中透露出的革命热情也大大减少。与之相对的是，巴埃萨对马里亚特吉的这些文章进行了更深入且更具学术化的分析，并省略了那些涉及拉丁美洲游击队武装斗争的部分。也许是受到了古巴和萨尔瓦多·阿连德（Salvador Allende）（他信仰马克思主义，并于1970年通过民主选举当选为智利总统）之间深厚情谊的影响，他认为现在的先锋队不仅仅使用武装力量，而是"动用一切可使用的武器"来反抗压迫者。①

　　20世纪70年代，古巴《美洲之家》（Casa de las Américas）杂志社紧跟（在很多情况下是主导）世界范围内兴起的、在政治领域运用马里亚特吉思想的浪潮，于1968年出版了曾受广泛关注的意大利马克思主义学家安东尼奥·梅利斯（Antonio Melis）所著的《马里亚特吉：美洲第一位马克思主义者》（"Mariategui: primer marxista de América"）的翻译版本。同年，这家杂志社还刊登了哥伦比亚人弗朗西斯科·波萨达（Francisco Posada）的《马克思主义思想在拉丁美洲的起源》（"Los orígenes del pensamiento marxista en latinoamérica"），这是一篇关于马里亚特吉思想和政治理论的研究报告。以上这两篇文章都强调了马里亚特吉在拉丁美洲马克思主义理论构建过程中的主导地位，还重点突出了他的思想的欧洲渊薮。梅利斯赞同马里亚特吉创造性地看待马克思主义理论的思想，而波萨达则对马里亚特吉主观性的、自发性的马克思主义提出了更具批判性的分析。在文中，波萨达把马里亚特吉描绘成了拉丁美洲马克思主义思想的先驱。但他也指出，马里亚特吉对索雷尔和克罗齐的理想主义过分推崇，这有碍他构建一个更完备的成熟的马克思主义思想体系。按照波萨达的说法，由于马里亚特吉过于推崇理想主义，于是他形成了对马克思主义理论的唯意志论诠释，而正是这种诠释导致马里亚特吉错误地批判了正统马克思主义中所谓平庸、消极、不可逆转的方面。② 尽管这两篇文章代表了对于马里亚特吉马克思主义思想的两种截然不同，甚至针锋相对的观点，但它们确实表明了对于秘鲁思想本质的学术性讨论的激烈程度，也证明了古巴人确实深度参与到了这类讨论当中。自1968年以来，杂志

---

① Baeza, "Prólogo", in Mariategui, 7 ensayos de interpretación (Havana, 1973), p. xvii.

② Posada Zarate, Los origenes, p. 24.

《美洲之家》出版了至少 11 篇文章和 3 本著作，而这些书籍文章都直接涉及了马里亚特吉的生活以及他的思想理论。①

在《美洲之家》杂志的所有出版物中，最受人们欢迎的是分为上、下两卷的长篇巨著《何塞·卡洛斯·马里亚特吉：作品集》（*José Carlos Mariategui：Obras*），该书出版于 1982 年，收录了《马里亚特吉全集》16 卷中的重要章节。显然，这套书是马里亚特吉在秘鲁之外出版的最庞大的作品集，也证明了古巴学术界对马里亚特吉的思想十分感兴趣。恩里克·德拉奥萨（Enrique de la Osa）为这本作品集写了长达 65 页的序言，在序言中他全面概述了马里亚特吉的生平和作品。德拉奥萨还强调了马里亚特吉和古巴人之间的相似之处，以及两者之间的联系。同古巴独立英雄何塞·马蒂一样，马里亚特吉也是英年早逝，就像"一道闪电划过天空"。② 此外，德拉奥萨指出，马里亚特吉的许多秘鲁籍同事都在古巴生活过。包括美洲人民革命联盟的秘鲁籍激进分子埃斯特班·帕夫莱蒂奇（Esteban Pavletich）（曾与马里亚特吉在《阿毛塔》杂志社共事）和秘鲁籍诗人玛格达·波塔尔（Magda Portal）（曾被马里亚特吉称为这片大陆上最优秀的诗人之一）在内的流亡者不仅为古巴的文学发展做出了贡献，而且还推动了两国的政治交往。1928 年，古巴独裁者马查多还监禁了许多被指控为共产党的秘鲁流亡者。此外，德拉奥萨还指出，《阿毛塔》也曾刊登过古巴作家何塞·安东尼奥·费尔南德斯·德卡斯特罗（José Antonio Fernández de Castro）与何塞·安东尼奥·方奎瓦的作品。可见，古巴人不仅认识到了马里亚特吉的作品对于他们国家的深远意义，

---

① The books are Anderle, *Los movimientos politicos* (discussed below) ; Gargurevich Regal, *La razón del joven Mariategui* ; Mariategui, *Jose Carlos Mariategui：Obras* (discussed below) . The articles are Butazzoni, "Sobre Mariategui y la literature" ; Castro H., "El proceso de la cultura latinoamerica" ; Concha, "Mariategui y su critica del lati-fundio" ; Dessau, "Literatura y sociedad" ; Luna Vegas, "A los cuarentinuevo anos" ; Luna Vegas, "Genaro Carnero Checa" ; Marinello, "Literatura y revolución" ; Melis, "Mariategui：primer marxista de America" ; Moretic, "Proceso del realismo en Mariategui" ; Orrillo, "Primeras huellas" ; Valdes-Dapena, "EI Mariategui de Yerko Moretic" . 当然，这个书单没有包括其他采用了马里亚特吉马克思主义思想来分析但并未以此作为研究中心的作品。

② "Montado en un relampago" . Enrique de la Osa, "Prólogo", in Mariategui's *Jose Carlos Maridtegui：Obras*, p. 26. 温斯顿·奥里洛在《马蒂，马里亚特吉》第 29 页中，用了同一个暗喻来比较这两位思想家。

还意识到了马里亚特吉与古巴之间的历史性联系，以及他对该国马克思主义意识形态理论发展做出的巨大贡献。①

在古巴出版的另外两部马里亚特吉的作品集分别是《文学试验》（*Ensayos literarios*）和《美洲马克思主义者》（*Marxistas de América*）（由梅里亚等人撰写），这两本书都是由古巴记者梅赛德斯·桑托斯·莫里（Santos Moray）编辑，并由《艺术和文学》编辑部出版的。1980 年，为纪念马里亚特吉逝世 50 周年，第一部作品集《文学试验》出版。它试图从马克思列宁主义角度研究马里亚特吉关于美学、思想理论和文学评论的观点，以表明它对古巴文化的影响。这部作品集中的 22 篇文章都是从《马里亚特吉全集》中转载的，而这些文章以前从未在古巴出版过。桑托斯·莫里有意选择了这些文章，以便让古巴的读者体会到"这位模范共产主义知识分子"的文学地位。② 马里亚特吉对拉丁美洲人民的马克思列宁主义式的分析得到了人们的一致认可，这使得他的思想也渗透到了古巴文化当中。梅赛德斯·桑托斯·莫里在序言中写道："就像阿莱霍·卡彭铁尔（Alejo Carpentier）多年后所说的那样，幻想、创造性想象以及对同一现实状况的再创造，这些都被马里亚特吉视为具有美学价值。"③ 此外，梅赛德斯·桑托斯·莫里还比较了马里亚特吉和马蒂在应对现实问题、架构新世界蓝图方面所做的努力。和马蒂一样，马里亚特吉也期待建立一个全新的人类社会和世界。④ 因此，马里亚特吉同梅里亚、马里内略和维伦纳一起制订了"一项思想理论斗争计划"，以鼓励新一代革命者的诞生，而这项计划最终促成了古巴革命的胜利。⑤

由桑托斯·莫里汇编的第二本书，《美洲马克思主义者》（*Marxistas de América*）于 1985 年出版。该书进一步扩展了政治主题，收录了拉丁美洲的四位早期马克思主义者（梅里亚、马里亚特吉、庞塞和马里内略）的作品，并分析了他们的影响力。这种影响力最终促成了古巴革命的成

---

① See de la Osa's comments on, pp. 31, 34, 57.
② Santos Moray, "Prólogo", in Mariategui, *Ensayos literarios*, p. 8.
③ Ibid. , p. 18.
④ Ibid. , p. 9.
⑤ Ibid. , p. 10.

功，并从根本上改变了拉丁美洲政治、经济和社会斗争的观念和目标。[1] 该书的主要目的是"整合梅里亚与马里亚特吉的作品。他们两人分别创立了美洲最早的两个共产党，也都是在整个美洲大陆享有声望的政治领袖，而且都意识到要用文字引导政治行动"。[2] 在马里亚特吉为这本书挑选的 24 篇论文中，有 4 篇早在 25 年前就收录在了《土地问题和其他文章》（*El Issuea de la tierra y otros ensayos*）中，并在古巴出版过。总的来说，与之前的版本相比，这部作品集展现出对马里亚特吉著作更广泛的认识和更学术的分析。更为重要的是，它描述了马里亚特吉思想对今天古巴的深远意义。

1980 年，为纪念马里亚特吉逝世 50 周年，《美洲之家》杂志社宣布设立"何塞·卡洛斯·马里亚特吉特别奖"，申请该奖项的作品须以拉丁美洲的马克思主义、民族文化和人民运动为主题。[3] 在一个专门介绍马里亚特吉对拉丁美洲意义的特殊仪式上，《美洲之家》将该奖项授予了匈牙利历史学家亚当·安德利（Adam Anderle），以表彰他对两次世界大战期间秘鲁政治运动的研究。[4] 1985 年，《美洲之家》出版了安德利的书，该书重点关注了马里亚特吉在秘鲁工人运动中发挥的作用。《美洲之家》对马里亚特吉思想保持着持续性的关注，并于 1990 年发声明称将出版《马里亚特吉年鉴》（*Anuario Mariateguiano*）。该书是对不朽经典著作的延续，这些经典著作从未脱离拉丁美洲的当代现实。它们不仅丰富了秘鲁的民族文化，还促进了马克思主义和革命思想的整体发展。[5]

除此之外，《美洲之家》还出版了许多关于马里亚特吉作品中与文学相关的书籍和文章。1967 年，耶尔科·莫雷蒂奇（Yerco Moretic）因分析马里亚特吉的现实主义概念，而获得了《美洲之家》的奖励。1972 年，《美洲之家》杂志又刊登了《何塞·卡洛斯·马里亚特吉：他的生活、思

---

① Santos Moray, "Nota de presentación", in Mella et al., *Marxistas de America*, p. 5.

② Ibid., p. 6.

③ "Declaración para la convocatoria del Premio Extraordinario Jose Carlos Mariategui", *Casa de las Americas* 19/113（March-April, 1979）, p. 159.

④ "Ultimas actividades de la Casa de las Americas", *Casa de las Americas* 21/125（March-April, 1981）, pp. 189, 190.

⑤ "Continuidad del Amauta", *Casa de las Americas* 30/180（May-June 1990）, p. 157.

想及其现实主义概念》（*José Carlos Mariategui. Su Vida e idearios. Su concepción del realismo*）一书的摘录，以及一篇点评他方法论的文章。①
1971 年，《美洲之家》发行了一期特刊，主题是拉丁美洲文化与革命之间的关系。在这期特刊中，该杂志先是刊登了马蒂的《我们的美洲》（*Nuestra América*）、马里亚特吉的《艺术家和时代》（*El artista y la época*）和《艺术、革命与颓废》（*Arte, revolución y decadencia*），以及一篇关于梅里亚的论文，② 紧接着又刊登了一系列探讨革命意识发展过程中文学和文化作用的文章。古巴人将马里亚特吉同解放古巴的领导人、古巴共产党创始人相提并论，表明他们非常重视马里亚特吉为古巴革命思想发展所做出的贡献。1987 年，马里亚特吉的家属向位于哈瓦那的古巴国家图书馆——何塞·马蒂国家图书馆捐赠了马里亚特吉的 38 部作品。馆长朱利奥·勒·里维伦德（Julio Le Riverend）在收到这份礼物时表示："马里亚特吉不仅仅属于过去，他的思想将永存不朽。"③ 古巴革命是马蒂的革命民族主义思想和科学马克思主义的结合，而对于理解拉丁美洲的独特发展而言，马里亚特吉的思想至关重要。无论是在过去、现在还是未来，马里亚特吉都在不断影响着古巴马克思主义理论的发展。

温斯顿·奥里洛（Winston Orrillo）则全面探讨了马蒂和马里亚特吉之间的相似之处。在《马蒂、马里亚特吉：文学、智力和拉丁美洲革命》（*Martí, Mariategui: literatura, inteligencia y revolución en América Latina*）一书中，奥里洛全面比较了古巴的《使徒》（*Apóstal*）和秘鲁的《阿毛塔》的思想以及文学成果。他称马蒂和马里亚特吉这两位民族英雄是没有血缘关系的"亲兄弟"，并指出"虽然马蒂并不是一个马克思主义者，但他还是看到了文学、经济学、政治学、历史学和社会学之间的联系"，随后马里亚特吉进一步加强了这种联系。④ 在整本书中，奥里洛对教育、观念论、泛拉丁美洲主义、土著主义和社会主义的一些共同主题进行了研究（以上提到的这些主义、思想为这两位领导人后续的思想和政治发展奠定了基础）。他

① See Moretic and Valdes-Dapena; Moretic, *Jose Carlos Mariategui*.
② See *Casa de las Americas* 12/68（September-October 1971），pp. 6 – 39. 吉列尔莫·卡斯特罗、德绍和布塔佐尼也都研究了马里亚特吉思想中的文学层面。
③ Riverend, "Es bueno, es indispensable", p. 203.
④ Orrillo, *Marti, Mariategui*, p. 217.

认为，两位领导人艺术性和创造性的表达与他们的政治观点紧密联结，正是这些文学和思想活动孕育了他们以社会变革为目的的政治行动（实践）。马蒂曾说，在一个受压迫的国家里，想要成为诗人的唯一途径是先成为一名士兵。但这不仅是马蒂的观点，也代表了马里亚特吉，以及后来古巴和尼加拉瓜革命者们的看法。也因为如此，奥里洛才会说："文学和革命以辩证法的形式将马蒂和马里亚特吉联系了起来。"①

当然，马里亚特吉从未见过马蒂（马蒂于古巴独立战争期间在多斯里奥斯遇害时，马里亚特吉还不到一周岁），他接触到的马蒂的作品也相当有限。因此，奥里洛并没有分析他们俩思想上的直接联系。作为补充，奥里洛研究了他们在拉丁美洲生活时所经历的共同点，而正是这些经历为他们的思想奠定了基础。奥里洛总结道，最终是秘鲁人完美地继承了马蒂的革命思想。尽管奥里洛知道马蒂并不是一个马克思主义者，但他依然认为马蒂的革命民族主义与马里亚特吉的马克思列宁主义有着直接的联系。马里亚特吉继承了马蒂在革命思想和行动中的辩证主义。② 奥里洛指出，古巴的很多政治领导人、作家，以及包括梅里亚、罗德里格斯、马丁内斯·维伦纳、罗亚和马里内略在内的人士都受到了马蒂和马里亚特吉思想的影响。正是因为有这些人的存在，由马蒂开辟，并由马里亚特吉发展起来的道路才能在古巴革命中不断成长壮大。③ 古巴革命凝聚了《使徒》和《阿毛塔》的精华，并坚定地遵循了《使徒》和《阿毛塔》多年前就制定的传统。

除《美洲之家》外，20世纪七八十年代期间在古巴广受欢迎的杂志《波西米亚》（Bohemia）也刊登了7篇关于马里亚特吉的文章。④ 其中一篇文章开篇说道："人们现在谈论何塞·卡洛斯·马里亚特吉时，就好像

---

① Orrillo, *Marti*, *Mariategui*, pp. 237 - 238. 在这本书的总结部分，奥里洛指出了马蒂和马里亚特吉文学和政治思想中的17个共同点。

② Orrillo, *Marti*, *Mariategui*, p. 215.（奥里洛此处指的是丰库埃瓦撰写的《何塞·马蒂的第九张画像》一文。马里亚特吉曾在《阿毛塔》上刊登过这篇文章，这也是马里亚特吉与马蒂之间为数不多的接触之一）

③ Orrillo, *Marti*, *Mariategui*, p. 213.

④ The *Bohemia* articles are Crespo Giron, "Jose Carlos Mariategui"; Dumpierre, "Mariategui: luz. de America"; "Mariategui, el Amauta", *Bohemia* 72/15 (11 April 1980), pp. 84 - 88; Orillo, "Raul Roa"; Juan Sanchez, "Mariategui, un peleador de ahora"; Santos Moray, "Jose Carlos Mariategui, el Amauta"; Santos Moray, "Mariategui en los albores de las letras sovieticas".

他现在还同我们站在一起一样。"这篇文章表示，马里亚特吉具备那个时代整个拉丁美洲最杰出的马克思列宁主义思想。他革命思想和行动中所蕴含的巨大力量，只有梅里亚的影响力才能与之相提并论。① 1980 年，《波西米亚》刊出了马里亚特吉的两篇论文。这两篇论文阐述了马克思主义理论中的主观性内容。在第一篇题为《拉丁美洲印第安人——西班牙人的统一》（"La unidad de la América Indo-Española"）的论文中，马里亚特吉称将拉丁美洲革命运动统一起来的，是精神和情感的力量，而不是思想的力量。② 在第二篇《亨利·巴比塞》（"Henri Barbusse"）中，马里亚特吉表示，革命斗争并不只是为了争取物质上的胜利，还是为了追求美、艺术、思想和精神。③

除了《美洲之家》和《波西米亚》之外，《橄榄绿》（Verde Olivo）、《格拉玛报》（Granma）以及其他古巴的杂志、报刊也都发表了不计其数的关于秘鲁马克思主义的文章。尽管其中大多数文章只是概述了马里亚特吉的生平，但它们全都体现了马里亚特吉对拉丁美洲马克思主义理论的贡献，以及他与古巴政治发展之间的关联。对此，伊拉斯谟·杜皮埃尔（Erasmo Dumpierre）曾指出："马里亚特吉的榜样作用和他的作品是古巴灵感和革命动力的不竭源泉，而古巴也因此成为美洲第一个实现其宏伟梦想的国家。"④ 在马里亚特吉辞世 50 年后，知识分子和编辑发现他仍然拥有巨大的影响力，他的作品也依旧活跃在古巴的政治舞台上。

古巴"7·26"运动的胜利为拉丁美洲革命的游击运动树立了一个典范。参与这次运动的很多革命者从国际共产主义立场转向了一种更加开放的、灵活的、革命性的马克思主义。因此，古巴革命成了一种联系纽带。而正是这种纽带，将马蒂、桑地诺、马里亚特吉，以及其他早期革命英雄的革命理想、范例和理论加以转化、提炼、合法化，使它们适应于 20 世纪 60 年代拉丁美洲的现实状况。尼加拉瓜人跟许多其他拉丁美洲

---

① Sanchez, "Mariategui, un peleador de ahora", p. 66.

② Mariategui, "La unidad de la America Indo-Espanola", *Bohemia* 72/15（11 April 1980），pp. 85 - 86; also in Mariategui, *Temas de nuestra America*, pp. 13 - 17.

③ Mariategui, "Henri Barbusse", *Bohemia* 72/15（11 April 1980），p. 88; also in Mariategui, *La escena contemporanea*, p. 158.

④ Dumpierre, "Mariategui, Cuba y la lucha contra el imperialismo", p. 231.

国家的人一样，也感受到了古巴革命的影响。革命结束后，革命者创立了一个以桑地诺思想为指导的新组织，并以桑地诺去世后的历史和意识形态的发展为基础，重新诠释了他的最初的斗争。[①] 正如古巴的革命者们从本国历史和国际意识形态趋势中汲取灵感一样，桑地诺的支持者发起的斗争不仅根植于尼加拉瓜的现实状况，同时也受到了所有拉丁美洲革命运动的综合影响。

---

① Vanden, "Ideology of the Insurrection", p. 49.

第四章　尼加拉瓜的桑地诺革命

1979 年 7 月，一支游击队（即桑地诺民族解放阵线领导的游击队——译者注）击溃了统治尼加拉瓜近半个世纪的索摩查家族王朝之后，开进了首都马那瓜。时间拨回到 1976 年，安纳斯塔西奥·索摩查·德贝勒（Anastasio Somozao Debayle）在父亲和兄弟相继去世后，统治了尼加拉瓜。他上台之后，便开始疯狂敛财，大搞专制集权统治，以至于他原本的一些支持者也开始反对他，并发起了民众运动。尽管有人呼吁建立一个"没有索摩查的索摩查政府"（Somocismo sin Somoza）（即继续拥护一个保守的精英政府，但拒绝臣服于索摩查的独裁统治），但已经攻入首都国民宫的游击队却在筹划一项更为远大的社会改革计划。随后，尼加拉瓜的桑地诺民族解放阵线（FSLN）上台，这标志着拉丁美洲第二次社会主义革命取得了胜利。

以正统马克思主义的观点来看，尼加拉瓜几乎不可能爆发这样一场社会革命。尼加拉瓜是一个贫穷落后的国家，它既不具备革命形势所必需的客观经济条件，也没有强大的工人阶级来发起无产阶级革命。相较而言，其他国家似乎更有可能爆发社会革命，比如，智利〔该国在 1970 年选举了一位马克思主义总统（即阿连德总统——译者注）〕的工人阶级斗争由来已久，墨西哥也有左翼工会的悠久传统。古巴虽然总体上看，也基本是个农业社会，但它曾拥有共产主义和劳工党组织的悠久传统，而且古巴甘蔗种植园里的工作也促使工人趋向无产阶级化，[1] 这些因素最

---

[1] Mintz argues this line of thought in his article, "Rural Proletariat", pp. 291 – 325.

终促成了古巴革命的成功。

尽管条件尚不成熟，但 18 年来，桑地诺主义者（桑地诺民族解放阵线的成员被称为桑地诺主义者）不断地在尼加拉瓜的农民和城市群众中开展政治组织工作。桑地诺主义者打破了正统马克思主义强调城市无产阶级领导革命斗争的一贯作风，并否定了农民是革命运动中不可信赖的反动阶级的教条看法。跟 20 世纪 50 年代卡斯特罗（古巴领导人）和古巴革命者一样，尼加拉瓜的政治实践和战略走在了理论前面。[①] 尼加拉瓜革命在历史上具有独特的性质，它摒弃了那种曾经激发研究者和政治活动家兴趣的经济主义观点，即社会和政治意识最终取决于个人对生产资料的占有关系。[②] 为了理解桑地诺主义者是如何促使一个经济不发达的社会萌发出了革命意识，我们有必要了解马克思主义理论在拉丁美洲的发展脉络。事实上，古巴革命的成功极大地影响了桑地诺主义者。他们从埃内斯托·切·格瓦拉那里了解到，尼加拉瓜的农民也可以萌发革命意识。同时，桑地诺将军与美国海军陆战队英勇斗争的事迹为他们的革命提供了榜样和灵感。可见，古巴革命的成功对桑地诺主义者产生了重大影响。哈里·范登（Harry Vanden）认为，与桑地诺民族解放阵线一样，马里亚特吉也强调了具有思想觉悟的组织者进入重点农村的重要性，他认为这样做可以加速农民阶级的政治化和启蒙进程。[③] 无独有偶，一位著名的桑地诺理论家也写道，就尼加拉瓜和拉丁美洲大多数国家的现实情况而言，革命战争的活动中心必须是农村。[④] 尽管在当时的尼加拉瓜，传统观点认为的革命必需的客观条件并不存在，但是马里亚特吉思想却有助于释出（开启）马克思主义革命的理论可能性。

奥古斯托·塞萨尔·桑地诺

桑地诺是一个出生于 1895 年的私生子，母亲是一个贫穷的印第安农民临时工，父亲是尼加拉瓜尼基诺奥莫镇上一个比较富裕的地主。童年

---

① Burbach and Nunez, *Fire in the Americas*, p. 5.

② Brown, "Sandinismo", p. 39.

③ Vanden, "Marxism and the Peasantry in Latin America", p. 93.

④ Carlos Fonseca Amador, "Nicaragua: Zero Hour", in Borge Martinez, *Sandinistas Speak*, p. 39.

时，他经常和母亲一起做农活。长大后，他就在各个种植园和大庄园里当机械师。1920年，为了避免因与他人打架而遭起诉，桑地诺逃离了尼加拉瓜。随后，他在洪都拉斯和危地马拉工作了几年。1923年，桑地诺开始在墨西哥坦皮科的油田工作，并被墨西哥的革命热情所吸引。在油田里斗争的工人使桑地诺变得更加激进，继而仇视美国出兵干涉尼加拉瓜的行为。于是在1926年，桑地诺回到祖国，他以自由为目标反抗外国在尼加拉瓜的统治。最初，他加入了为推翻保守政府而战的自由党军队。自由党于1927年投降后，桑地诺继续在尼加拉瓜山区开展针对美国占领军的游击战。1933年，在美国军队离开尼加拉瓜之后，桑地诺与新当选的政府进行了和平谈判。尽管桑地诺选择放下武器，但美国组建的国民警卫队仍在1934年2月暗杀了他。

　　桑地诺掀起游击运动的初衷是为了开展爱国主义和民族主义斗争，是为了让他的国家摆脱美国的占领并捍卫国家的尊严。而且，他的武装斗争的确致使美国海军陆战队损失惨重。[1] 然而，时至今日，尽管仍然有许多人认为桑地诺的武装斗争仅仅是击退海军陆战队的单纯军事行为，但事实上，他的战斗也有其理论的支撑。桑地诺曾宣称，他所指挥的捍卫尼加拉瓜国家主权的军队也为那些弱小和受压迫的人的自由和正义而战。尽管桑地诺从未自称为马克思主义革命者，但他显然受到了坦皮科油田革命工人的影响。在尼加拉瓜的斗争中，虽然桑地诺试图建立一个包含不同政治主张的广泛阵线，但他仍然青睐于左翼分子提出的一项关于土地改革和财富再分配的社会主义政策。1929年，桑地诺写信给一位在危地马拉的支持者说，他坚信这是他将会采取的方针。[2] 尽管桑地诺有明确的社会革命议程，但他却从尼加拉瓜和自由党那儿吸取了教训，即墨西哥若想要发动一场成功的革命，这场革命就必须避免带上无政府主义和共产主义的标签，并小心翼翼地保持自己最深刻的政治信念，同时还要强调革命斗争的爱国动机。[3] 在墨西哥革命的影响之下，桑地诺将他

---

① Sandino, "Manifiesto", in Sandino, *El pensamiento vivo*, Vol. 1, p. 119.

② Letter from Sandino to Gustavo Aleman Bolanos on 9 September 1929 in Sandino, *El pensamiento vivo*, Vol. 1, p. 389.

③ Hodges, *Intellectual Foundations*, pp. 85, 10.

的社会革命斗争植根于尼加拉瓜的农民阶级。他先是在尼加拉瓜的塞戈维亚地区建立了农民土地合作社，并以此为他计划的尼加拉瓜改革树立典范。其次，桑地诺以土著和混血（尤其是拉丁美洲与印第安的混血）人民群众，以及他们反抗西班牙殖民统治的斗争为基础，塑造尼加拉瓜的民族意识。这种着眼于悠久的本土历史，重拾国家历史身份的努力，使尼加拉瓜得以摆脱钳制国家政治、思想和文学的狭隘的西班牙主义。① 桑地诺支持尼加拉瓜的土著斗争，并表示为自己的印第安血统而感到自豪。②

尽管桑地诺的反帝斗争植根于尼加拉瓜北部农村的底层阶级，但他表达出了一种国际主义的革命民族主义愿景，同时这种愿景还能与世界各地的革命联系在一起。③ 马里亚特吉曾在《阿毛塔》刊登过一封桑地诺致西班牙社会主义作家路易斯·阿拉克斯汀（Luís Araquistáin）的信，桑地诺在信中承认，尽管现阶段他的斗争仍是民族主义的，但这场斗争势必会发展成为反对殖民主义和新殖民主义的国际斗争。④ 到了1931年，桑地诺满怀欣喜地宣布，面对即将到来的世界大战，他的军队已经准备好实施有利于全世界无产阶级的人道主义计划。⑤ 桑地诺与国际革命运动的联系并没有局限于秘鲁，而是包括了整个拉丁美洲和欧洲。

桑地诺的斗争体现了索雷尔的革命神话思想。桑地诺结合了墨西哥无政府主义者里卡多·弗洛雷斯·马贡（Ricardo Flores Magón）和阿根廷精神主义者华金·特朗卡多（Joaquín Trincado）的思想，并将两者融合为"无政府主义精神"。⑥ 桑地诺坚信自己的斗争意义巨大，因为他身处由爱与慈善造就的新世界诞生的前夜。作为即将到来的世界无产阶级革命的一分子，⑦ 桑地诺在争取尼加拉瓜道德和精神救赎的最后斗争中，用世界

---

① Vanden, "Ideology of the Insurrection", p. 42.

② Sandino, "Manifiesto", *El pensamiento vivo*, p. 117.

③ Vanden, "Ideology of the Insurrection", p. 45.

④ Sandino, "Mensajes：Sandino y la libertad de los pueblos", *Amauta* 4/20 （January 1929）, p. 95.

⑤ Letter from Sandino to Gustavo Aleman Bolanos on 9 August 1931 in Sandino, *El pensamiento vivo*, Vol. 2, p. 189.

⑥ Hodges, *Intellectual Foundations*, p. 15.

⑦ Hodges, *Intellectual Foundations*, p. 39.

末日论的术语阐述了他的斗争思想：正义与非正义的冲突。① 他在捍卫国家主权的军队中注入了宗教的动力，以此在尼加拉瓜开展社会革命。在写给士兵们的《光明与真理宣言》（*Light and Truth Manifesto*）中，桑地诺谈到了最终审判，并认为它将根除地球上所有不公正的待遇，打破被压迫者的枷锁，并带来充满完美、爱和神圣正义的统治。② 值得注意的是，马里亚特吉和桑地诺的生活和奋斗经历如出一辙：他们都来自社会底层，都没有接受过正规教育，他们对社会革命的愿望都依托于各自国家的土著人民和农村里的混血农民，而且马里亚特吉和桑地诺出于不同的原因都曾流亡海外，这些经历塑造了他们的政治信仰和行为，并决定了他们的生活方向。

墨西哥革命影响了拉丁美洲的知识分子和左翼分子，尤其影响了有关土地改革和农民革命潜力的主流观点。在桑地诺和马里亚特吉的思想中，我们不难窥见革命激进传统的痕迹。例如，桑地诺本人就受到了何塞·瓦斯科塞洛斯（José Vasconcelos）在公共教育部发布的文章的影响，③ 以至于瓦斯科塞洛斯对土著主义的看法以及对土著文化和价值观的肯定在桑地诺动员尼加拉瓜农民和当地土著的方法中也有所体现。而马里亚特吉的著作中也有革命激进传统的痕迹。在《关于秘鲁国情的七篇论文》里有关土地分配的文章中，马里亚特吉引证了瓦斯科塞洛斯对拉丁美洲土地所有权模式中土著人口权利的担忧。④ 农民参与墨西哥革命的例子使马里亚特吉相信农民可以发展出一种革命意识。在马克思主义与拉丁美洲背景相适应的过程中，相较于最初马克思将领导社会革命的历史使命赋予欧洲工业化时期的工人，马里亚特吉则将这一使命赋予了农民。此外，马里亚特吉还写了几篇关于墨西哥革命的文章，而《阿毛塔》和《劳动报》中也反复出现了这一主题。在利马的冈萨雷斯·普拉达人民大学，他还曾就墨西哥革命发表了演讲，并强调革命在经济、社会和

① Ibid. , p. 142.
② Sandino, "Manifiesto Luz y Verdad", *El pensamiento vivo*, Vol. 2, pp. 159 – 160.
③ Hodges, *Intellectual Foundations*, p. 26.
④ Mariategui, "The Problem of Land", in *Seven Interpretive Essays*, p. 50.

农业方面的重要性，并认为革命将开启拉丁美洲的社会变革。①

　　壁画家里维拉生动地展现了秘鲁、尼加拉瓜和古巴思想家之间的关系。除了用艺术表达对原住民、农民和社会主义斗争的支持，里维拉在墨西哥共产党和反帝国主义美洲联盟中也十分活跃。他与流亡的古巴共产党领导人米拉一起，合作编辑了《马切特》（El Machete）和《解放者》（El Libertador）。里维拉还与支持桑地诺在尼加拉瓜斗争的尼加拉瓜不干涉委员会（the Hands-Off Nicaragua Committee）开展了合作。在秘鲁，马里亚特吉与里维拉保持联系，并通过秘鲁流亡者埃斯特班·帕夫列蒂奇向里维拉致以问候。② 马里亚特吉将里维拉视为新美洲艺术的典范，③ 他的艺术作品为《阿毛塔》和《劳动报》的内容增色不少。在1926年12月出版的《阿毛塔》中，马里亚特吉刊登了里维拉的生平年表，及其版画和素描作品。④ 接下来的一个月，马里亚特吉还刊登了里维拉更多的艺术作品，以及一则帕夫勒蒂奇对里维拉的采访。⑤ 在秘鲁的流行期刊《品类》（Variedades）上发表的一篇文章中，马里亚特吉称里维拉是美洲最好的艺术家之一。马里亚特吉赞扬里维拉没有把他的艺术作品藏在博物馆里，也没有高价出售，而是把作品表现为壁画，在墨西哥公共教育部公开展出。里维拉的艺术作品表达了墨西哥本土文化中的社会革命神话和象征，这种文化更多地以农业，而不是以城市为基础。最后，马里亚特吉总结道，里维拉的艺术作品不是一种单纯的描述，而是一种创造。⑥

---

　　① "La revolucion mexicana-conferencia de Jose Carlos Mariategui", in Mariategui, *Historia de la crisis mundial*, p. 167. For an analysis uf Mariategui's thought on the Mex-ican revolution, see Paoli Bilio, "Mariategui, interprete de la revolucion mexicana", Bassols Batalla's comments in *Marx y Mariategui*, pp. 259－268, and Falcon, *Mariategui: Arquitecto Sindical.* 法尔孔的作品最初来自他为1980年锡那罗亚自治大学在墨西哥城举办的 "马里亚特吉与拉丁美洲革命" 会议撰写的一篇文章。

　　② Letter from Mariategui to Pavletich on 25 September 1929 in Mariategui, *Correspondencia*, Vol. 2, p. 636.

　　③ Letter from Mariategui to Samuel Glusberg on 9 February 1930 in Mariategui, *Correspondencia*, Vol. 2, p. 726.

　　④ "Diego Rivera: Biografia sumarfa", *Amauta* 1/4 （December 1926）, pp. 5－8.

　　⑤ Esteban Pavletich, "Diego Rivera: El artista de una clase", *Amauta* 2/5 （January 1927）, pp. 5－9.

　　⑥ Mariategui, "Itinerario de Diego Rivera", *El artista y la época*, Obras Completas, Vol. 6, p. 97. The article originally appeared in Variedades (Lima), 18 February 1928.

　　与此同时，马里亚特吉还积极利用新闻媒体，批判美国在尼加拉瓜的政策。在《品类》的一篇文章中，马里亚特吉强烈谴责美国海军陆战队在 1927 年 1 月入侵并重新占领尼加拉瓜的行为。他认为美国对尼加拉瓜的占领只不过是武装干预他国的历史重演，其目的和实践都来源于美国历史上臭名昭著的扩张政策。马里亚特吉还回顾了何塞·桑托斯·萨拉亚（José Santos Zelaya）因反对美国对尼加拉瓜经济渗透而被美国赶下台的历史，随后美国还违背尼加拉瓜人民的意愿，强行让阿道夫·迪亚斯（Adolfo Díaz）担任尼加拉瓜总统。为此，马里亚特吉称迪亚兹是"无条件服从美国资本主义的奴仆"。① 马里亚特吉还在《阿毛塔》上要求美国结束对尼加拉瓜的占领，并维护该国的主权。他还刊载了在巴黎的秘鲁学生和法国作家罗曼·罗兰发出的相关消息，即他们都抗议美国的入侵，并警告美国的侵略可能会终结尼加拉瓜的自由。② 1927 年 4 月，曼努埃尔·乌加特（Manuel Ugarte）也撰写了一份宣言，反对美国再次入侵尼加拉瓜。③ 在 1927 年 5 月出版的《阿毛塔》中，豪尔赫·巴萨德（Jorge Basadre）分析了美国和中美洲之间的依存关系。他叙述了从 1909 年推翻萨拉亚政府开始，美国人在尼加拉瓜采取的强硬策略，包括拒绝履行中美洲法院对《查莫罗—布莱恩条约》的裁决（该条约赋予美国在尼加拉瓜建造跨地峡运河和军事基地的权利）。尼加拉瓜的邻国也认为这项条约侵犯了他们的领土主权。④ 卡斯特罗·莫拉莱斯（M. Castro y Morales）在一篇关于美国宪法和国际法的文章中指出美国将尼加拉瓜看作新的殖民地，并谴责《查莫罗—布莱恩条约》侵犯了中美洲的主权，因此它是非法的。⑤

　　美国大使馆非常担忧马里亚特吉对于美国在拉丁美洲的帝国主义行径以及海军陆战队入侵尼加拉瓜事件的强烈谴责，因此美国政府对《南

---

　　① Mariategui, "El imperialismo yanqui en Nicaragua", in *Temas de nuestra America*, p. 145. The article originally appeared in *Variedades*, 22 January 1927.

　　② See Romain Rolland, "Mensaje de Romain Rolland", *Amauta* 2/6 （February 1927）, p. 4.

　　③ Manuel Ugarte, "Manifiesto de Manuel Ugarte a la juventud latino-americana", *Amauta* 2/8 （April 1927）, pp. 37 – 39.

　　④ Jorge Basadre, "Mientras ellos se extienden", *Amauta* 2/9 （May1927）, p. 9.

　　⑤ M. Castro Morales, "Estados Unidos en la historia del Derecho", *Amauta* 2/9 （May 1927）, p. 32.

方报》施加压力，要求停止出版《阿毛塔》，并监禁其编辑。在 1927 年 6 月，莱吉亚独裁政权更是以领导共产主义阴谋推翻秘鲁政府的罪名停办了《阿毛塔》，并拘留了马里亚特吉。6 月发行的《阿毛塔》一直在呼吁秘鲁跟在拉丁美洲实施帝国主义的美国断绝关系，莱吉亚借机编造共产主义阴谋，并以"合法"的名义逮捕了马里亚特吉，关闭了《阿毛塔》的编辑社。在圣巴托洛姆军事医院里，被关押了 6 天的马里亚特吉承认自己是一个坚定的马克思主义者，但否认参与了"像报纸上所说的颠覆性阴谋。"[1] 对莱吉亚独裁政权而言，在拉丁美洲政治领域富有影响力的马里亚特吉对其构成了威胁。

与此同时，在尼加拉瓜，自由党派的何塞·玛丽亚·蒙卡达（José María Moncada）将军为了参加 1928 年 11 月的总统选举，放弃了与美国海军陆战队的战斗。但是，桑地诺拒绝投降，并继续与美国侵略者做斗争。从此，马里亚特吉将桑地诺的斗争视为重要事业并对其大力支持。当年 12 月，《阿毛塔》得以重新出版。1927 年，马里亚特吉持续抨击美国在尼加拉瓜的政策。他发表了布宜诺斯艾利斯的学生团体——拉丁美洲联盟的声明，该声明称：纵览美国的北美扩张史，这次入侵是最令人憎恨的干预行为。[2] 该团体要求由阿尔弗雷多·帕拉西奥斯（Alfredo Palacios）、何塞·瓦斯科塞洛斯和维克多·劳尔·哈亚·德拉托雷组成的代表团获准前往尼加拉瓜，报道该国的真实情况。与马里亚特吉在《阿毛塔》方面密切合作的玻利维亚作家特里斯坦·马罗夫（Tristan Marof）撰文指出，桑地诺延续了西蒙·玻利瓦尔的抗争，并将拉丁美洲从外国经济、政治及军事统治下解放出来。[3]

在一篇报道 1928 年 11 月美国和尼加拉瓜总统选举的文章中（马里亚特吉特别指出两场选举几乎发生在同一时间），马里亚特吉对于自由党默许美国利益的行为表示遗憾。在尼加拉瓜的公众舆论中，保守派已经被看作美国的走狗，美国之所以支持蒙卡达将军作为自由党总统候选人，是因为想要削弱桑地诺军队的民众支持度。马里亚特吉宣称："桑地诺的

---

[1] Martinez de la Torre, *Apuntes para interpretacioin marxista*, Vol. 2, pp. 273 – 274.

[2] "La union latino mericana", *Amauta* 2/11（January 1928）, p. 36.

[3] Tristan Maroff [sic], "Spartacus y Sandino", *Amauta* 3/14（April1928）, p. 26.

英雄之路才是抵抗美国统治的唯一途径。"① 曼努埃尔·乌加特（Manuel Ugarte）在为巴黎的拉丁美洲学生撰写并发表在《阿毛塔》上的一篇宣言也表达了类似的观点。乌加特认为，尼加拉瓜的问题不能通过选举解决。他认为自由党和保守党共同形成了一个服从外国统治的集团，而桑地诺则独自举起了从盎格鲁－撒克逊帝国主义中解放拉丁美洲的旗帜。②

在奇波顿（El Chipoton）的基地里，桑地诺借助于《阿毛塔》向拉丁美洲的工人和知识分子传递着信息。在1928年的一封信中，桑地诺重申："坚信他的武装力量将在捍卫拉丁美洲每一个民族的自由，以及捍卫非洲大陆的自由的斗争中胜利。"③马里亚特吉还发表了亨里·巴比塞（Henri Barbusse）以及法国和欧洲无产阶级和革命知识分子的来信，支持桑地诺的事业。巴比赛写道："桑地诺象征着光辉的榜样和慷慨的牺牲，象征着永垂不朽的历史形象。"④ 马里亚特吉强调了桑地诺斗争的社会和政治内容，而反对将他视为强盗和粗鄙的公路抢劫犯。⑤ 他坚持不懈地强调桑地诺对拉丁美洲反帝国主义斗争的重要性，并在一篇关于委内瑞拉革命运动的文章中指出，委内瑞拉革命党秘书长古斯塔沃·马查多（Gustavo Machado）曾是桑地诺在墨西哥的代表之一。⑥

正如里卡多·卢纳·维加斯（Ricardo Luna Vegas）所观察到的那样，在马里亚特吉与拉丁美洲革命者保持的诸多联系中，最重要的莫过于他与尼加拉瓜的桑地诺之间的关系。⑦ 但马里亚特吉并不是唯一支持桑地诺斗争的秘鲁人。埃斯特班·帕夫莱蒂奇（Esteban Pavletich）也是一个秘鲁人，他曾与桑地诺为敌，但最终成为他智囊团中的一员。帕夫莱蒂奇

---

① Mariategui, "Las elecciones en Estad os Unidos y Nicaragua", in *Temas de nuestra America*, p. 149. Originally the article appeared in *Variedades* (10 November 1928).

② Manuel Ugarte, "Manifiesto de Manuel Ugarte y los estudiantes latino mericanos de Paris", *Amauta* 3/16 (July1928), p. 34.

③ Augusto Cesar Sandino, "Mensaje de Sandino", *Amauta* 3/16 (July 1928), p. 1; also see letter from Sandino to Mariategui on 20 May 1928 in Mariategui, *Correspondencia*, Vol. 2, p. 380.

④ Henri Barbusse, "Mensaje", *Amauta* 3/19 (November-December 1928), pp. 92–93.

⑤ Luis A. Rodrigo called Sandino *un vulgar salteador de caminos* in a letter to Mariategui on 15 April 1929 in Mariategui, *Correspondencia*, Vol. 2, p. 540.

⑥ Mariategui, "El movimiento revolucionario venezolano", in *Temas de nuestra America*, p. 158.

⑦ Luna Vegas, *Historia y trascendencia*, p. 89.

最初充当了桑地诺与哈亚德拉托雷的秘鲁革新党之间的联络人，但后来他离开了秘鲁革新党，并转投马里亚特吉的秘鲁社会党。帕夫莱蒂奇也提到，他曾经看到了桑地诺发表在《阿毛塔》上的来信。① 实际上，帕夫莱蒂奇可能是桑地诺和马里亚特吉相互联系的中间人，因此马里亚特吉后来建议帕夫莱蒂奇写一本关于桑地诺的书。在给帕夫莱蒂奇的信中，马里亚特吉写道："事实上，之所以要尽快出版这本书，也是因为桑地诺的斗争主题已经逐渐支离。"② 尽管帕夫莱蒂奇从未写过这本书，但他为哥斯达黎加期刊《美洲汇编》（*Repertorio Américano*）撰写了介绍桑地诺斗争经历的文章。1928 年，帕夫莱蒂奇曾写道，争取尼加拉瓜自由的斗争相当于争取整个拉丁美洲自由的斗争。③ 而且，帕夫莱蒂奇认为桑地诺是新一代拉丁美洲人的领袖，他的思想为格瓦拉社会主义新人的言论做了铺垫，也反映在马里亚特吉对革命中主观因素的讨论中。"桑地诺是一个受到了许多托洛茨基主义者和阿西西的圣弗朗西斯人拥戴的领导，他能够领导新人们获得自由和胜利。"④ 就像特里斯坦·马洛夫一样，帕夫莱蒂奇把桑地诺看作现代的玻利瓦尔，他将团结所有拉丁美洲国家的斗争，并带领他们取得反抗美帝国主义的胜利。

　　马里亚特吉的另一位秘鲁伙伴——塞萨尔·法尔孔也写了关于桑地诺的文章。1930 年，在墨西哥的一次采访中，法尔孔将桑地诺的领导风格描述为富有表现力和热情，因为他善于直抒胸臆。⑤ 法尔孔认为桑地诺不仅在为尼加拉瓜的自由而战，也在为所有拉丁美洲裔人民的自由而战。因此，桑地诺是尼加拉瓜政治复兴的第一缕曙光。⑥

---

① Letter from Pavletich to Mariategui on 15 July 1928 in Mariategui, *Correspondencia*, Vol. 2, p. 397; Pavletich referre to Sandino's message in the issue of *Amauta* that had just been published in July of 1928.

② Letter from Mariategui to Pavletich on 25 September 1929 in Mariategui, *Correspondencia*, Vol. 2, p. 635.

③ Pavletich, "La causa de la libertad de Nicaragua es la causa de la libertad de America", quoted in Instituto de Estudio del Sandinismo, *El Sandinismo: documentos basicos*, p. 189.

④ Letter from Pavletich to Joaquin Garcia Monge on 8 June 1928 in *Repertorio Americano* (San Jose, Costa Rica) 17/2 (14July 1928), p. 19. (Also in ibid., p. 190.)

⑤ Selser, *Sandino*, p. 120.

⑥ Falcon quoted in Instituto de Estudio del Sandinismo, *El Sandinismo: documento, bdsicas*, p. 229.

正如马里亚特吉和其他左派证实的那样，桑地诺在整个拉丁美洲的斗争中获得了很多支持。在 1928 年 3 月发行的《阿毛塔》中，乌拉圭诗人布兰卡·卢兹·布鲁姆（Blanca Luz Brum）甚至要求组建一支军队前往尼加拉瓜，与桑地诺一同抗击美国海军陆战队，① 来自拉丁美洲各地的许多革命者也确实加入了桑地诺的反帝斗争之中。② 同年 4 月，里卡多·马丁内斯·德拉托雷（Ricardo Martínez de la Torre）写了一首颂扬桑地诺斗争的诗。马丁内斯·德拉托雷写道："我们与桑地诺共存亡，是因为他用自己的武装和精神保卫了弱者。"③ 在古巴，革命家格鲁波·米诺里斯塔（Grupo Minorista）也支持桑地诺与美国海军陆战队的斗争。他认为美国对尼加拉瓜的侵略绝不是一个孤立事件，而是一个涉及整个拉丁美洲的事件，因此拉丁美洲全体人民需要团结起来采取行动。同样，哈瓦那的何塞·马蒂·人民大学也支持桑地诺的斗争，并认为这是拉丁美洲首次爆发反对帝国主义统治的人民起义。④

桑地诺跟马里亚特吉一样，不仅遭受本国政府和美国政府的刁难，还要忍受来自共产国际的审查。桑地诺和共产党拥有共同的目标，他想通过一场世界性的无产阶级革命来推翻资本主义及其剥削制度。因此他与共产党合作，但不认同他们过于"教条"的马克思主义战略，所以也拒绝服从他们的命令。⑤ 桑地诺与共产国际最明显的分歧体现在他与总参谋部私人秘书——萨尔瓦多共产主义领导人阿古斯丁·法拉蓬多·马蒂之间的矛盾。桑地诺在后来回忆道："由于马蒂想让我参与共产党的密谋，因此我不得不开除他。然而在意识形态方面，我从未与他有过分歧。"⑥ 最终，他们遗憾地分道扬镳了。桑地诺后来曾坦言，他们就像两个兄弟，彼此惺惺相惜却又无法互相理解。⑦ 桑地诺跟马里亚特吉一样，

---

① Blanca Luz Brum, "Nicaragus", Amauta3/13（March 1928）, p. 18; cf. her comments in a letter to Mariategui on 1 February 1928 in Mariategui, Correspondencia, Vol. 2, p. 347.

② Hodges, Intellechual Foundatlorts, p. 135.

③ Ricardo Martinez de la Torre, "Aviso Luminoso", Amauta 3/14（April1928）, p. 7.

④ Roa, El fuego de la semilla, pp. 182, 187.

⑤ Hodges, Intellectual Foundanions, p. 94.

⑥ Roman, Maldito pals, p. 137.

⑦ Sandino quoted by Carlos Fonseca Amador, "Sintesis dealgunos problemas actuales", in Fonseca Amador, Obras: Tomo 1. p. 185.

想走一条独立的路线，所以他无法容忍马蒂对共产国际指示言听计从的态度。于是，桑地诺为这种独立自主付出了代价：他失去了共产国际和墨西哥共产党的援助。当桑地诺在 1933 年放下武器时，共产国际还指责他投降并倒向了萨卡萨反革命政府。①

这种坚持社会主义本土路线的做法始于马里亚特吉和桑地诺，一直延续到了发生在古巴和尼加拉瓜的革命。桑地诺在尼加拉瓜的斗争是兼顾军事和政治的斗争。在军事上，他发动了一场依靠伏击和"打一枪换一个地方"的游击战，而这些战术都是由一小群士兵来执行的。在政治上，桑地诺将当地农民组织起来，并很快赢得了他们的支持。他依靠农民获得信息，而其中许多人抽出部分时间加入了他的斗争。在古巴，卡斯特罗就是凭借这一战略在拉丁美洲第一次取得了桑地诺式革命的胜利。古巴革命证明了桑地诺和马里亚特吉的主观和唯意志革命理论的可行性，最终在 20 世纪 60 年代，尼加拉瓜的第二代桑地诺主义者继承了这一遗产。值得注意的是，古巴和尼加拉瓜的革命都不是由秉持"决定论"的苏联共产党领导的，而是由非共产主义者的马克思主义左派（ a Noncommunist Marxist Left）领导的。正统共产党谴责这些游击运动是冒险的，并断定拉丁美洲的客观条件不适合进行社会主义革命。成立于 1944 年并与共产国际结盟的尼加拉瓜社会党也秉持类似的看法。它认为桑地诺是一个没有统一的政治或经济纲领的小资产阶级民族主义者，并认为尼加拉瓜的革命阶级斗争没有客观的经济条件。但正是在这样的条件下，拉丁美洲出现了第二个成功的社会主义革命。②

桑地诺民族解放阵线

除了 20 世纪 20 年代和 30 年代桑地诺与美国海军陆战队的斗争之外，尼加拉瓜仍然缺乏劳工活动和政治组织活动，相较而言，同时期的革命者正在拉丁美洲的大部分地区开展这些活动。直到 1944 年，尼加拉瓜的

---

① "The Situation of the Latin American Communist Parties on the Eve of the Seventh Congress of the Comintern", in Aguilar, *Marxism in Latin America*, p. 153. Cerdas Cruz givesan excellent examination of the relationship between Sandino and the Communist International in his book, *La hor y el machete*, pp. 181 – 253.

② Vanden, "Ideology of the Insurrection", p. 49; Hodges, *Intellectual Foundations*, p. 17.

左翼分子才组建了第一个共产党，这比他们在古巴和秘鲁的同袍晚了将近 20 年。和秘鲁的同志一样，该党自称社会主义党——尼加拉瓜社会主义党（PSN）。在美国共产党（CPUSA）秘书长厄尔·白劳德的影响下，这个以城市无产阶级为基础的党派于第二次世界大战期间成立。随着德国进一步威胁到了苏联，白劳德里森兹认为，资产阶级和工人阶级之间历史性的对立和矛盾已经消失了。每个国家的共产党成员都应该团结在其政府的背后，通过参战摧毁法西斯主义在欧洲的扩张。在尼加拉瓜，尼加拉瓜社会主义党贯彻了同样的策略，并与索摩查政权公开合作了好几年。索摩查独裁政府也因为削弱左翼劳工领袖的力量而得利，并暂时采取了民粹主义立场。然而到了 1948 年，伴随着冷战的爆发，安纳斯塔西奥·索摩查·加西亚立即宣布社会主义党为非法组织，该党的党员不是被监禁、被流放，就是被迫隐姓埋名。同那个时代的其他拉丁美洲共产党一样，尼加拉瓜社会主义党遵循斯大林化了的共产国际的僵化的意识形态和统一战线战略。可见，这是个教条主义的、宗派主义的党，它没有能力创造性地融合马克思主义与尼加拉瓜的民族现实。[1] 就像古巴一样，这个政党无力反抗残酷且压迫性的独裁统治。尼加拉瓜社会主义党固执地认为，由于资本主义经济并不发达，所以尼加拉瓜人民缺乏发展革命意识的潜力。因此，尼加拉瓜没有具备正统马克思主义者认为的进行阶级革命斗争所必需的客观条件。[2]

　　到了 1959 年，随着卡斯特罗的游击队在古巴获得成功，尼加拉瓜社会主义党的一些成员开始坚信，他们可以激发尼加拉瓜人民的革命意识。卡洛斯·丰塞卡·阿马多尔（Carlos Fonseca Amador）、托马斯·博奇·马丁内斯（Tomás Borge Martínez）、西尔维奥·马约加（Silvio Mayorga）和诺埃尔·格雷罗（Noel Guerrero）对社会主义党的保守主义和被动主义逐渐失去了耐心，于是在 1961 年，这些人一起成立了桑地诺民族解放阵线，发起了游击运动，并最终推翻了索摩查势力，建立了社会主义政府。

---

　　① Vanden, "Ideology of the Insurrection", pp. 48 – 49.

　　② Booth, *End and the Beginning*, p. 115. ［杰弗里·古尔德（Jeffrey Gould）提出，20 世纪 40 年代在尼加拉瓜的社会主义党派范围内，发起了一场声势浩大的左翼农村劳工运动，这一研究挑战了社会党的传统观念。可参见古尔德的作品《平等领导》。（Gould, *To Lead as Equals.*）］

这些早期的桑地诺主义者谴责社会党的阶级合作政策，即那种支持资产阶级，并在第二次世界大战期间充当美帝国主义帮凶的行为。[①] 就如同古巴共产党在"7·26"运动发生前的所作所为一样，尼加拉瓜社会主义党辩称桑地诺民族解放阵线是乌托邦式且毫无准备的冒险主义，而应该选择等待经济条件成熟再进行革命，因此它继续缓慢地整合无产阶级，并试图以此发动工人阶级运动。[②]

在 1969 年发布的《桑地诺民族解放阵线历史纲领》（Historic Program of the FSLN）中，桑地诺民族解放阵线概述了革命目标，也就是当时产生的桑地诺思想理论。在这份文件中，桑地诺民族解放阵线自称是反帝国主义和反寡头斗争的工农联盟的爱国先锋。[③] 此外，桑地诺民族解放阵线宣布坚决进行国际声援，并将积极支持亚非拉人民反对新旧殖民主义以及他们共同的敌人：美帝国主义。[④] 桑地诺民族解放阵线的领导人中很多都是马克思列宁主义者和前尼加拉瓜共产党成员，他们把反帝国主义的民族主义情绪与国际马克思主义阶级斗争的想法结合在一起。他们并不是为抽象的社会革命和马克思主义革命而战，而是坚定地为基于自己的历史现实和斗争经验的革命而战。

1975 年到 1976 年，桑地诺民族解放阵线分裂为三个派别。其中，无产阶级派系遵循正统的马克思主义路线，强调建立一个城市工人阶级先锋党，用以领导无产阶级和资产阶级之间的阶级斗争。杰米·惠洛克·罗曼（Jaime Wheelock Roman）领导桑地诺民族解放阵线的无产阶级派系。在 20 世纪 70 年代早期萨尔瓦多·阿连德（Salvador Allende）领导的社会主义政府时期，他曾在智利学习马克思主义经济学。杰米·惠洛克·罗曼反对马里亚特吉主义和格瓦拉风格的唯意志主义，而这两种唯意志主义恰恰是桑地诺民族解放阵线思想的早期特征。第二个派系是人民持久战派系，即发动长期的人民战争，并将军事力量集中在农村而不是城市的毛派战略（Maoist strategy）。桑地诺民族解放阵线的创始人之一

---

① Mattarollo, "Civilizar a la burguesia", p. 6.

② Ibid. .

③ FSLN, "The Historic Program of the FSLN", in Borge Martinez et al. , *Sandinistas Speak*, p. 13.

④ Ibid. , p. 21.

托马斯·博奇（Tomás Borge）领导了这一派系。第三派将无产阶级派阶级意识与持久人民战争派的军事战略相结合，并认为尼加拉瓜具备民众起义的主观条件。因此，他们把社会民主党和激进的基督徒等非马克思主义分子吸收进了桑地诺领导下反对索摩查独裁统治的统一战线中。1978 年，卡斯特罗最终成功统一了这三个派系，但正是第三派的务实灵活和多元化的意识形态推动桑地诺民族解放阵线发动了一场人民起义，并确定了尼加拉瓜革命的独特的民族主义方向。第三派的丹尼尔·奥尔特加·萨维德拉（ Daniel Ortega Saavedra）在其执政的 10 年间成了桑地诺主义者的领袖。虽然这个由第三派领导的桑地诺政府很大程度上偏离了正统的马克思主义理论，但是桑地诺政府确实积极地遵循了马里亚特吉的思想路径，并分析他们自身的历史情况，以制定适合他们国情的战略。因此，桑地诺的例子不仅展示了反帝国主义统一斗争的力量，也展示了马克思主义理论非决定论解释的可行性。

卡洛斯·丰塞卡·阿马多尔

卡洛斯·丰塞卡·阿马多尔（Carlos Fonseca Amador）是 20 世纪 60 年代新桑地诺运动思想形成期间的重要人物。丰塞卡在社会党那里学习了对尼加拉瓜社会的马克思列宁主义分析方法（Marxist-Leninist analysis），随后将这一方法论带到了桑地诺民族解放阵线。此外，丰塞卡还用这一分析来挑战旧阵线共产党的假设。他强调要创造地灵活看待革命理论的重要性，并强调战略必须视一个国家的具体情况而定，而不是由遥远的苏联共产党来拍板。切·格瓦拉在古巴提出的游击战模式对丰塞卡影响很大。他还研究了世界各地的其他国际斗争和哲学思想，但最终坚信桑地诺民族解放阵线必须将其斗争植根于尼加拉瓜自身国情之中。为此，丰塞卡重塑了桑地诺将军的民族英雄形象，并广泛宣传桑地诺关于社会和政治方面的思想。可见，切·格瓦拉和桑地诺共同影响了丰塞卡创造性的理论发展，进而影响了桑地诺民族解放阵线军事民族主义思想的形成。丰塞卡还重视农民政治教育，灵活处理革命理论，并懂得及时从错误中吸取教训，这些因素帮助桑地诺最终取得了社会主义革命的胜利。

20 世纪 50 年代，丰塞卡就读于尼加拉瓜北部的马塔加尔潘高中。在上学期间，他就参加了政治活动。丰塞卡和他的同学托马斯·博奇成立了一个学生维权组织，并与当地工会建立了联系。作为一名优秀的学生和热心的读者，丰塞卡不久便赢得了声誉。在学生时代以及在马那瓜短暂的图书馆管理员任职期间，丰塞卡接触了来自欧洲和拉丁美洲的各种各样的著作，这些思想家影响了他的马克思主义思想的发展。1955 年，丰塞卡以第一名的成绩从高中毕业，当时他还写了一篇关于马克思主义理论的论文，题为《资本和工作》（Capital and Work）。丰塞卡不仅是桑地诺民族解放阵线的主要知识分子，而且还强调了大众教育的重要性。丰塞卡"也要教大众阅读"的指令成为 20 世纪 80 年代初扫盲运动的口号。自此，教育不再被精英阶级所垄断，而是成了尼加拉瓜农民和工人阶级的工具。

虽然丰塞卡把他的政治活动追溯到了校园时期，但和格瓦拉一样，他也声称是20 世纪 50 年代早期危地马拉的革命形势唤醒了自己的革命意识。1954 年，危地马拉雅各布·阿本斯（Jacobo Arbenz）的左翼政府被推翻，丰塞卡认为，尼加拉瓜的斗争不仅是为了推翻一个统治集团，也是为了推翻整个制度。[①] 高中毕业后，丰塞卡和博奇在里昂的国立自治大学（National Autonomous University）学习法律。在那里，他们开始投身于政治运动。两人于 1955 年加入尼加拉瓜社会主义党，并在大学里共同组织了一个共产党组织和一个马克思主义学习小组。后来，这个研究小组的成员变得越来越激进，因为他们相信他们可以在尼加拉瓜组织一场社会主义革命。他们认为，尼加拉瓜社会主义党领导革命斗争政策过于正统、教条，而且缺乏革命性。受古巴革命成功的影响，丰塞卡于 1959 年离开社会主义党，加入了一个游击队组织，后来该组织武装入侵尼加拉瓜并意图推翻索摩查王朝。这次行动是自古巴革命胜利之后，在尼加拉瓜爆发的几次游击运动之一，这些运动也预示着 1961 年桑地诺民族解放阵线的成立。

在桑地诺运动的思想发展的过程中，丰塞卡反复提到了桑地诺和格瓦拉的思想。在 1970 年的一次采访中，丰塞卡表示，秉持最先进原则和

---

① Fonseca Amador, "Entrevista, 1970", in *Obras*: Temo 1, p. 289.

马克思主义理论的指挥官格瓦拉和桑地诺指导了他们的革命斗争。① 在尼加拉瓜，丰塞卡率先将桑地诺视作社会主义革命的先驱者，并把他视为组织民族起义的先锋人物。尽管尼加拉瓜社会主义党批评桑地诺对尼加拉瓜社会缺乏正确的阶级分析，但是就像卡斯特罗利用马蒂获得了古巴"7·26"运动的支持一样，丰塞卡依然把桑地诺看作他开展斗争的榜样。在 20 世纪 50 年代，丰塞卡将桑地诺的著作汇编成一本名为《桑地诺将军的政治思想》的选集，他在其中强调了桑地诺关于帝国主义、国际主义、社会变革和道德诚信的思想。② 虽然桑地诺民族解放阵线的创始人是从尼加拉瓜社会主义党那里学习的马克思主义，但此时的他们依靠桑地诺的著作进一步学习，并努力使他们的马克思主义扎根于本国的传统中。③ 丰塞卡还坦言他在知识上受惠于格瓦拉和古巴革命。他写道，1959 年古巴革命的成功为抗争中的尼加拉瓜送来了马克思主义。④ 格瓦拉则直接参与了桑地诺民族解放阵线的组建。因为帮助训练和武装尼加拉瓜游击队，他还曾一度考虑加入桑地诺在尼加拉瓜的斗争。格瓦拉的游击战焦点理论为尼加拉瓜的军事战略提供了框架。因此，在 1962 年至 1967 年间，也就是游击队行动的第一阶段⑤，格瓦拉和桑地诺共同诠释了丰塞卡在尼加拉瓜应用的新马克思主义。⑥

桑地诺和格瓦拉的思想深刻地影响了丰塞卡，但除此之外，一些其他因素也影响了丰塞卡的理论发展。许多学者指出了意大利哲学家葛兰西对桑地诺思想的影响。葛兰西的作品在 20 世纪 60 年代和 70 年代被翻译成西班牙语，当时桑地诺主义者正在发展他们的革命理论。据唐纳德·霍奇斯（Donald Hodges）所言，葛兰西的马克思主义受到尼加拉瓜革命者的广泛青睐，这不但是因为它具有强烈的唯意志主义和激进主义倾向，也是因为它为桑地诺民族解放阵线强调革命的主观条件提供了辩

① Fonseca Amador, "Entrevista, 1970", in *Obras*：Temo 1，p. 301.
② Fonseca Amador, "Ideario politico del General Sandino", in *Obras*：Tomo 2，pp. 169 – 199.
③ Hodges，*Intellectual Foundations*，pp. 168 – 169.
④ Fonseca Amador, "Viva Sandino", in *Obras*：Tomo 2，p. 85.
⑤ Blandon，*Entre Sandino y Forseca Amador*，p. 109.（格瓦拉从未加入过桑地诺民族解放阵线。）
⑥ Hodges，*Intellectual Foundations*，pp. 168 – 169.

护。这些因素使得尼加拉瓜人将葛兰西尊为继列宁之后最重要的马克思主义理论家。① 经济学家道格·布朗（Doug Brown）指出，尼加拉瓜革命中的社会主义民主（而不是独裁）的霸权性质，是葛兰西思想在尼加拉瓜存在的最有力证据。布朗指出，葛兰西开创了将宗教和民族主义注入马克思主义之中的先河。② 然而，要想理解丰塞卡在拉丁美洲革命理论的演变过程中所处的地位，就必须首先了解马里亚特吉。虽然这两位思想家相隔一代人（当丰塞卡出生时，马里亚特吉已经去世六年了），但他们的思想脉络体现了拉丁美洲马克思主义思想的传承。哈里·范登（Harry Vanden）曾写道，丰塞卡和马里亚特吉一样，认为马列主义应该为国情分析和意识形态提供基础，而且国情会塑造马克思主义的形式和具体内容。③ 可见，马里亚特吉的影响以各种方式渗透到丰塞卡的思想中。马里亚特吉在 20 世纪 20 年代支持桑地诺的反帝国主义斗争，于是桑地诺在秘鲁和尼加拉瓜之间架起了一座沟通的桥梁，以此传播他的民族主义、土地改革思想，以及政治组织和提高农民政治觉悟的重要性。同样，格瓦拉将马里亚特吉早已应用于古巴革命中的思想元素引入了尼加拉瓜。唐纳德·霍奇斯发现，格瓦拉在发展他的新马克思主义时从马里亚特吉那儿吸收的东西，同样也影响了丰塞卡和桑地诺民族解放阵线。④

丰塞卡对马克思主义很感兴趣，作为一位书迷，他熟悉许多拉丁美洲知识分子的著作，所以在某种程度上，他接触到马里亚特吉的思想也是合情合理的。20 世纪 50 年代，丰塞卡在莱昂的马克思主义研究小组里读过阿根廷作家格雷戈里奥·塞尔塞（Gregorio Selser）关于桑地诺的两本著作，塞尔塞在书中提到了马里亚特吉对桑地诺的支持。⑤ 这也证明丰塞卡了解马里亚特吉的思想，但并不能证明丰塞卡读过马里亚特吉的作品，而且他在自己的作品中也没有直接提到这位秘鲁马克思主义者。起初，考虑到马里亚特吉在拉丁美洲马克思主义者心目中的地位、丰塞卡自身的学术追求，以及 20 世纪 20 年代马里亚特吉与中美洲的联系，这似

① Hodges, *Intellectual Foundations*, pp. 183, 179
② Brown, "Sandinismo", p. 56.
③ Vanden, "Fonseca Amador, Carlos", in Gorman, *Biographical Dictionary of Marxism*, p. 110.
④ Hodges, *Intellectual Foundations*, p. 179.
⑤ Borge Martinez, *Carlos*, p. 22; cf. Selser, *Sandino*, p. 139.

乎是一个奇怪的漏洞。因为，除了同桑地诺的接触外，马里亚特吉还同弗罗伊兰·图西奥斯（Joaquín García Monge）在洪都拉斯创办的先锋杂志《瞪羚》（*Ariel*）和哥斯达黎加的华金·加西亚·蒙赫（Joaquín García Monge）创办的杂志《美洲目录》（*Repertorio Americano*）交换了资料和想法（这两本杂志都支持桑地诺的斗争）。桑地诺与丰塞卡之间这类藕断丝连的联系存在了 25 年之久。

尼加拉瓜的马里亚特吉理论缺乏连续性，学者对此提出了几种解释。其中一种解释是，尽管马里亚特吉是一个坚定的国际主义者，并与整个拉丁美洲的革命者存在着诸多联系，但他在国际共产主义运动中已经不受欢迎。正统马克思主义甚至在 20 世纪 50 年代就谴责马里亚特吉是一个缺乏马克思列宁主义分析方法的民粹主义者。[①] 直到后来，他才重新获得了正统的共产主义教义的尊重。由于尼加拉瓜社会主义党表现出了强烈的亲莫斯科倾向，于是 20 世纪 50 年代的尼加拉瓜不再欢迎马里亚特吉的思想。在尼加拉瓜革命胜利后，尼加拉瓜诗人胡里奥·瓦勒·卡斯蒂略（Julio Valle Castillo）也解释了马里亚特吉的思想迟迟未能传入尼加拉瓜的原因。瓦勒·卡斯蒂略指出："随着冷战的到来，（拉丁美洲）关于马里亚特吉的讨论被暴力镇压了。"但随着古巴革命的胜利，马里亚特吉的理论成了拉丁美洲革命运动的必需品。直到这时他才被尊为拉丁美洲最具独创性的思想家之一，并被认为是将马克思主义理论引入拉丁美洲的先驱。[②]

此外，与古巴不同，尼加拉瓜并没有悠久的左翼政治和劳工组织传统，而这种传统原本可以将马里亚特吉的思想传递给丰塞卡那一代革命者。在 20 世纪 70 年代和 80 年代之前，尼加拉瓜一直置身于国际左翼知识分子的潮流之外。从逻辑上讲，阿根廷、智利、墨西哥和古巴等国的社会主义者与马克思主义者、马克思主义理论的早期接触，理应使他们更易受到马里亚特吉的影响。但在尼加拉瓜，马克思主义不仅姗姗来迟，

[①] See V. M. Miroshevski, "El populismo en el Peru. Papel de Mariategui en la historia del pensamiento social latino-americano", in Arico, *Mariategu los orgenes del marcismo latinoamericano*, pp. 55 – 70.

[②] Valle-Castillo, "Jose Carlos Mariategui（1895 – 1930）", p. 1.

而且长期以被歪曲的形式存在。丰塞卡说，在 1959 年古巴革命之前，尼加拉瓜的思想就像一个深邃的洞穴，马克思主义理论无法照进这座监狱。① 切·格瓦拉曾说，拉丁美洲是一片被遗忘的大陆，丰塞卡则又补充了一句："在这些被遗忘的国家中，尼加拉瓜最没有存在感。"尼加拉瓜的孤立导致莫斯科完全忽视了尼加拉瓜社会主义党，而尼加拉瓜社会主义党的领导人对许多分裂国际共产主义运动的争端也一无所知。按丰塞卡的说法，社会主义党的领导人甚至不熟悉《共产党宣言》的内容，因此社会主义党的领导人是否真的了解马里亚特吉的思想也是值得怀疑的。② 博奇曾这样写道："在 20 世纪 50 年代的尼加拉瓜，胡安·巴蒂斯塔·胡斯托翻译的《资本论》（*Das Kapital*）的西班牙译本不超过 6 本。而直到 20 世纪 50 年代，1918 年发起的科尔多瓦大学改革运动才在尼加拉瓜产生了巨大影响，而且该国也没有派代表参加 1929 年在布宜诺斯艾利斯举行的第一次拉丁美洲共产党会议"，"甚至连教条主义的马克思主义都鲜为人知。"尼加拉瓜不仅缺乏智利的路易斯·埃米利奥·雷卡瓦伦（Luis Emilio Recabarren）的组织才能，马里亚特吉的见识以及梅里亚的政治活动能力，而且社会党的领导人还痴迷于被落后和机械地诠释的马克思主义。③ 所以博奇才会感慨，早期尼加拉瓜的马克思主义传播史就是一段悲伤的历史，事实上尼加拉瓜革命的特点之一就是马克思主义在该国毫无历史根基。④

尽管早在 20 世纪 50 年代，马里亚特吉的几本著作就已经问世了，到了 1959 年，马里亚特吉全集系列第一阶段的成果也得以出版。但直到 20 世纪 70 年代，这些著作才开始广泛发行，因此丰塞卡很难在尼加拉瓜找到这些著作。到了 1985 年，尼加拉瓜才出版了马里亚特吉的作品。当时，《新尼加拉瓜》社论与古巴的文学艺术编辑部一起出版了梅赛德斯·桑托斯·莫拉伊（Mercedes Santos Moray）编辑的《美洲的马克思主义者》（*Marxistas de AmÓica*），其中专门有一个章节介绍了关于马里亚特吉的作

---

① Fonseca Amador, "Viva Sandino", in *Obras*：Tomo 2, p. 85.
② Fonseca Amador, "Notas sobre la montaria y algunos otrostemas", in *Obras*：Tomo 2, p. 200.
③ Borge Martinez, *La paciente impaciencia*, pp. 86 – 87.
④ Mattarollo, "Civilizar la burguesia", p. 6.

品。考虑到 20 世纪 50 年代尼加拉瓜孤立的政治和保守的独裁统治，比没有提到马里亚特吉的思想更令人惊讶的，莫过于丰塞卡想方设法与国际马克思主义理论家建立了联系。尽管丰塞卡得出的结论可能与马里亚特吉并没有直接的关联，但是桑地诺和古巴革命者（如格瓦拉和卡斯特罗）都读过马里亚特吉的作品，并将他的思想吸收到他们的斗争中，丰塞卡也因此受到了启发。此外，博奇认为丰塞卡非常熟悉马里亚特吉的作品和世界革命经验。他是尼加拉瓜第一位也是最精深的马克思主义者，他不仅研究革命理论，而且知道如何将其运用于尼加拉瓜的现实之中。[1] 丰塞卡的思想不仅包括了马里亚特吉当初提到的许多问题，而且可以看作马里亚特吉思想的逻辑延伸与实际应用。

不同于格瓦拉等人间接地影响了丰塞卡的马克思主义，另一些尼加拉瓜人［如经济学家奥兰多·努涅斯（Orlando Núñez）］认为马里亚特吉的作品影响了秘鲁和拉丁美洲一代又一代的马克思主义者。[2] 丰塞卡的同僚以及托马斯·博奇同志的著作和言论直截了当地体现了马里亚特吉在尼加拉瓜的影响力。博奇是桑地诺民族解放阵线唯一幸存的创始人，他坦言马里亚特吉对他产生了影响，并在他的著作中多次提到了这位秘鲁思想家。博奇和桑地诺民族解放阵线指挥官亨利·鲁伊兹（Henry Ruiz）在胡安·贝拉斯科·阿尔瓦拉多（Juan Velasco Alvarado）将军的民粹主义军事政权统治下的秘鲁居住了几个月。在他前往秘鲁之前，丰塞卡曾建议博奇联系桑地诺的前顾问帕夫勒蒂奇（Pavletich），并着手研究马里亚特吉的著作。因此在秘鲁的这段时间里，博奇始终与帕夫勒蒂奇保持着联系，而帕夫勒蒂奇则继续在秘鲁支持桑地诺民族解放阵线。1970 年，哥斯达黎加国民警卫队监禁了丰塞卡。为了营救他，鲁福·马林（Rufo Marín）、温贝托·奥尔特加（Humberto Ortega）、帕夫勒蒂奇，以及萨尔瓦多的罗克·道尔顿（Roque Dalton）和法国的让·保罗·萨特（Jean Paul Sartre）等人组织了一场国际声援运动。[3] 在 1979 年革命胜利后不久，帕夫勒蒂奇在为古巴杂志《美洲之家》（*Casa de las Américas*）撰写

---

[1]　Mattarollo, "Civilizar la burguesia", p. 6.

[2]　Burbach and Nunez, *Fire in the Americas*, p. 22.

[3]　Instituto de Estudio del Sandinismo, *Carlos：el eslabon vital*, p. 31.

的一篇文章中明确表示将继续支持桑地诺民族解放阵线。在这篇文章中，帕夫勒蒂奇谴责了美帝国主义对尼加拉瓜的军事干预，并称颂桑地诺起义的胜利。① 在 1982 年的一次采访中，博奇谈到了他对秘鲁人民的喜爱以及后者对他产生的影响。他在秘鲁接触了包括帕夫勒蒂奇和解放神学家古斯塔沃·古铁雷斯（Gustavo Gutiérrez）在内的许多人，显然他们曾向博奇介绍过马里亚特吉思想的意义。② 自然而然，这种影响通过博奇被传递给了远在尼加拉瓜的丰塞卡。秘鲁记者兼作家里卡多·卢纳·维加斯（Ricardo Luna Vegas）就曾写道，在 20 世纪 80 年代，博奇与桑地诺政府的其他领导人经常援引马里亚特吉和桑地诺的名字和革命思想。③ 这深刻地影响了丰塞卡思想的发展。

在 1980 年，也就是马里亚特吉逝世 50 周年之际，尼加拉瓜革命报纸《新日报》（*El Nuevo Diario*）向他表示了敬意。这证明了马里亚特吉对尼加拉瓜革命而言，具有不朽的意义。在文化增刊《新文化》（*Nuevo Amanecer cultural*）的头版文章中，编辑胡里奥·瓦尔·卡斯蒂略（Julio Valle-Castillo）追溯并分析了 20 世纪 30 年代至 70 年代马里亚特吉的思想对拉丁美洲的影响。他指出了马里亚特吉在政治和劳工组织方面的贡献，及其对于拉丁美洲反帝国主义斗争的重要性。最后，瓦尔·卡斯蒂略总结说，历史已经公正地证明了，马里亚特吉作品的重要性在拉丁美洲与日俱增。因此，为了"展现他的工作和个性的多个层面"，这本增刊收录了阿根廷作家劳尔·拉腊（Raúl Larra）撰写的马里亚特传记，意大利的安东尼奥·梅利斯（Antonio Melis）关于马里亚特吉作品意义的分析，以及北美学者哈里·范登阐述的马克思主义对马里亚特吉思想产生的影响。在随后的几个月中，该文化增刊还从马里亚特吉的《阿毛塔》中摘录了关于桑地诺的内容。④

---

① Pavletich, "Perspectivas de la Revolucion Nicaraguense", pp. 94 – 96.

② Borge Martinez, "Large Scale Aggression", p. 119.

③ 为了延续马里亚特吉对尼加拉瓜的声援，卢娜·维加斯在 20 世纪 80 年代阐明，对于新一代的桑地诺主义者来说，"当面对北美再次对尼加拉瓜的桑地诺主义支持者进行猛烈进攻时，马里亚特吉的秘鲁追随者展现了亲兄弟般的情谊和毫无保留的团结"。

④ Valle-Castillo, "Jose Carlos Mariategui（1895 – 1930）", p. 1. Unfortunately, the *Nuevo Amanecer Cultural* never carried through on its intent to publish Sandino's communiques.

20世纪70年代，瓦勒·卡斯蒂略在墨西哥城的墨西哥国立自治大学学习期间，第一次接触到马里亚特吉的著作。从那时起，他便一直致力于将马里亚特吉的思想引入尼加拉瓜。他指出，像尼加拉瓜前副总统塞尔吉奥·拉米雷斯和桑解阵领导人海梅·洛克·罗曼和托马斯·博奇这样的知识分子，对马里亚特吉的思想都非常感兴趣，而大多数尼加拉瓜人都是在潜移默化中学习了他的思想。因此对很多人来说，马里亚特吉只是一个基本概念。质言之，人们通常是未见其本人，却先闻其思想。在著作中，马里亚特吉论述了拉丁美洲的基本问题：土著主义、民族斗争和反帝国主义等问题。而当拉丁美洲人民面对这些问题时，马里亚特吉的分析已经内化为他们自然而然的处理方式。①

民族马克思主义

在桑地诺的灵活而非教条的马克思主义观点中，马里亚特吉对尼加拉瓜革命潜移默化的影响被展现得淋漓尽致。1981年，博奇在墨西哥的一次演讲中声称，桑地诺革命并不是复制他国的经验。他在《阿毛塔》编辑了《平衡论》（Aniversario y balance）一文，在文中他提及了马里亚特吉的声明，并表示"这是属于我们的革命，它是英雄的创造而不是简单的复制，它验证了马里亚特吉的预言"②。博奇强调，在尼加拉瓜需要采取灵活的方法应用马克思主义学说。"从本质上说，我们是反对教条主义的，因为我们是现实主义者。"③ 马里亚特吉的思想也反映在桑地诺主义者的历史观中。马里亚特吉写道，真正的革命者永远不会跟着历史的车辙前进。④ 同样，尽管桑地诺主义者的斗争植根于尼加拉瓜反抗西班牙、英国和美国统治的悠久历史之中，但丰塞卡认为这些斗争缺乏革命

---

① 1990年6月18日，尼加拉瓜首都马那瓜市的瓦尔·卡斯蒂略接受了采访。他认为，何塞·安东尼奥·费尔南德斯·萨尔瓦特奇，作为一名秘鲁军事官员曾在1979年革命胜利前与桑地诺游击队共同作战，尽管他并没有提及马里亚特吉的观点，但是其中许多以源于马里亚特吉的理论因素最终导致了桑地诺革命的成功。（*Militar en el Peni*, pp. 157 – 162.）

② Borge Martinez, *Los primeros pasos*, p. 280; cf. Mariategui's editorial "Aniversario y balance" in *Amauta*: "we certainly do not want socialism in America to be copy. It has to be heroic creation." *Amauta* 3/17 (September 1928), p. 3.

③ Borge Martinez, *Los primeros pasos*, p. 9.

④ Mariategui, "Heterodoxia de la tradicion", *Peruanicemos al Peri*, p. 162.

变革所必需的革命意识。丰塞卡继续写道，尼加拉瓜人在传统意义上更像是反叛者，而不是革命者。① 因此，他希望在尼加拉瓜人民之中激发出革命意识，而这需要他通过创造性和灵活性的方法，从而将他的革命马克思主义应用于尼加拉瓜的现实之中。

这种灵活机动的将马克思主义应用于实际国情的做法被称为马克思主义的民族化，它既是马克思主义的一种表现形式，也是马里亚特吉以及桑地诺主义者的思想理论。来自法国里昂的大学教授里卡多·莫拉莱斯·阿维莱斯（Ricardo Morales Avilés）曾是桑地诺民族解放阵线指挥部的成员，他在 20 世纪 70 年代协助诠释了桑地诺主义者的思想，但于 1973 年不幸阵亡。他曾写道，尼加拉瓜人必须以马克思主义者的身份研究自己的历史和现实，并以尼加拉瓜人的身份学习马克思主义。② 丰塞卡还强调，尼加拉瓜人民的斗争必须植根于自己的国家历史和文化传统之中，并适应本国的国情。"我们不能通过照搬其他拉丁美洲国家的游击运动经验而进行斗争。"③ 于是，促使马克思主义适应尼加拉瓜现实情况便成了桑地诺主义者的特征，并且还鲜明地演示了将马里亚特吉的思想应用于拉丁美洲情境的正确做法。但是，由于欧洲的民族主义（特别是在纳粹德国的民族主义）具有根本性的反动性质，所以当桑地诺借助民族主义和国家认同对抗外国帝国主义和社会变革时，共产国际的成员（甚至包括了拉丁美洲的共产主义者）谴责他是"异教徒和帝国主义的煽动者"。④ 但马里亚特吉坚信在 20 世纪 20 年代，古巴、尼加拉瓜通过他们的革命过程证明，永远不能在拉丁美洲照搬欧洲人对于民族主义的理解。

只有考虑到民族马克思主义这一要素，我们才能理解为什么桑地诺在著作中很少提及马里亚特吉。古巴革命者在讨论国际人物时，首先会想到马蒂这样的民族英雄，因此丰塞卡和桑地诺民族解放阵线在承认他们的思想受到外国思想的影响之前，会优先从桑地诺的思想中寻找理论渊源。当然，尼加拉瓜人并不希望被孤立在国际思潮之外。出现这种情

---

① Fonseca, "Nicaragua: Zero Hour", p. 29.

② Morales Aviles, *Obras*, p. 82.

③ Fonseca, "Nicaragua: Zero Hour", p. 37.

④ Mattarollo, "Civilizar a la burguesia", p. 6.

况也完全是因为他们倾向于首先在本国寻找斗争的依据，这同样也是拉丁美洲革命的共同特点。然而具有讽刺意味的是，很少提及马里亚特吉和其他国际马克思主义人物的人们却密切关注着桑地诺和其他民族英雄的理论，这表明马里亚特吉在尼加拉瓜革命中的存在和影响。

民族主义和国际主义

尽管桑地诺主义者喜欢用爱国主义和民族主义来界定他们的斗争，但考虑到尼加拉瓜革命中民族主义和国际主义的相互作用，桑地诺斗争的国际影响是不容小觑的。和桑地诺一样，桑地诺主义者有着宽广的国际视野，他们希望通过反帝国主义战争，将社会变革推广至全世界。博奇曾将桑地诺主义者的理论界定为丰塞卡和桑地诺思想的结合，即将世界革命经验与尼加拉瓜的具体现实相结合。[①] 在一篇关于丰塞卡政治思想的论文中，维克多·蒂拉多·洛佩斯（Víctor Tirado López）作为桑地诺民族解放阵线指挥部的九名指挥官之一，强调了桑地诺意识形态的国际性。蒂拉多·洛佩斯指出，虽然丰塞卡的革命思想是在尼加拉瓜的民族背景下发展起来的，但国际革命运动的丰富经验大大强化了这种思想。然而和马里亚特吉一样，丰塞卡清楚地认识到，如果无法将国际革命学说与民族革命的思想和政治相结合起来，它们将变得毫无用处。[②] 因此，丰塞卡的思想没有局限于拉丁美洲，而是立足于整个第三世界更广泛的革命斗争图景中。

在尼加拉瓜革命取得胜利之后，美国政府担心桑地诺主义者会像20年前的古巴人一样输出他们的革命。然而事实上，尽管桑地诺民族解放组织认为有义务援助包括邻国萨尔瓦多的法拉本多·马蒂民族解放阵线在内的其他革命运动，但这基本上只是出于维持政治和道义上团结的需要。在博奇看来，革命是每个人努力的结果，所以革命可以被输出到他国。[③] 然而，萨尔瓦多游击队却质疑了输出革命的可行性，因为革命总是

---

① Borge Martinez, "Large Scale Aggression", p. 119.

② Tirado, *El pensiamento Politico de Carlos Fonseca Amador*, pp. 4 – 6.

③ Borge Martinez, quoted in Christian, *Nicaragua*, p. 170.

源于当地的具体情况及其相应的事件，而不是苏联或古巴的干涉。① 博奇强调，桑地诺民族解放组织最重要的作用是发扬桑地诺革命精神，为其他游击队树立胜利的榜样。正如古巴革命刺激了尼加拉瓜的游击战一样，桑地诺向其他人展示了如何在革命中建立、维持和扩大联盟。② 在桑地诺革命胜利后，尼加拉瓜驻联合国大使亚历杭德罗·本达尼亚（Alejandro Bendaña）说，正如桑地诺及其继任者认为的一样，尼加拉瓜斗争是全世界争取自由的团结斗争的一部分，桑地诺主义者也认识到国际支持对于尼加拉瓜解放的重要性。③ 虽然桑地诺主义者有清晰的国际视野，但他们认识到这一视野必须植根于本国国情。这也印证了马里亚特吉50年前的顾虑，即秘鲁社会主义党既要具有国际社会主义革命运动的性质，也要将其根基深植到本国的具体现实之中。④

　　反帝国主义是另一个贯穿了桑地诺和马里亚特吉思想的主题。卡洛斯·维拉斯（Carlos Vilas）是一名阿根廷律师，他在政府策划部任职期间曾与桑地诺民族解放组织合作，他借鉴了马里亚特吉的想法，并用以解决关于尼加拉瓜国家主权的性质问题。维拉斯指出，马里亚特吉区分了旨在消除阶级剥削与压迫的反帝国主义和旨在摆脱民族压迫的反帝国主义。⑤ 而且，他还引用了马里亚特吉的《反帝国主义的观点》（Punto de vista anti-imperialista），即资产阶级之所以会被吸引到一个反帝国主义的立场来，主要是为了资本扩张和资本主义的发展，而不是为了实现社会正义和社会主义。⑥ 因此，在尼加拉瓜，阶级斗争比反对美帝国主义的斗争更为重要，也更为根本。他还引用马里亚特吉的话说，虽然反帝国主义可以用来动员人民为民族解放而斗争，但它并没有消除阶级之间的

---

① "The idea that revolution will be exported to others is also absolutely false", Joaquin Villalobos, "A Democratic Revolution for EI Salvador", *Foreign Policy* 74 (Spring 1989), p. 115.

② Borge Martinez, quoted in Christian, *Nicaragua*, p. 170.

③ Bendana, "Foreign Policy of the Nicaraguan Revolution", p. 321.

④ Mariategui, "Principios programaticos", in *Ideologla y politica*, p. 159.

⑤ Vilas, *Sandinista Revolution*, p. 29.

⑥ Vilas, *Sandinista Revolution*, p. 26; cf. Mariategui, "Punto de vista anti-imperialista", in *Ideologla y politica*, p. 89.

对立，也没有消除阶级利益的差距。① 而只有社会主义革命才能真正地、彻底地与帝国主义抗衡。②

土著主义

除了在尼加拉瓜背景下撰写有关反帝国主义和阶级斗争的文章外，维拉斯还撰写了一本由土著居民提出的，有关尼加拉瓜大西洋沿岸地区及其事务的书。③ 土著主义始终是马里亚特吉理论的中心思想，也是拉丁美洲国家的政府革命的重要环节。例如，在 20 世纪 50 年代，伴随着墨西哥革命的爆发，危地马拉的雅各布·阿本兹（Jacobo Arbenz）政府和 1968—1975 年秘鲁的胡安·贝拉斯科·阿尔瓦拉多将军的革命统治集团都将注意力投向了土著主义。在前一章，我们研究了古巴革命中土著主义问题的呈现形式。在西班牙人 400 年的统治下，古巴的土著居民已经被彻底消灭了。对于桑地诺来说，这个问题同样重要，因为那些反对革命政府的人曾严厉批评了桑地诺对大西洋海岸的米斯基托、苏木和拉玛印第安人实施的政策。例如，霍奇斯就在他的著作《尼加拉瓜革命的思想基础》（*Intellectual Foundations of the Nicaraguan Revolution*）中完全忽略了桑地诺思想中的土著主义。而且，许多讨论土著主义的学者也都强烈批评桑地诺民族解放阵线的所作所为，反而赞扬那些参与准军事组织的行动，并与企图推翻桑地诺民族解放阵线政府的反革命力量狼狈为奸的人。诚然，桑地诺政府涉及土著主义的政策忽略了复杂的历史现实，于是桑地诺错误地把尼加拉瓜大西洋海岸并入该国其他地区。与其强调这类政策导致了幼稚的理想主义，以及对人权的侵犯，不如反思一下桑地诺主义者为何修改了索摩查政府无视大西洋海岸地区的政策，并决心将革命的利益带到海岸地区以惠及尼加拉瓜大众的生活。

纵览西班牙人在墨西哥和秘鲁遇到的土著文明，虽然尼加拉瓜并不算是一个高度发展的地区，但在被西班牙征服时，尼加拉瓜的土地上确

---

① Vilas, *Perfiles de la revolucion sandinista*, p. 73; cf. Mariategui, "Punto de vista anti-imperialista", in *Ideologla y polinicia*, p. 90.

② Mariategui, "Punto de vista anti-imperialista", in *Ideologia y politica*, p. 91.

③ 维拉斯的《尼加拉瓜的国情、阶级与种族》充分介绍了下面几页所提出的问题。

实生活着相当数量的土著人口。1523 年，西班牙开始以大西洋和太平洋海岸为起点，侵占尼加拉瓜。尽管西班牙人很快在太平洋海岸建立了立足点，但他们从未控制过这片大西洋海岸地区，而内陆的土著人民的叛乱也迟滞了西班牙人的入侵。1612 年，西班牙终于开始了征服尼加拉瓜内陆的艰辛历程，直到 150 年后，西班牙人才获得了成功。但这次胜利并不是通过军事力量，而是通过方济各教会传教士的宗教热情。可见，征服尼加拉瓜并不容易。1743 年，在西班牙占领尼加拉瓜 200 多年后，一位名叫路易斯·迪斯·纳瓦罗（Luis Dies Navarro）的西班牙军官统计，当地总共发生了 14 次反抗西班牙统治的土著起义。路易斯声称，居住在尼加拉瓜中部和北部沼泽地带的潘塔斯马斯（Pantasmas）、伦卡斯（Lencas）、博卡耶斯（Bocayes）、楚格（Cuge）、托马耶斯（Tomayes）、纳奈卡斯（Nanaicas），以及其他的土著民族是"西班牙国王最不忠诚的臣民"。[1] 即使在被西班牙征服后，土著居民仍希望发起政治改革。1817年，在一项标志着尼加拉瓜首次劳工抗议活动的法案中，一个土著代表团从尼加拉瓜北部步行到危地马拉的殖民管理中心，向西班牙官员投诉他们所面对的低工资和恶劣的工作条件。甚至在西班牙统治结束之后，土著人民继续反抗着说西班牙语的尼加拉瓜领导人，并认为他们代表着外国的统治。1856 年，在反抗阻挠议案的威廉·沃克（William Walker）的斗争中，马塔加尔潘印第安人发挥了重要的作用。1881 年，他们发起了反抗尼加拉瓜政府的起义，这场起义最终持续了 7 个月。[2] 虽然西班牙人在 20 世纪就已经统治了马塔加尔潘人，并试图将他们纳入主流的西班牙文化中，但大西洋沿岸地区的米斯基托斯人（Miskitos）、苏穆斯人（Sumus）和拉玛斯人（Ramas）仍然保留着他们各自的文化和种族特征。这些土著人民的历史完全不同于讲西班牙语的太平洋沿岸地区的历史，并且他们认为桑地诺主义者的革命政府并没有改变由 16 世纪的西班牙征服者开启，绵延至今的西班牙帝国主义和文化统治的悠久历史，而所谓的革命政府不过是这段漫长历史的另一个篇章罢了。

---

① Jinotega, 94 *aniversario*, p. 15.

② 有关尼加拉瓜抵抗西班牙人侵略历史的详尽调查，请参见惠洛克·罗曼的作品《土生土长的根》。（Wheelock Roman, *Raices indigenas.*）

　　虽然大多数桑地诺主义者是来自尼加拉瓜的太平洋海岸地区的说着西班牙语的混血族裔，但他们认为自己的斗争是 16 世纪土著人民反抗殖民压迫斗争的延续。在拉丁美洲的大部分地区，桑地诺和桑地诺主义者并没有将土著人民视为肮脏落后的野蛮人，而是认为土著居民的斗争与自己的斗争息息相关。身为自治委员会主席，托马斯·博奇试图解决尼加拉瓜大西洋海岸地区的政治地位，他在 1985 年的一次演讲中指出，桑地诺在塞戈维亚省和北塞拉亚省作战时，曾与米斯基托人和苏穆斯人合作，并得到了他们的帮助。[1] 尼尔·麦考莱（Neill Macaulay）则讲述了阿道夫·科克本（Adolfo Cockburn）的故事。他是一位受人尊敬的米斯基托斯领导人，在洪都拉斯与尼加拉瓜边境的可可河沿岸拥有大量的追随者。1930 年，他被任命为桑地诺军队的将军，虽然美国海军陆战队在第二年就俘虏并处决了他，[2] 但这仍然表明桑地诺和尼加拉瓜的土著人民共同进行了斗争。

　　在 20 世纪 60 年代至 70 年代，在马萨亚的莫尼姆博（Monimbo）和里昂的苏布蒂亚瓦（Subtiava）印第安居民区内，桑地诺主义者得到了大部分人的支持。随后，桑地诺主义者采取行动，并劝说马塔加尔潘和其他地方的印第安人加入，共同抵抗殖民统治。在尼加拉瓜山区多年的政治组织动员过程中，桑地诺主义者不仅每天与梅斯蒂索混血农民（即西班牙裔与印第安人的混血）交流，而且还与米斯基托、苏穆斯和拉玛族群的成员接触。与后来由反政府军和土著族群共同建立的纯粹战略联盟不同，桑地诺主义者曾试图将两种斗争力量合而为一。信奉桑地诺主义的知识分子也阐述了土著斗争的重要性。20 世纪 70 年代初，杰米·惠洛克·罗曼在流亡期间写下了《尼加拉瓜反殖民斗争的本土根源》（Indigenous roots of the anti-colonial struggle in Nicaragua）。他在该文中批评大多数历史学家站在西班牙殖民者一边，忽视了土著居民的抵抗历史。作为桑地诺民族解放阵线无产阶级派别的领袖，惠洛克虽然拒绝了马里亚特吉

---

①　Tomas Borge Martinez, "Discurso del Comandante de la Revolucion Tomas Borge M. , Ministro del Interior, en la clausura del Seminario de la Comision Nacional de Autonomia", in *Autonomia*, pp. 72 - 73.

②　Macaulay, *Sandino Affair*, pp. 189, 210.

思想中的马克思主义唯意志论，但他确实赞同马里亚特吉的土著主义观点。在这部作品中，惠洛克写道："旨在反抗殖民主义的土著居民斗争具有深刻的根源。"显然，这篇文章同情土著人民的困境。[1] 在一本自传体桑地诺革命历史的著作——《急躁的病人》（La paciente impaciencia）中，托马斯·博奇把自己的故乡马塔加尔潘称为一个印第安人。他从象征意义和具体内容上，把早期的土著居民斗争与后来的桑地诺斗争联系在一起。早期的土著游击队在战斗时，曾把自己的脸和身体涂成红色和黑色，而桑地诺和桑地诺民族解放阵线也将红色和黑色当作代表斗争的颜色。[2]

在 1969 年的《桑地诺民族解放阵线历史纲领》（Historic Program of the FSLN）一书中，桑地诺主义者阐述了他们对于大西洋海岸地区的规划以及对该地区的重视程度。他们强调大西洋海岸地区的人民正在被忽略和剥削，并发誓要消除该地区的土著米斯基托人、苏穆斯人、赞博人和黑人所遭受的歧视。[3] 当桑地诺党于 1979 年上台时，他们试图将这些理想付诸实践。然而，大西洋沿岸地区的许多居民却将其视为西班牙人的又一次入侵。他们没有经历过索摩查王朝的残酷镇压，反而更喜欢因政府忽视而享受的独立。当桑地诺主义者怀揣着将革命红利带给土著人民的理想踏上这片土地时，文化和语言的差异导致桑地诺主义者侵犯了土著居民的人权，而那些他们试图帮助的人们却拿起武器反对革命。值得赞扬的是，最终桑地诺主义者听取了沿海地区的人民的意见，并与原住民一起组成了自治委员会，并通过制订自治计划保存土著居民的语言和文化。自治委员会宣称："因为存在着反帝国主义特征，所以土著人民和大西洋沿岸社区的历史仇恨被认定是桑地诺党派革命斗争的一部分。"[4] 与历史背景相适应，沿海地区的自治模式既不是沿海人民的心血来潮，也不是桑地诺主义者的家长式统治下的礼物，而是对一个国家的族裔和种族多样性的尊重。

尼加拉瓜自治委员会宣布尼加拉瓜是一个多民族国家，这既打破了

---

① Wheelock Roman, *Raices indigenas*, pp. 1, 117.

② Borge Martinez, *La paciente impaciencia*, pp. 32 – 33.

③ FSLN, "The Historic Program of the FSLN", in Borge et al. , *Sandinistas Speak*, p. 19.

④ Comision de Autonomia, "Principios y Politicas para el Ejercicio de los Derechos de Autonomia de los Pueblos Indigenas y Comunidades de la Coast Atlantica de nicaragua", in *Autonomia*, p. 46.

尼加拉瓜太平洋沿岸地区西班牙语的历史定位，也是尊重该国文化和种族多样性的重要一步。① 虽然很少有其他国家做过这样的声明，但是要求政府承认国家由多族裔组成的愿望已成为整个拉丁美洲土著居民的共同诉求。桑地诺主义者的行动不仅反映了马里亚特吉对他们意识形态的影响，他们的政策也推动了他国的历史发展。虽然土著人口只占尼加拉瓜人口的 5% 左右，但桑地诺主义者的行动为整个拉丁美洲，包括土著人口占到总人口半数以上的危地马拉和秘鲁等国的解放斗争树立了一个影响深远的榜样。②

土著人民的这一主题也反映在尼加拉瓜政府文化部部长埃内斯托·卡德纳尔（Ernesto Cardenal）的思想中。他认为，帮助保护土著人民的语言和文化免受"文化种族灭绝"是他的革命责任。③ 约翰·贝弗利（John Beverley）和马克·齐默尔曼（Marc Zimmerman）观察到，"就像马里亚特吉将印加城市'艾柳'（ayllu）描述为美国本土共产主义社会的原型一样，卡德纳尔认为典型的玛雅城市就是和平的、无阶级的社会，其价值观或多或少类似于他在索伦蒂纳梅寻求并想要效仿的基督教乌托邦"④。卡德纳尔看到了文化和政治压迫之间的联系，并希望通过认可土著居民身份的方式解放土著人民。他认为，尼加拉瓜革命必须要认同尼加拉瓜自身的土著文化，并利用这种文化来提高人们的革命意识。1979年，在革命胜利后不到一年的时间里，卡德纳尔领导的文化部出版了文化杂志《尼加拉瓜》（Nicaráuac），而这本杂志的核心议题就是土著主义。在介绍该期刊的第一期社论中，卡德纳尔解释了该名称的重要性。卡德纳尔写道："我们希望给这本新尼加拉瓜的文化期刊取一个前哥伦比亚式的名字，或许这也是我们脚下这片土地的名字。"在探索了纳瓦尔特族（Nahuatl）和阿拉瓦克族（Arawak）语言中的"尼加拉瓜"一词的语言渊源，并解释了西班牙殖民者吉尔·冈萨雷斯·达维拉如何将其理解为"尼加拉瓜"之后，卡德纳尔表示，"我们想用这个古老的名字，用我们

---

① Comision de Autonomia, "Principios y Politicas para el Ejercicio de los Derechos de Autonomia de los Pueblos Indigenas y Comunidades de la Coast Atlantica de nicaragua", in *Autonomia*, p. 48.

② Bourgois, "Problematic of Nicaragua's Indigenous Minorities", p. 304.

③ Cardenal. "Toward New Democracy of Culture", p. 347.

④ Beverley and Zimmerman, *Literature and Politics*, p. 68.

最有活力的、古老的土著和美洲根源，重振令人敬畏的桑地诺革命。"①

在马里亚特吉于 20 世纪 20 年代在秘鲁出版文化期刊《阿毛塔》之后，虽然尼加拉瓜人可能并非在有意模仿，但卡德纳尔在介绍《尼加拉瓜》时，呼应了马里亚特吉在《阿毛塔》第一版社论中提出的三个主题。第一个，同时也是最明显的共同主题是肯定国家的土著血统，并使用具有国家历史意义的土著词汇作为期刊的标题。与卡德纳尔介绍《尼加拉瓜》的评论类似，马里亚特吉在介绍他的这本新的秘鲁杂志的社论中写道，他选择的名称表明了"我们对自己种族的忠诚"，也体现了古代印加帝国的精神。②《阿毛塔》与《尼加拉瓜》之间另外两个相似的主题是关注泛拉丁美洲主义和"新人"。卡德纳尔不想让他的杂志仅限于尼加拉瓜，而是想让它遍布整个拉丁美洲。正如他所言，"尼加拉瓜的事业是美洲所有人的事业"③，从玻利瓦尔开始，强大的国际主义特征就一直是拉丁美洲革命的重要组成部分，而后通过马蒂、马里亚特吉、古巴和尼加拉瓜革命的思想和行动不断得以延续。最后一个共同主题与"新人"概念有关。因为"尼加拉瓜"一词可能来自阿拉瓦克语中的 Nec arahuac 或 Hombres Valientes-Valent Men，即勇敢的人。对卡德纳尔来说，一个英勇的人就是一个"新人"，这些人是尼加拉瓜建设新社会的历史过程的重要组成部分。④ 正如上一章所言，尽管国际主义是古巴革命的重要组成部分，而且关于社会主义新人的讨论通常与切·格瓦拉有关，但是这些概念都源于马里亚特吉的思想。在《阿毛塔》的社论中，马里亚特吉强调了在世界社会主义运动中秘鲁的重要性，并且在杂志中主张"如果想要团结秘鲁的新人，首先要团结美洲人民，然后团结全世界人民"⑤。

革命性的神话

除了提出要组织民族主义的、反帝国主义的、以农民为基础的革命，以及重视土著居民的斗争之外，桑地诺主义者还证实了马里亚特吉开放

① Cardenal, "El Valiente Nombre Nuevo", p. 6.

② "Presentacion de Amauta", *Amauta* 1/1 (September 1926), p. 1.

③ Cardenal, "El Valiente Nombre Nuevo", p. 7.

④ Ibid., pp. 6 – 7.

⑤ "Presentacion de Amauta", *Amauta* 1/1 (September 1926), p. 1.

的、非确定性的、主观的马克思主义价值观的正确性。谢尔顿·利斯写道，丰塞卡认为以科学为导向的理论和与人类情感相关的非理性信念对于"动员群众进行革命"都是必要的，这也是他从马里亚特吉的著作中获得的观点。[1] 尼加拉瓜是诗人的家园，这种情况有助于提升拉丁美洲革命斗争的主观意识和情感。在20世纪70年代的尼加拉瓜起义期间，激进牧师的诗歌或布道往往比晦涩难懂的马克思主义小册子更鼓舞人心，尽管这些小册子通常与当地的经济条件或莫斯科方面的指示毫无关系。[2] 毫不夸张地说，相较于社会科学家，诗人和小说家在拉丁美洲在提高群众的政治觉悟、反对独裁政权和帝国主义方面更具影响力。[3] 诗歌不仅有助于形成尼加拉瓜的民族身份，桑地诺主义者也将它运用于实际，例如指导人民将艺术化为武器。在桑地诺民族解放阵线的几位领导人的思想中也能够发现对非理性和理性相交织的诉求。例如托马斯·博奇就曾说过，桑地诺的起义不仅依靠子弹，还可以依靠音乐和诗歌。[4]

但是，最早运用诗歌和文化提高政治意识的并非桑地诺主义者。早在19世纪，鲁本·达里奥（Rubén Darío）在文学著述中就透露出了强烈的政治思想。20世纪20年代，马里亚特吉和先锋运动在秘鲁蓬勃发展的同时，类似的运动也席卷了尼加拉瓜。在《急躁的病人》（*La paciente impaciencia*）中，博奇把马里亚特吉置于他所谓的"27年一代"（The Generation of 27）的语境中，这群20世纪20年代的革命先锋主义者中包括了科尔多瓦大学改革运动的参与者——桑地诺、马里亚特吉，以及尼加拉瓜诗人何塞·科罗内尔·乌尔蒂科（José Coronel Urtecho）。[5] 在20世纪20年代，科罗内尔和先锋派运动成员支持桑地诺的民族主义运动。然而到了20世纪30年代，他们却转而支持索摩查的独裁统治。但后来，科罗内尔还是谴责了索摩查独裁政权的暴行，并再次成为桑地诺派的支持者。由于他们都是知识分子领袖和革命诗人，因此在塑造和界定尼加拉瓜人

---

[1] Liss, *Radical Thought*, p. 186.

[2] Vanden, *National Marxism*, p. 1.

[3] Burbach and Nunez, *Fire in the Americas*, p. 100.

[4] Borge Martinez, quoted in White, *Culture & Politics in Nicaragua*, p. 5.（在比佛利和齐默曼的《文学与政治》中曾记载，尼加拉瓜也曾通过大众文化来表达革命诉求。）

[5] Borge Martinez, *La paciente impaciencia*, p. 362

的民族身份时，他与卡德纳尔、博奇和桑地诺政权副总统塞尔吉奥·拉米雷斯（Sergio Ramírez）的看法相似。博奇曾坦言，正如他引用马里亚特吉在《现代生活》中的话："我们的斗争不仅是为了面包，还是为了美。"① 博奇强调，桑地诺主义者的革命目标是实现人类的解放，建立新的社会。在继承了马里亚特吉和格瓦拉关于社会主义新人的思想后，博奇认为在国家重建中，最重要的就是人的重建。② 丰塞卡还指出了革命者为人类而奋斗的责任的重要性。霍奇斯写道，丰塞卡同意马里亚特吉的分析，即光靠理论还不足以促使人们采取行动，因此革命者需要依靠非理性和理性的动机、意志，以及信仰和基本的人类情感。③ 丰塞卡的战略使新一代尼加拉瓜革命者形成了更高的政治觉悟。④

《革命神话对古巴革命的影响》（*The Influence of a Revolutionary Myth on the Cuban Revolution*）一书的作者弗雷德·贾德森以尼加拉瓜革命为例，继续讨论这一问题。贾德森将他的论点置于索雷尔、葛兰西和马里亚特吉关于主观马克思主义和革命神话的著作之上，并指出在尼加拉瓜，革命意识得到了信仰的补充。这种信仰不仅是革命所必需的，而且是可能的和迫在眉睫的。⑤ 贾德森同意丰塞卡的观点，认为为了在尼加拉瓜增强革命士气，政治教育是必要的。此外，生与死的辩证象征也造就了革命事业中永垂不朽的烈士形象。⑥ 由此，建立在政治文化、意识形态和政治斗争基础上的桑地诺革命神话便由此诞生了。⑦ 通过种种方式，贾德森证明了革命士气（或革命神话）的主观因素能够变成左右革命方向、凝聚人心的客观因素。桑地诺主义者的主观马克思主义理论最生动的运用来自宗教领域。马克思认为宗教是人民的鸦片，它阻止人民充分发挥潜力。马克思说："如若人类想要追求真正幸福，那么，作为人类虚幻幸福

---

① Borge Martinez, *Los primeros pasos*, p. 151. In his essay "Henri Barbusse" in *La escena contemporanea*（158）. ［马里亚特吉曾写道："对于穷人来说，革命不仅要实现面包自由，而且还要实现美丽、艺术、思想，以及人类所享有的自由精神（我始终强调我的这一观点）。"］

② Borge Martinez, *Las primeros pasas*, p. 199.

③ Hodges, *Intellectual Foundations*, pp. 188 – 189.

④ Tirado Lopez, *El pensamiento de Carlas Fonseca Amador*, p. 10.

⑤ Fred Judson, "Sandinista Revolutionary Morale", p. 20.

⑥ Ibid. , p. 31.

⑦ Ibid. , p. 22.

的宗教就必须被废除。"① 对于马克思来说，人类自我意识的积极体现是社会主义，而不是宗教。② 后来的马克思主义革命和革命者，包括在俄罗斯、中国和古巴的革命，很大程度上遵循了马克思对宗教的认知。古巴共产党也认为在共产主义社会中，对有组织的宗教的需求终会消失。③ 这反映了马克思"共产主义始于无神论"的观点。④ 而这种对待宗教的态度，最终造成了古巴国内革命政府与天主教、新教教会之间的对峙。（古巴共产党于 1994 年修改了党章，允许信教群众入党。——译者注）

然而，桑地诺主义者对宗教采取了截然不同的立场，并发起了最早的左翼革命，他们公开承认了宗教工作者在社会变革过程中的作用和贡献。与马克思主义认为宗教是一种异化形式和错误意识相比，桑地诺的思想显得截然不同。桑地诺主义者承认，宗教在历史上曾发挥了在人民群众中传播虚假意识的功能，并曾充当过政治统治的理论基础，但他们相信在当下，宗教也可以被用来提高人民的革命意识。⑤ 几个因素导致了尼加拉瓜和古巴对宗教的不同态度：古巴的天主教会不像尼加拉瓜教会势力那样强大，它并没有超出城市中产阶级的范围，因而脱离了大多数古巴人的现实生活。在卡斯特罗的"7·26"运动中，除了新教徒弗兰克·派斯（Frank Pais）之外，很少有信仰宗教的革命战士。而相较于古巴，尼加拉瓜有着深厚的天主教传统，许多虔诚的信徒都加入了桑地诺民族解放阵线，并参加了推翻索摩查独裁统治的运动。此外，由于第二届梵蒂冈议会，解放神学以及政治性和革命性的大众教会不断兴起。20世纪 60 年代，天主教神学发生了根本性转变，使得尼加拉瓜有宗教信仰的人积极地参与了政治。相较于 20 世纪 50 年代的古巴，尼加拉瓜显然拥有更大规模的宗教信徒。1968 年，天主教的主教们在哥伦比亚麦德林举行的拉丁美洲主教会议上宣布他们将优先选择穷人（their preferential op-

---

① Marx, "Contribution to the Critique of Hegel's Philosophy of Right: Introduction, in Early Writings", p. 44.

② Marx, "Third Manuscript", ibid., p. 167.

③ Kirk, *Between God and the Party*, p. xviii.

④ Marx, "Third Manuscript", in *Early Writings*, p. 156.

⑤ National Directorate of the FSLN, "Role of Religion in the New Nicaragua", in Borge et al., *Sandinistas Speak*, p. 107.

tion for the poor）。天主教会在传统上一直是富有的精英阶层的盟友，但现在教会中的进步分子呼吁宗教参与左派的社会运动。此外，许多革命者开始弱化马克思关于宗教的观点，转而正视宗教人士对革命进程的积极贡献。而桑地诺革命的成功，则代表着马克思主义革命理论和宗教激进主义之间的差距又被进一步缩小了，这场革命还永久性地调整了拉丁美洲范围内马克思主义和基督教的关系。①

　　宗教和马克思主义理论之间的这种相互作用是尼加拉瓜革命的主要特征之一。也正是在这个问题上，马里亚特吉对桑地诺思想的影响再次显现了出来。桑地诺民族解放阵线在一份关于宗教的官方公报中表示："基督徒在我们的革命历史中发挥了不可磨灭的作用，这是拉丁美洲革命运动前所未有的情况。"② 最初，基督教徒与桑地诺主义者相互猜疑。但是通过天主教神父和基督教徒社区的倡议和努力，这两个团体的斗争合并为一场反对索摩查的斗争。在起义期间，尼加拉瓜人民进步教会的成员公开与桑地诺主义者合作，桑地诺主义者欣然接受了他们为建立尼加拉瓜新社会所做的贡献。这些宗教人士的举动至关重要，托马斯·博奇曾坦言，如果没有基督徒的参与，中美洲的左派革命就无法获得成功。③ 卡洛斯·丰塞卡的妻子玛丽亚·海德·泰兰（MaríaHaydeeTerán）也透露，尽管丰塞卡是无神论者，并且经常谈论共产主义，但他从未要求他妻子放弃基督教信仰。对于他们彼此来说，这两种思维方式没有矛盾。泰兰的声明让人回想起了马里亚特吉的论点，即革命批评家不再质疑宗教和教会为人类所做出的贡献。④ 桑地诺宗教公报总结说："这些思想家对信仰的看法激励了许多桑地诺民族解放阵线的成员和战士加入到革命

---

　　① Lancaster, *Thanks to God and the Revolution*, p. 164. The role of religious workers as a subjective factor in religious movements in Central America is placed in a broader historical context in Phillip Berryman, *The Religious Roots of Rebellion: Christians in Central American Revolutions* (Maryknoll, N. Y. : Orbin Books, 1984).

　　② National Directorate of the FSLN, "The Role of Religion in the New Nicaragua", in Borge et al. , *Sandinistas Speak*, p. 107.

　　③ Mattarollo, "Civilizar a la burguesia", p. 6.

　　④ Borge Martinez, *La paciente impaciencia*, p. 279; Mariategui, "The Religious Factor", in *Seven Interpretive Essays*, p. 124.

斗争之中。"①

借助于劝说牧师加入游击队并使其为社会革命而战的事例，马里亚特吉的影响也传播到了尼加拉瓜。在哥伦比亚，尽管卡米洛·托雷斯在与共产党领导的国家民族解放军（EIN）战斗中阵亡了，但他曾宣称，他脱下圣衣是为了成为一名真正的牧师，成为革命者是每个天主教徒的职责。② 受到格瓦拉的影响，托雷斯相信自己是出于对自己同胞的爱而投身革命的。③ 马里亚特吉强调革命神话或信仰对实现社会革命的重要性。同样，托雷斯鼓励尼加拉瓜的天主教徒加入社会主义革命。加斯帕·加西亚·拉维亚娜（Gaspar García Laviana）亦是如此，他受到托雷斯影响加入了桑地诺民族解放阵线。后来加西亚在战斗中牺牲，桑地诺主义者认为他的牺牲是"基督教职业和革命意识的最高结合"④。加西亚曾写道，他的信仰和天主教教义使他义不容辞地参与到桑地诺民族解放阵线的革命进程，因为解放被压迫人民是基督救赎职责的一部分。⑤

加西亚并不是孤身一人。受天主教神学激进倾向的影响，其他左派牧师开始根据马克思主义的社会分析，来组织社会行动。例如，一位名为乌里尔·莫利纳（Uriel Molina）的神父组织了基督教社区，动员尼加拉瓜贫困地区的底层人民加入桑地诺民族解放阵线的游击队。⑥ 包括埃内斯托·卡德纳尔（Ernesto Cardenal）、费尔南多·卡德纳尔（Fernando Cardenal）和米格尔·德埃斯科托（Miguel D'Escoto）在内的神父们也加入了桑地诺民族解放阵线。1979 年革命胜利后，他们都在桑地诺政府中占据了一席之地。⑦ 20 世纪 60 年代，特拉彼斯特派的埃内斯托·卡德纳尔神父从尼加拉瓜湖的索伦提纳姆宗教社区中脱颖而出，他领导了反对

① National Directorate of the FSLN, "The Role of Religion in the New Nicaragua", in Borge et al., *Sandinistas Speak*, p. 105.

② Torres, *Revolutionary Prlest*, p. xiii.

③ Ibid. , p. 368.

④ National Directorate of the FSLN, "The Role of Religion in the New Nicaragua", in Borge et al., *Sandinistas Speak*, p. 106.

⑤ "El Evangelio en la revolucion", p. 7.

⑥ Dodson and Montgomery, "Churches in the Nicaraguan Revolution", p. 166.

⑦ See Cabestrero, *Ministers of God* and Cabestrero, *Revolutionaries for the Gospel* for interviews with Catholic priests who worked with the revolutionary Sandinista government.

索摩查独裁的宗教运动。神学思考使他意识到了尼加拉瓜经济上的不公正现象，并决心采取政治行动改变这一现实。1970年的古巴之行使卡德纳尔相信，马克思主义和基督教之间并没有矛盾。① 因此，他成了一名公认的马克思主义革命家，并在尼加拉瓜最为明确地提出了天主教神学于马克思主义阶级斗争理论相结合的思想。卡德纳尔认为原始的基督教的公社主义是马克思主义的先驱，并且基督教用宗教术语表达的阶级斗争思想和马克思用科学术语表达的阶级斗争思想如出一辙。这种斗争扩展为独裁的、反动的基督教的索摩查和无产阶级的、人民教会的革命基督教之间的斗争。这场斗争的目标是建立圣经中的地上天国，那将是一个没有剥削的社会，没有任何形式统治的国家，它将实现人与人之间完全的博爱。② 天主教徒并不是唯一加入桑地诺民族解放阵线的宗教人士，新兴小教派中日益增长的激进主义也促进了尼加拉瓜革命的发展。③ 总而言之，宗教人士在尼加拉瓜革命斗争中发挥了比以往任何时候都大的作用。桑地诺主义者认为，宗教信仰可以激发革命意识，促进新社会的发展，它并不是一股反动势力。这些宗教人士共同为桑地诺民族解放阵线带来了革命性的信仰和意识。上述信念是马里亚特吉从索雷尔和其他人的思想中汲取，并在20世纪20年代将之引入拉丁美洲的。

解放神学是基督教神学最完整的表达形式。受马里亚特吉的影响，桑地诺主义者在革命斗争中将其发扬光大。解放神学运动利用马克思主义分析工具批判性地反映社会问题，这代表着天主教会对待旨在实现社会正义的人民运动的态度发生了历史性转折。传统的基督教神学，出自精英阶级并且施令于下层阶级。解放神学家则试图扭转这种关系，给予被压迫人民以希望，并领导人民认识到他们必须自觉地对自己的命运负责。解放神学没有提出逃避现实的宗教，而是赋予人民以权力和改变。解放概念的一个重要元素是实践。解放神学的实践常常把人们从宗教和神学的领域引到政治、经济和历史的领域。解放神学家并不避讳通过社

---

① See Cardenal, *In Cuba*.

② Cardenal, quoted in Hodges, *Intellectual Foundations*, p. 285.

③ See the discussion of these sects in Dodson and Montgomery, "Churches in the Nicaraguan Revolution", pp. 166 – 168.

会分析来了解自身的历史处境，而这种分析反倒构成了他们的神学反思基础。

马里亚特吉曾预言了解放神学家试图通过宗教鼓动民众的革命意识，而范登则指出了马里亚特吉对解放神学赖以发展的拉丁美洲思想基础的贡献。欧金尼奥·常-罗德里格斯（Eugenio Chang-Rodríguez）注意到，马里亚特吉预见了解放神学将秉持的几个基本观点。[①] 为了认识这种影响力的本质，我们必须要考虑到秘鲁神学家古斯塔沃·古铁雷斯（Gustavo Gutiérrez）在阐明解放神学主要内容方面的重要性。古铁雷斯和马里亚特吉从未谋面（马里亚特吉在古铁雷斯两岁时就去世了），但古铁雷斯和马里亚特吉的儿子一起上了利马大学，由此与马里亚特吉的思想产生了联系。古铁雷斯后来在大学里教授了马里亚特吉思想的课程，因此他熟知马里亚特吉的史学资料。[②] 在 1980 年的一次采访中，古铁雷斯指出，对创建一个新的秘鲁社会而言，马里亚特吉独创性的思想具有重要意义。古铁雷斯认为，社会变革可能来自被压迫和被剥削的下层阶级。而与许多其他精英阶层的知识分子不同，马里亚特吉是将平民阶级的政治行动和反思性思想结合成革命实践的少数人之一。古铁雷斯还指出，马里亚特吉的著作并不只是属于 20 世纪 20 年代的遗产，他提出的许多观点仍然适用于当代的情况。[③]

几乎所有研究过古铁雷斯思想的秘鲁思想史学者都注意到，马里亚特吉的思想对古铁雷斯的思想发展至关重要。一位神学家从马里亚特吉的著作中发现了成为古铁雷斯思想核心的三个主题：追溯本土化的社会主义、选择阶级斗争而不是阶级优越论、理论和实践相统一。[④] 反观古铁雷斯的作品，其中对马里亚特吉思想和写作的引用比比皆是。在他 1971 年出版的《解放神学》（A Theology of Liberation）一书中，古铁雷斯认可了马里亚特吉对拉丁美洲土著社会主义的贡献。《解放神学》是第一本阐明解放神学核心原则的著作。在书中，古铁雷斯认为对于解放拉丁美洲

---

   ① Vanden, *National Marxism*, p. 20; Chang-Rodriguez, *Poetica e ideologta*, p. 84.

   ② See Gutierrez's discussion of secondary works on Mariategui in Gutierrez, *Theology of Liberation*, p. 98.

   ③ Peirano, "Entrevista con Gustavo Gutierrez", p. 116.

   ④ Candelaria, "Jose Carlos Mariategui", p. 886.

而言，社会主义是最富有成效和影响最为深远的方案。他引用了马里亚特吉的或然性陈述，即马克思主义不是一套可以在所有历史条件和社会维度上都可以用同样方式严格应用的原则体系。相反，社会主义是必须根据具体历史情况进行调整的英雄创造。① 阶级斗争也是古铁雷斯神学的一个中心原则，他与马里亚特吉结盟，反对阿亚·德拉托雷带有阶级偏见的美洲人民革命联盟。② 古铁雷斯还效仿马里亚特吉对具体情况进行批判性的反思，然后利用这种反思为自己的社会问题制定适当的、本土化的解决方案。为了达到这样的实践效果，古铁雷斯还引用了马里亚特吉的说法："思考历史的能力和创造历史的能力有助于人们创造历史。"③ 古铁雷斯强调，关于现实问题的解决办法必须适应具体的历史情境。他在《解放神学》一书中写道："由于现实差异，对一种社会形态的分析不能随意地转换到其他情况之中。"④ 古铁雷斯致力于建设一个更自由、更人性化的社会。但是在这个过程中，他希望避免将外来的方法机械移植到我们的历史和社会坐标上。⑤

解放神学反映了马里亚特吉的思想，其中最重要的莫过于他对精神性和社会变革的神话元素的刻画。作为一名神学家，古铁雷斯一直在探究基督教在解放斗争中的作用。为了回答这个问题，他参考了马里亚特吉关于宗教因素在秘鲁生活和历史发展中所起作用的思想。⑥ 古铁雷斯不仅赞同马里亚特吉提出的"穷人是可以改变历史的历史主体"，他还认为穷人能够创造民族精神的新神话。⑦ 马里亚特吉强调了索雷尔革命神话在激发革命意识方面的重要性。在 1925 年，马里亚特吉这样写道："革命

---

① Gutierrez, *Theology of Liberation*, p. 90; Gutierrez quotes from Mariategui, "Aniversario y balance", in *Ideologla y polltica*, p. 249, and "Mensaje al Congreso Obrero", in *Ideologla y politica*, p. 112. Also see Gutierrez, *Power of the Poor*, p. 189.

② Gutierrez, *Power of the Poor*, p. 217.

③ Gutierrez, *Theology of Liberation*, p. 18, quoted Mariategui, "Heterodoxia de la tradicion", in *Penuanicemos al Perú*, p. 164.

④ Gutierrez, *Theology of Liberation*, p. 284.

⑤ Ibid., p. ix.

⑥ Gutierrez, *Power of the Poor*, p. 97. See Mariategui's essay "The Religious Factor", in *Seven Interpretive Essays*, pp. 124 – 152. Gutierrez also mentioned this influence in his in-terview with Luis Peirano in Peirano's "Entrevista con Gustavo Gutierrez", p. 115.

⑦ Judd, "Gustavo Gutierrez", p. 69.

者的力量不在于他们的科学，而在于他们的信仰。"① 在一篇关于宗教的文章中，马里亚特吉也曾总结道："正如索雷尔所预言的那样，近年来的历史经验已经证明，现代革命和社会神话可以像古老的宗教神话一样充盈人们的良知。"② 同解放神学家一样，马里亚特吉认为马克思主义不是对现实的形象化解释，而是解释和改变现实的工具。③ 马里亚特吉为马克思主义理论和基督教神学的融合辩护，他的辩护也最终形成了自己对于革命的主观理解。

解放神学的教义给尼加拉瓜和桑地诺的思想留下了深深的烙印，古斯塔沃·古铁雷斯在访问尼加拉瓜期间曾凭借其榜样的力量，在该国产生了强大的影响。④ 因此，解放神学理论清晰且明确地标志着马里亚特吉对尼加拉瓜革命的影响。同时，解放神学也深切地影响了桑地诺主义者对待宗教的开放态度，因此尼加拉瓜并没有像古巴那样敌视宗教。与古巴不同，尼加拉瓜的宗教人员和执政党的成员没有矛盾。融合了宗教和政治的桑地诺党武装分子涌入古巴，促使古巴政府更加开放地接受了宗教信徒参与建设新社会的思想。这也使他们重新思考了自己的思想，以及对待宗教的政策。正如桑地诺影响了古巴革命一样，这一代桑地诺主义者也影响了古巴政府的思想观念，质言之，这也是马里亚特吉的思想再次影响了古巴革命。

宗教只是桑地诺民族马克思主义本质的一个方面。虽然古巴革命影响了桑地诺主义的思想观念，但与古巴相比，桑地诺革命的发展方向相对独立。这在一定程度上是对正统马克思主义的社会主义进路的摒弃，也是对马里亚特吉实践的肯定，即革命运动必须考虑到其所处的具体历史情境，并确定与之相应的行动方向。范登曾这样写道："就像桑地诺主义者发现了桑地诺一样，整个美洲大陆的年轻知识分子和激进派正在重新发现马里亚特吉。他被众人认为是拉丁美洲第二次革命的知识先驱。"⑤ 这表明马里亚特吉在拉丁美洲革命理论的演变中，将继续发挥关键作用。

---

① Mariategui, "EI hombre y el mito", in *El alma matinal*, p. 27.

② Mariategui, "The Religious Factor", in *Seven Interpretive Essays*, p. 152.

③ Klaiber, *Religion and Revolution in Peru*, pp. 107 – 108.

④ See, for example, Jerez, "Gustavo Gutierrez", pp. 59 – 64.

⑤ Vanden, *National Marxism*, p. 2.

第五章　马里亚特吉的遗产

　　在过去的 60 年里，马里亚特吉通过各种形式影响了整个拉丁美洲的革命理论：他激励着同时代的人们对各自的国家的具体国情进行崭新且令人信服的剖析，他帮助资本主义发展水平不高的国家因地制宜地运用马克思主义，他主张发挥农民的革命潜力，因为他们是拉丁美洲大部分农村社会中的重要力量。他对革命理论的贡献还包括他拒绝生搬硬套的教条主义，而是选择开放性地结合国情运用马克思主义理论。马里亚特吉的理论不仅影响了整个拉丁美洲的革命者和社会运动，而且还推动了拉丁美洲解放神学的发展，他的革命神话理论也借此影响了人民社会运动。

　　桑地诺主义曾在 20 世纪 80 年代成为拉丁美洲社会主义斗争的象征，整个拉丁美洲的许多左派分子都因桑地诺革命的胜利而备受鼓舞。在当时，古巴革命已经胜利了 20 年，但秘鲁、玻利维亚、危地马拉等拉丁美洲国家的游击队仍屡遭失败。然而尼加拉瓜革命证明，以全国为基础的左派起义可以推翻根深蒂固的右翼独裁政权。此外，虽然桑地诺并不具备马克思主义主张发动社会革命所必需的经济条件，但它们却最终获得了革命的胜利。桑地诺派曾对此进行了总结，认为主观因素可以替代客观条件，在不发达的社会中也可以激发出革命意识。正如托马斯·安格蒂（Thomas Angotti）所言，这一发现导致了许多革命左翼人士开始反思马里亚特吉著作的历史意义。[①] 在 1982 年，范登（Vanden）得出这样的

[①]　Angotti, "Contributions of Jose Carlos Mariategui", p. 33.

结论：尼加拉瓜革命的意识形态既是其国内长期民族斗争的延续，也是席卷第三世界的新革命浪潮的具象。[1] 范登据此推断："事实上，马里亚特吉期待已久的一代新人或许正在中美洲崛起。"[2] 许多左派人士期望桑地诺运动既能成为未来革命运动的典范，又能成为在整个拉丁美洲建立马克思主义国家政权的革命运动的先锋。

在许多人看来，20 世纪 80 年代到 90 年代初期爆发的世界事件几乎完全抹杀了拉丁美洲社会主义革命的可能性。许多右派人士兴奋地庆祝东欧共产党政府的垮台和苏联的解体，以及尼加拉瓜桑地诺党的选举失败，并笑称革命的古巴政府早晚也会步其后尘。随着苏联的解体，许多人认为革命的马克思主义将逐渐消亡，并且很快就会成为一种死气沉沉的意识形态。他们天真地认为苏联主导着第三世界的马克思主义运动。同时，许多拉丁美洲左派人士仍反对集权专制政府，并认为把一个独裁政权换成另一个独裁政权并不是进步。如今，越来越多的人呼吁在多元而非一党制的国家模式基础上进行民主革命，以保障言论、新闻、组织、良心和宗教自由。东欧和苏联的斯大林主义危机改变了东西方冲突的力量对比，但并没有改变在历史上使第三世界始终处于边缘化和不发达地位的南北冲突。事实上，拉丁美洲的革命运动绝非冷战的产物，它是由内部条件引发的。许多第三世界的马克思主义者对苏联的解体感到沮丧，并不是因为他们感觉自己失去了领袖，而是因为害怕美帝国主义。"我们认为，这将导致一个单极世界。在这个世界中，美国将领导世界"，一位印度共产党领导人接着说道，"对于所有第三世界国家来说，单极世界可不是什么好兆头。"[3] 在此之前，第三世界国家曾依靠苏联的军事力量遏制美帝国主义扩张，但现如今，这些国家开始担心失去苏联保护后，自己无力对抗美国的经济和政治力量。

虽然 20 世纪 50 年代苏联的工业和技术进步开创了一种璀璨夺目的发展模式，并由此吸引了许多第三世界国家的注意。但是，到了 20 世纪 80 年代，苏联作为一个负担沉重、效率低下的中央集权官僚制国家，已不

---

① Vanden, "Ideology of the Insurrection", p. 58.

② Vanden, "Marxism and the Peasantry in Latin America", p. 95.

③ Gargan, "India's Communists Reel in Soviet Upheaval", p. 8A.

再是许多国家竞相效仿的榜样了。左派人士普遍认为苏联建设社会主义的模式是失败的，因此在东欧实行这一模式的尝试注定也要失败。他们认为革命的马克思主义必须在特定的历史环境中发展，而不是简单地将固定的模式从一个社会移植到另一个社会。在拉丁美洲的北美议会的《美洲报告》（Report on the Americas）中，阿根廷马克思主义者卡洛斯·维拉斯（Carlos Vilas）指出："如果我们承认苏联的国家社会主义不是唯一的，也不是最好的社会主义方案，那么无论从经济还是从政治的角度来看，苏联的崩溃似乎与拉丁美洲没什么关系。"① 在《每月评论》（Monthly Review）杂志的一篇重要文章中，维拉斯进一步表达了他对东欧的批评，他认为是东欧过度集权的官僚专制政权导致了极不稳定的社会、经济和政治局面。尽管东欧剧变促使人们开始质疑在第三世界国家建立社会主义的尝试，但维拉斯却认为，第三世界国家对本土化社会主义理论的需求却比以往任何时候都要强烈。因为如果没有社会主义，第三世界国家就不会经历资本主义发展，而将始终处于资本主义世界的外围边缘。因此，维拉斯总结说，社会主义是第三世界国家唯一可能的选择，因为这些国家不仅在寻求经济发展，也在寻求真正有效的民主。②

东欧强硬派政权垮台后，美国总统乔治·布什（George Bush）痛斥卡斯特罗是最后一位幸存的斯大林主义领导人，并试图将其赶下台。布什的言论说明他和很多人一样，都不明白卡斯特罗思想产生的政治传统并非源于苏联，而是源于拉丁美洲的现实。虽然古巴曾与苏联保持着密切的经济联系，但这并不意味着卡斯特罗是苏联在加勒比地区的马前卒、傀儡或代理人。相反，古巴是一个寻求与苏联建立平等关系的盟友。30多年来，古巴与苏联一直保持着互惠的关系，并始终避免公开评论苏联的政治决策或改革。③ 卡洛塔行动（Operation Carlota）就体现了两国之间的关系，该行动是古巴在 20 世纪七八十年代旨在支持安哥拉左派政府的一次军事行动。为达到目的，古巴需要苏联的军事装备，而苏联需要能够熟练操作军事装备的古巴军队。因此，在对待安哥拉的问题上，它们

① Vilas, "What Future for Socialism?", pp. 14 – 15.

② Vilas, "Is Socialism Still an Alternative for the Third World?", p. 108.

③ "Nuestro deber mas sagrado", p. 1.

各取所需并相互尊重。因而，古巴对安哥拉的介入与其说是一场苏联代理人发动的战争，倒不如说是一场马克思主义同盟发动的战争，两位盟友的利益虽偶有龃龉，但大体一致。①

虽然古巴人没有试图摆脱苏联，但他们从不避讳他们能脱离盟友而存在。在米哈伊尔·戈尔巴乔夫（Mikhail Gorbachev）改革和苏联经济改革之后，古巴共产党的官方报纸《格拉玛报》（Granma）称："无论苏联发生什么，我们都不会放弃我们选择的道路。"《格拉玛报》宣布，古巴人将继续进行民族的、反帝的革命，走向人类已知的最公正、最人道和最理性的社会——社会主义社会。鉴于从古巴革命具体经验中吸取的教训，古巴将继续坚持独立自主的古巴社会主义道路。② 卡斯特罗也表示："有的人认为由于苏联和欧洲社会主义共同体已经不复存在，所以古巴也应该被压垮、被羞辱，并走向毁灭。对于这些人，我们要说的是，不管是现在还是将来，我们的革命都像棕榈树一样，我们无须让所有人都赞许我们所进行的革命，但我们的革命将一直进行下去，并将因为我们人民的主权意志而继续存在下去。"③ 虽然失去苏联援助对古巴经济而言是一次打击，但美国关于古巴共产主义的未来取决于苏联的预言还是太夸张了，因为这种分析没有考虑到拉丁美洲本土马克思主义理论的性质。撇开美国政府的夸夸其谈，古巴并不是一个斯大林主义政权的国家，而且古巴人民比东欧人民更加具备政治意识。推动古巴社会主义发展的是美洲的本土因素，如果说古巴的社会主义是对具体历史现实的回应，那么人们也必须基于此来理解古巴的未来。那些认为古巴政府必然垮台的人并不明白，古巴的马克思主义不能等同于东欧的马克思主义。尽管古巴在经济和军事上依赖苏联和东欧，但如果据此就认定欧洲的政治发展将根本改变古巴革命思想的构成，就必定会陷入殖民主义和欧洲中心主义的心态，这种心态最终将会抹杀拉丁美洲人在历史上展现自己的权利。

事实上，美国政府对其他拉丁美洲国家的变革也持类似的错误观念。比如桑地诺民族解放阵线在尼加拉瓜掌权的 11 年里，美国政府始终担心

---

① Durch，"Cuban Military"，pp. 71 – 72.

② "Nuestro deber mas sagrado"，p. 1.

③ Castro，"Only Those Who Resist Will Win".

桑地诺会走上古巴社会主义道路。许多人为 1990 年 2 月尼加拉瓜选举中桑地诺民族解放阵线的败选而弹冠相庆，是因为他们认为这意味着桑地诺革命和该国社会主义试验已经终结了。然而对拉丁美洲革命而言，这些观点太狭隘，也太简单了。尽管古巴和尼加拉瓜存在着相似之处，但两国有着各自的民族身份和历史传统。两国的革命者必须基于各自的主客观条件，独自克服重重挑战。在尼加拉瓜，美国十年来发起的反恐怖主义及其相关经济战争不仅搁置了许多社会主义革命措施，而且还挑战了桑地诺的理论基础。事实证明，与桑地诺的革命热情和理想主义相比，糟糕的经济情况才是影响选举结果的关键。促使尼加拉瓜社会远离其革命理想的不是煽动政治意识的主观因素，而是经济因素。显然，尼加拉瓜缺乏革命意识。

桑地诺的主体性马克思主义没有在尼加拉瓜实现持久的革命变革吗？事实上，桑地诺党并没有像古巴人那样将革命制度化。而且与卡斯特罗 1961 年 4 月的宣言不同，桑地诺领导人也从未宣称尼加拉瓜革命具有马列主义性质。尼加拉瓜的事态发展也许只是在提醒人们不要对革命进程作纯粹主观的解释。经济因素在社会和政治事件的演变中一直发挥着不可小觑的作用。然而，桑地诺党在选举中失败的事实并不一定意味着帮助他们掌权的主观革命因素已经失效了。因为在选举失败之后的一段时期，桑地诺人努力发展出创新性的分析工具，用以批判新的和正在形成的社会秩序。从这方面来看，其实桑地诺政府的失败也是一个警告，它提醒人们革命运动不可能是纯粹（或总体上）中央集权的，而尼加拉瓜持久的革命性变革就是以民众为基础的组织发起的。正如葛兰西在 60 年前所说的那样，革命的进程并不仅仅是夺取政府控制权的问题，而是转变人民政治意识的问题。桑地诺派并没有颠覆马里亚特吉著作和思想的价值，而是将一种新的分析方法应用到一个不同的历史现实中，这同样推动了拉丁美洲革命理论的发展。

除了古巴革命和尼加拉瓜革命以外，拉丁美洲其他的一些历史事件也证明了社会主义在西半球拥有着独特的本土根源。比如在智利，革命者支持尼加拉瓜与古巴人提出的许多相同的目标，诸如反帝国主义、土地改革和经济国有化，但他们采用的方法却是独属于智利的方法。在1970 年，一个马克思主义政府第一次通过民主的方式在一个国家上台掌权。阿连德的胜利发生在智利这样一个有着悠久而坚实的民主传统的国家，与古巴和尼加拉瓜游击队使用暴力和法外手段获取权力不同，阿连德领导的左翼团结大众联盟（Unidad Popular）完全是在现有法律和宪法框架内开展工作的。可见，智利的社会主义胜利完全源于其文化土壤，而不是来自古巴或苏联。1971年，在结束对智利为期三周的访问后，卡斯特罗注意到，尽管古巴发生了拉丁美洲的首次社会主义革命，但它是通过传统的暴力手段赢得了革命的；而智利则是以一种不同寻常的方式进行了革命，这引起了古巴人的好奇和兴趣，以及理解、团结和道义上的支持。① 阿连德在选举胜利不久后就宣布："我们正在走一条新的道路，我们的任务是确定并实施一种新的国家模式，那将是智利通往社会主义的道路。"② 虽然仅仅三年后，智利的社会主义道路就被美国支持的军事政变所终结，但从那时起，激进分子和学者就一直在研讨智利马克思主义实验的价值和教训。不管这些价值或教训是什么，我们都必须要注意到一个最重要的主题，即智利的社会主义道路根植于其本国的现实，同时也是拉丁美洲本土化马克思主义理论建构的一部分。

在20世纪90年代，寻找一条本土化的社会主义道路并不是拉丁美洲的专利。在世界范围内的社会主义危机背景下，南非共产党（SACP）也在自己国家范围内寻求发展非教条的社会主义。南非共产党不仅愿意公开研究，吸取世界其他地方社会主义失败的教训，而且能够将国际马克思主义理论与自身国情相结合。南非共产党拒绝被教条主义理论所束缚，这使得它在一个似乎正在远离马克思主义的世界里保持强大。随着党内关于其社会主义未来性质的辩论继续演进，南非共产党提出了一个强有力且富有见地的模式，希望可以为那些在拉丁美洲争取革命变革的人提供重要的经验。南非共产党呼吁灵活、非教条的革命理论，这不仅呼应了20世纪20年代马里亚特吉和其他拉丁美洲国家为摆脱共产国际僵硬要求而发出的声明，也表明南非共产党在20世纪90年代仍然站在继续发展

---

① Castro, "Fidel Castro on Chilean Fascism and Revolution", in Johnson, *Chilean Road to Socialism*, p. 341.

② Allende, "First Message to the Congress by President Allende", in Debray, *Chilean Revolution*, pp. 174 – 175.

马克思主义理论的前沿。

第三世界左派团体力量不断壮大，这表明他们与东欧的左派团体有着截然不同的根源。1989 年 11 月在萨尔瓦多，法拉本多·马蒂民族解放阵线（FMLN）发起了一场大规模游击战，无独有偶，德国柏林墙也在同时期倒塌，强硬的斯大林主义政权正在东欧各地解体。一位分析人士写道，尽管随着欧洲共产主义的垮台，许多其他地方的传统左派分子迷失了方向，但法拉本多·马蒂民族解放阵线仍然是拉丁美洲最强大、最有活力的革命左派组织之一，也是萨尔瓦多社会中的核心力量。① 法拉本多·马蒂民族解放阵线的持久生命力不能完全归功于其军事战略，因为在条件合适时，它也愿意与萨尔瓦多政府进行和平谈判。或许真正的原因是法拉本多·马蒂民族解放阵线愿意摒弃机械思维，并使其政治战略适应不断变化的国情。在《外交政策》（Foreign Policy）杂志的一篇文章中，法拉本多·马蒂民族解放阵线全国理事会指挥官，法拉本多·马蒂民族解放阵线的主要理论家华金·维拉罗伯斯（Joaquín Villalobos）强调了这一点。"革命反映了其发展的具体现实。相应地，每一个革命进程都必须发展出属于它自己的概念和模式。"② 维拉罗伯斯坚信，将布尔什维克革命或东欧社会主义政权机械地移植到萨尔瓦多的做法是不可行的。此外，"通过某种形式的思想理论关联，把苏联和所有正在出现的革命联系在一起，这在政治上也是荒谬的"③。维拉罗伯斯并不否认马克思主义在法拉本多·马蒂民族解放阵线中的影响，但他认为不能将思想信条教条化地应用于具体情况。维拉罗伯斯指出，早在戈尔巴乔夫改革之前，拉丁美洲革命思想就开始反对教条主义，而且这很可能是由于马里亚特吉对萨尔瓦多革命的影响。④ 萨尔瓦多共产党总书记兼法拉本多·马蒂民族解放阵线最高指挥部成员沙菲克·汉达尔（Shafik Handal）也赞同维拉罗伯斯的说法。在接受玛尔塔·哈内克采访时，汉达尔评价了古巴在将马克思主义运用到本国具体国情时所采用的模式。他说："古巴革命的独

---

① Robinson, "Transition in El Salvador".
② Villalobos, "Democratic Revolution", p. 103.
③ Ibid., pp. 118, 113.
④ Ibid., p. 113.

创性是古巴革命在拉丁美洲，乃至整个第三世界产生巨大吸引力和广泛影响的主要因素之一。""我们对古巴革命很感兴趣，古巴正以独创性的方式进行着极其复杂的努力，他们试图用自己的办法来解决不同于东欧社会主义国家和苏联的问题。"① 可见，法拉本多·马蒂民族解放阵线仍然是拉丁美洲最强大的左派起义团体之一，这并不是因为古巴、苏联和社会主义阵营国家提供了什么所谓的秘密军事支持，而是因为它愿意摆脱正统观念，并使其战略适应新的国家和国际现实。②

　　汉达尔和维拉罗伯斯对非教条的民族马克思主义的评论，以及他们对土地改革和解放神学的评论都反映了马里亚特吉对萨尔瓦多的影响。法拉本多·马蒂民族解放阵线获得了萨尔瓦多农民的支持，这表明萨尔瓦多游击队和马里亚特吉都明白在拉丁美洲，革命左派必须走出城市工人阶级的藩篱，才能在人民中培养出高度的革命意识。此外，维拉罗伯斯还强调，必须实行经济和社会民主，打破寡头政治在该国的经济霸权，实行以农民为中心的土地改革。并且和秘鲁及整个拉丁美洲一样，社会变革的核心议题仍然是改革萨尔瓦多现行的土地私有制度。维拉罗伯斯还强调了萨尔瓦多革命中基督徒的贡献，以及奥斯卡·罗梅罗大主教在唤醒萨尔瓦多人民革命精神方面发挥的作用。③ 维拉罗伯斯接着说，"东欧的历史清楚地表明，绝对权力是错误的，人们并不能仅靠面包而活着。"④ 维拉罗伯斯的声明恰好回应了20世纪20年代马里亚特吉提出的那些担忧。他宣称的"人们不仅仅以面包为生"（桑地诺革命家托马斯·博格也重申了这一观点）呼应了马里亚特吉的宣言，"对穷人来说，革命不仅是对金钱的征服，而且是对美、艺术、思想和所有精神乐趣的征服"⑤。

---

① Shafik Handal, "Cuba, El Salvador and the Perestroika".

② 20世纪80年代末法拉本多·马蒂民族解放阵线适应性的"新思想"使他们超越了宗派信仰和机械思维，从而建立了今天美洲半球最具影响力的革命运动，倘若要想对这些思想给予可靠的评价，请参见迈尔斯和奥斯特塔格的《马解阵线：新思想》。（Miles and Ostertag, "FMLN: New Thinking".）

③ Villalobos, "Democratic Revolution", p. 120.

④ Quoted in Robinson, "Transition in El Salvador".

⑤ Mariategui, "Henri Barbusse", in *Escena contempordnea*, p. 158. Also see Borge Mariategui, *Los primeras pasos*, p. 151.

　　理查德·哈里斯在他的研究报告《拉丁美洲的马克思主义、社会主义和民主》（Marxism，Socialism，and Democracy in Latin America）中概述了一个激进的民主计划，该计划在避免僵化的教条主义与宗派分裂的情况下，振兴拉丁美洲的左派。他认为马克思主义理论在拉丁美洲仍非常流行。由于拉丁美洲没有向社会主义过渡的普遍模式或一般理论，左派必须对自己所处社会的具体情况进行非教条的马克思主义的批判性应用。哈里斯坚持这样一种理念：社会主义本质上是民主的，他的模式运用了葛兰西对革命斗争的意识形态、文化以及政治和经济层面的批判。他对比了参与性民主模式与代议制民主模式，认为桑地诺党在尼加拉瓜失去权力是因为"他们放弃了建立一种激进民主政治制度的机会。这种民主政治制度将以自下而上的自治和自我管理为基础，它可以使工人、农民不仅直接地控制革命进程，而且还能拥有和管理生产资料"。①争取政治民主的革命斗争绝不能忽视争取经济和社会民主的斗争，有时候后者甚至更为重要。但是仅仅改变不发达的物质条件是不够的，主观条件也必须随之改变，这样才能产生新的革命文化和新的社会革命意识。②

　　马克思主义可以灵活、富有韧性地适应当前世界的地缘政治变化。最近的世界局势不仅证明了正统马克思主义理论的内在弱点，也说明将陈旧的政治分析应用于当代形势会产生不可避免的缺点。虽然正统马克思主义作为一种对历史境况进行教条主义式的指导已经失去了信誉，但那些愿意公开、灵活地应用马克思主义理论工作的国家却幸存了下来。在 20 世纪 80 年代一篇关于尼加拉瓜革命理论的论文中，罗杰·伯尔巴赫（Roger Burbach）和奥兰多·努涅斯（Orlando Núñez）称桑地诺实验是一座政治灯塔，指引着美洲乃至世界上的革命者抛弃不合时宜的旧思想，从而在美洲掌握主动权。③ 秘鲁马克思主义历史学家阿尔贝托·弗洛雷斯·加林多（Alberto Flores Galindo）在 1990 年去世之前曾写道，尽管社会主义在其他国家受到了打击，但在拉丁美洲，如果左翼分子能够重新思考社会主义，并设想新的情况，他们的社会主义仍有前途。因此，他

---

①　Harris, *Marxism, Socialism, and Democracy*, pp. 201 – 202.

②　Ibid. , pp. 177 – 178.

③　Burbach and Nuniez, *Fire in the Americas*, p. 1.

呼吁在拉丁美洲创造性地运用马克思主义，并认为："社会主义不仅是一条道路；社会主义的大门不是永远关闭的，只是我们需要找到新的方法打开它。"[1] 通向社会主义道路并不是单一的，在一个国家行得通的东西不一定在别的地方、别的文化或别的时代可行。同样，何塞·阿里戈（José Aricó）在去世前不久的 1991 年接受了一次采访，作为马里亚特吉学派的学者，他呼吁左翼人士进行公开辩论，并表示现在是重新思考一切的时候了。[2]

　　即使苏联和东欧发生了剧变，人们对马克思主义理论的信心也产生了动摇，但马里亚特吉思想在拉丁美洲的革命运动中仍然具有现实意义。比如，凡登（Vanden）就在墨西哥《拉丁美洲每日报》（El DíaLatino americano）上发表的一篇关于改革的文章中断言，如果遵循马里亚特吉的传统，马克思主义者就可以避免教条式的斯大林主义的弊端和缺陷。[3] 同样，《马里亚特吉年鉴》的编辑也坚信，面对这些时代变化，马里亚特吉的思想仍然有其价值，研究他的工作对建立现代社会主义大有裨益。[4]

　　尽管拉丁美洲有一些共同之处，这些共同之处是殖民主义和经济不发达的历史造成的，也有反帝国主义、以农民为基础的革命运动、马克思主义理论在不同情况下的主观形式等熟悉的主题，但在具体的历史境况下，每场革命运动都需要解决许多具体问题。拉丁美洲马克思主义者所面临的挑战是如何将马克思、列宁和其他革命者的思想运用于 20 世纪 90 年代的具体情况。当然，世界各地各种左派革命运动在各自的声明中都赞成马里亚特吉的要求：印第安美洲社会主义必须是"我们用自己的语言，根据自己的具体实际所产生的一种英雄创造"，而不仅仅是欧洲和其他地方发展的结果。[5] 马克思主义思想的复兴可能不会发生在其发源地欧洲，而可能会发生在愿意公开、灵活地运用马克思主义教义的第三世界团体之中。那些受马里亚特吉启发，遵从主体性马克思主义的革命团

①　Flores Galindo, "Peru: Self-critical Farewell", pp. 9 – 10.

②　Arico, "Rethink Everything", pp. 21 – 23.

③　Vaden, "Jose Carlos Mariategui y la perestroika", p. 22.

④　"Nota editorial", Anuario Mariateguiano 2（1991）, p. 7.

⑤　Mariategui, "Aniversario y balance", 3/17（September 1928）, p. 3.

体仍然可以在拉丁美洲扬起革命激情的旗帜。正如在尼加拉瓜和古巴一样，这场斗争必须以对当地实际情况的研究为基础。能够做到这一点的团体将会见证马克思主义理论在拉丁美洲焕发出新的革命潜力，毕竟在20世纪20年代，马里亚特吉就已经在秘鲁阐明了这一理论。

参考文献

（此列表按文献首字母排序，而非按文献在正文中出现的先后顺序排序。）

1. Aguilar, Luis E. ed. Marxism in Latin America. Revised edition. Philadelphia: Temple University Press, 1978.

2. Aguirre, Manuel Agustin. Universidad y movimientos estudiantiles, Volume 1. Quito: Editorial Alberto Crespo Encalada, 1987.

3. Aguirre Gamio, Hernando. Maridtegui: destino polemico. Lima: Instituto Nacional de Cultura, 1975.

4. Alba, Victor. Politics and the Labor Movement in Latin America. Translated by Carol de Zapata. Stanford: Stanford University Press, 1968.

5. Albert, Michael, and Rohin Hahnel. Unorthodox Marxism: An Essay On Capitalism, Socialism and Revolution. Boston: South End Press, 1978.

6. Albornoz P., Oswaldo. Mariategui en el Ecuador. Revista Ecuatoriana de pensam-iento marxista 13 (September 1989).

7. Alexander, Robert J. Communism in Latin America. New Brunswick: Rutgers University Press, 1957. Free Press, 1965.

_____. Organized Labor in Latin America. New York: The Free Press, 1957.

8. Amauta: revista mensual de doctrina, literatura, arte, polemica. Nos. 1－32. Lima, 1928－1930. Facsimile edition. Lima: Empresa Editora Amauta, 1974－1976

9. Anderle, Adam. Las movimientos politicos en el Peri entre las dos guer-
ras mundiales. Havana: Casa de las Americas, 1985.

10. Anderson, Thomas P. Matanza: El Salvador's Communist Revolt of
1932. Lincoln: University of Nebraska Press, 1971.

11. Angotti, Thomas. The Contributions of Jose Carlos Mariategui to Revo-
lutionary Theory. Latin American Perspectives 13/2（49）（Spring 1986）.

12. Antuna, Maria Luisa, and Josefina Garcia-Carranza Bibliografta de
Juan Marinello. Havana: Editorial Orbe, 1975.

13. Anuario Mariateguiano. Lima: Empresa Editora Amauta, 1 – 3（1989
– 1991）.

14. Arico, Jose. La cola del diablo: Itinerario de Gramsci en America Lat-
ina. Caracas: Editorial Nueva Sociedad, 1988.

————, ed. Mariategui y los origenes del marxismo latino americano.
Second edition, corrected and expanded. Mexico: Cuadernos de Pasado y Pre-
sente（60）, 1980.

————. Marxy America Latina. Lima: Centro de Estudios para el De-
sarrollo y la Participacion, 1980.

————. "Rethink Everything（Maybe It's Always Been This Way）."
Report on the Americas 25/5（May 1992）.

15. Autonomia. Managua: Direccion de Informacion y Prensa de la Presi-
dencia de la Republica de Nicaragua, 1985.

16. Baines, John M. "Jose Mariategui and the Ideology of Revolution in
Peru." The Rocky Mountain Social Science Journal 7/2（October1970）.

————, Revolution in Peru: Maridtegui and the Myth . University,
Ala. : The University of Alabama Press, 1972.

17. Bassols Batalla, Narciso. Mar y Mariateoui Mexico: Ediciones El
Caballito, 1985.

18. Bazan, Armando, et al. Mariategui i y su tiempo. Mariategui's Obras
Completas, volume 20, tenth edition. Lima: Biblioteca Amauta 1987.（First e-
dition, Lima: Biblioteca Amauta, 1959.）

19. Bendaia, Alejandro. "The Foreign Policy of the Nicaraguan Revolu-

tion. " In Nicaragua in Revolution. Edited by Thomas Walker. New York: Praeger, 1982.

20. Betto, Frei. Fidel and Religion. Havana: Publications Office of the Council of State, 1987.

21. Beverley, John, and Marc Zimmerman. Literature and Politics in the Central American Revolutions. Austin: University of Texas Press, 1990.

22. Blanco, Hugo. Land or Death: The Peasant Struggle in Peru. Translated by Naomi Allen. New York: Pathfinder Press, 1972

23. Blandon, Jesus Miguel. Entre Sandino y Fonseca. Amador. Managua: Talleres de Impresiones y Troqueles, 1980.

24. Blasier, Cole. The Giant's Rival: The USSR and Latin America. Revised edition. Pittsburgh: University of Pittsburgh Press, 1987.

25. Boggs, Carl. Gramsci's Marxism. London: Pluto Press, 1976.

26. Boggs, Carl, and David Plotke, eds. The Politics of Eurocommunism: Socialism in Transition. Boston: South End Press, 1980.

27. Booth, John A. The End and the Beginning. The Nicaraguan Revolution. Second edi-tion, revised and updated. Boulder: Westview Press, 1985.

28. Borge Martinez, Tomas. Carlos, The Dawn Is No Longer Beyond Our Reach. Vancouver: New Star Books, 1984.

_____ . Large Scale Aggression is Being Prepared. Intercontinental Press (New York), 21/4 (28 February 1983) .

_____ . La paciente impaciencia. Managua: Editorial Vanguardia, 1989.

_____ . Los primeros pasos: la revolucion popular sandinista. Fourth edition. Mexico: Siglo Veintiuno, 1985.

29. Borge Martinez, Tomas, et al. Sandinistas Speak. Edited by Bruce Marcus. New York: Pathfinder Press, 1982.

30. Bourgois, Philippe. "The Problematic of Nicaragua's Indigenous Minorities. " In Nica-ragua in Revolution. Edited by Thomas Walker. New York: Praeger, 1982.

31. Brown, Doug. "Sandinismo and the Problem of Democratic

Hegemony. " Latin American Perspectives 17/2 (65) (Spring 1990) .

32. Brown, Robert McAfee. Gustavo Gutierrez: An Introduction to Liberation Theology. Maryknoll, N. Y. : Orbis Books, 1990.

33. Burbach, Roger, and Orlando Nunez. Fire in the Americas: Forging a Revolutionary Agenda. London: Verso, 1987

34. Burns, E. Bradford. At War in Nicaragua The Reagan Doctrine and the Politics of Nostalgia. New York: Harper and Row, 1987.

35. Butazzoni, Fernando. "Sobre Mariategui y la literatura. " Casa de las Americas 21/126 (May-June 1981) .

36. Caballero, Manuel. Latin America and the Comintern, 1919 – 1943. Cambridge: Cambridge University Press, 1986.

37. Cabestrero, Teofilo. Ministers of God Ministers of the People: Testimonies of Faith from Nicaragua. Translated from the Spanish by Robert R. Barr. Maryknoll N. Y. : Or-bis Books, 1983.

_____ . Revolutionaries for the Gospel: Testimonies of Fifteen Christians in the Nicaraguan Goverment. Translated from the Spanish by Phil-lip Berryman. Maryknoll, N. Y. : Orbis Books, 1986.

38. Cabral, Amilcar. Return to the Source, Selected Speeches of Amilcar Cabral. Edited by Africa Information Service. New York: Monthly Review Press, 1973.

39. Cadorette, Curt. From the Heart of the People: The Theology of Gustavo Gutierrez. Oak Park, Illinois: Meyer Stone, 1988.

40. Cairo, Ana. El Grupo Minorista en su tiempo. Havana: Editorial de Ciencias Sociales, 1978.

41. Cammett, John M. Antonio Gramsci and the Origins of Italian Communism. Stanford: Stanford University Press, 1967.

42. Candelaria, Michael. Jose Carlos Mariategui: Forgotten Forerunner of Liberation Theology. The Christian Century 104/29 (14 October 1987) .

43. Cardenal, Ernesto. In Cuba. Translated by Donald D. Walsh. New York: New Directions Books, 1974.

_____ . Toward New Democracy of Culture. In The Nicaragua Reader:

Documents of a Revolution under Fire. Edited by Peter Rosset and John Van-dermeer. New York: Grove Press, Inc. , 1983.

_____ . "El Valiente Nombre Nuevo. " Nicarduac 1/1 (May-June, 1980) .

44. Carnero, Checa, Genaro. La accion escrita: Jose Carlos Mariategui, periodista. Lima: Rights reserved by the author, 1964.

45. Carney, Padre J. Guadalupe. To Be a Revolutionary. San Francisco: Harper Row, 1985.

46. Carrillo, Santiago. Eurocommunism and the State. Westport, Conn. : Lawrence Hill, 1978.

47. Castellanos, Orlando. Conversacion a los 75. La Gaceta de Cuba (Ha-vana) 117 (November 1973) .

48. Castro, Fidel. Fidel Castro Speaks. Edited by Martin Kenner and James Petras. New York: Grove Press, 1969

_____ . Only Those Who Resist Will Win: Fidel Castro's Message to January 25 Rally". The NY Transfer News Service, 30 January 1992.

_____ . Una America Latina mas unida. Conferencia de prensa en Quito, de agosto de 1988. Havana: Editora Politica, 1988.

49. Castro Arenas, Mario. Reconstruccion de Mariategui. Lima: Okura Editores, 1985.

50. Castro, Guillermo. "El proceso de la cultura latinoamerica: 1898 – 1930: Jose Carlos Mariategui. " Casa de las Americas 20/118 (January-Febru-ary 1980) .

51. Cerdas Cruz, Rodolfo. La hoz el machete: La Intemnacional Comunis-ta, AmericaLa-tina y la revolucion en Centro America. San Jose, Costa Rica: Editorial Universidad Estatal a Distancia, 1986.

_____ . Sandino, el Apra y la Internacional Comunista, Antecedentes Historicos de la Nicara-gua de Hoy. San Jose, Costa Rica: Centro de Investiga-cion y Adiestramiento Politico Administrativo (CIAPA), 1979.

52. Chang-Rodriguez, Eugenio. La literatura politica de Gonzalez Prada, Mariategui y Haya de la Torre. Mexico: Coleccion Studium 18, 1957.

_____ . Poetica e ideologia en Jose Carlos Mariategui. Madrid: Jose Porrua Turanzas, 1983.

53. Chavarria, Jesus. Jase Carlas Mariategui and the Rise of Moder Peru, 1890 – 1930. Al-buquerque: University of New Mexico Press, 1979.

54. Choy, Emilio, et al. Lenin y Mariategui. Lima Biblioteca Amauta, 1970.

55. Christian, Shirley. Nicaragua: Revolution in the Family. New York: Vintage Books, 1986

56. Concha, Jaime. Mariateguiy su critica del latifundio. Casa de las A-mericas 24/140 (September-October 1983) .

57. Crawford, William Rex. A Century of Latin American Thought. Revised edition. New York: Frederick A. Praeger, 1966.

58. Crespo Giron, Xiomara. " Jose Carlos Mariategui. " Bohemia 65/45 (9 Novem-ber1973) .

59. Cronin, Jeremy. " Is the SACP Travelling in the Right Direction?" Work in Progress 74 (1991) .

60. Dalton, Roque. Miguel Marmol. Translated by Kathleen Ross and Richard Schaaf. Willimantic, Conn. : Curbstone Press, 1987.

61. Davis, Harold Eugene. Latin American Social Thought. The University Press of Washington, D. C. , 1961.

_____ . Latin American Thought. Baton Rouge: Louisiana State University, 1972.

62. Debray, Regis. The Chilean Revolution: Conversations with Allende. New York: Vintage Books, 1971.

_____ . Revolution in the Revolution? Translated by Bobbye Ortiz. New York: Grove Press, 1967.

_____ . Strategy for Revolution. Edited with an introduction by Robin Blackburn. London: Jonathan Cape, 1970.

63. Departamento de Orientacion Revolucionaria del Comi te Central del Partido Comunista de Cuba. Jase Carlas Maridtegui y la revolucion antimperi-alista y soctalista en america latina. Havana, 1975.

64. CarlosMariategui. "Casa de las Americas 14/84（May-June Dessau, A dalbert." Literatura y sociedad en las obras de Jose 1974）.

65. Diaz-Polanco, Hector. Indigenismo, Populism and Marxism. Latin A-merican Per-spectives 9/（33）（Spring 1982）.

66. Dodson, Michael, and T. Montgomery. The Churches in the Nicaraguan Revolution. In Nicaragua in Revolution. Edited by Thomas W. Walker. New York：Praeger, 1982.

67. Dodson, Michael, and Laura Nuzzi O'shaughnessy Nicaragua's Other Revolution：Religious Faith and Political Struggle. Chapel Hill：The University of North Carolina Press, 1990.

————. "Religion and Politics." In Nicaragua：The First Five Years. Religion and Politics. In Nicaragua：The First edited by Thomas W. Walker. New York：Praeger, 1985.

68. Dumpierre, Erasmo. "Mariategui, Cuba y la lucha contra el imperialismo." In Maridtegui：Unidad de pensamiento y accion. Edited by Jorge del Prado. Lima：Ediciones Unidad, 1986.

————. "Mariategui：luz de America." Bohemia 76/33（8 June1984）.

69. Durch, William. "The Cuban Military in Africa and the Middle East：From Algeria to Angola". Studies in Comparative Communism 11/1 – 2（Spring-Summer 1978）.

70. Ellis, Stephen, and Tsepo Sechaba. Comrades against Apartheid：The ANC and the South African Communist Party in Exile. Bloomington：Indiana U-niversity Press, 1992.

71. ElEvangelio en la revolucion. "Managua：Instituto Historico Centroamericano", 1979.

72. Espinoza. Gustavo, and Carlos Malpica S. S. El problema de. la tierra. Lima：Biblioteca Amauta, 1970.

73. Falcon, Jorge. El hombre en su accion：Cesar Falcon. Lima：Ediciones Hora del Hombre 1982.

————. Mariategui：Arquitecto Sindical. lima：Empres Amauta, 1980.

_____. Maridtegui: la revolucion mexicana yel estado anti-imperialista. Lima: Empresa Editora Amauta, 1980.

74. Feierman, Steven. Peasant Intellectuals: Anthropology and History in Tanzania. Madison: University of Wisconsin Press, 1990.

75. Fernandez Diaz, Osvaldo. "Gramsci y Mariategui: frente a la ortodoxia." Nueva Sociedad 115 (September-October 1991).

76. Fernandez Salvatecci, Jose Antonio. Militar en el Peni, guerrillero en Nicaragua. Lima: Editorial Venceremos, 1979.

77. Flores Galindo, Alberto. La agonta de Mariategui Lima: Instituto de Apoyo Agrario, 1989.

_____. Buscando un Inca: identidad y utopia en los andes. Lima: Instituto de Apoyo Agrario, 1987.

_____. Los mineros de la Cerro de Pasco, 1900 – 1930 Lima: Pontificia Universidad Catolica del Peru, 1983.

78. "Peru: A Self-critical Farewell." Report on the Americas 24/ (February 1991).

79. Foncueva, Jose Antonio. Escritos de jose Antonio Foncueva. Edited by Ricardo Luis Hernandez Otero Havana: Editorial Letras Cubanos, 1985.

80. Fonseca Amador, Carlos. Obras: Tomo 1: Bajo la bandera del sandinismo. Third edition. Managua: Editorial Nuevo Nicaragua, 1985.

_____. Obras: Tomo 2: Viva Sandino. Second edition. Managua: Editorial Nuevo Nicaragua, 1985.

81. Foster, David William. Peruvian Literature: A Bibliography of Secondary Sources. Westport: Greenwood Press, 1981.

82. Frank, Waldo. A Great American. The Nation 130/3389 (18 June 1930).

83. America Hispana; South of Us: The Characters of the Countries and the People of Central and South America. New York: Garden City, 1940.

84. Gadea, Hilda. Emesto: A Memoir of Che Guevara Translated by Carmen Molina and Walter Bradbury. New York: Doubleday, 1972.

85. Gargan, Edward A. "India's Communists Reel in Soviet Upheaval."

New York Times（9 September 1991）.

86. Gargurevich Regal, Juan. La razon del joven Marategui. Havana: Casa de las Americas, 1980.

87. Garrels, Elizabeth. Maridteguiy la Argentina: un caso de lentes aje-nos. Jersburg, Md. : Ediciones Hispamerica, 1982.

88. Gnerre, Mauricio, and Juan Bottasso. "Del indi organizaciones indi-genas. " In Del indigenismo a las organizaciones indigenas. By various authors. Second edition. Quito: Ediciones Abya-Yala, 1986.

89. Gorman, Robert A. , ed. Biographical Dictionary of Marxism. West-port: Greenwood Press, 1986.

90. Biographical Dictionary of Neo-Marxism. Westport: Greenwood Press, 1985.

91. Gould, Jeffrey L. To Lead as Equals: Rural Protest and Politica Con-sciousness in Chinandega, Nicaragua, 1912 – 1979. Chapel Hill: The University of North Carolina Press, 1990.

92. Gramsci, Antonio. Letters from Prison. Selected, translated from the I-talian, and introduced by Lynne Lawner. New York: Harper & Row, 1973.

———. Selections from the prison notebooks. Translated and edited Selections from the Prison Notebooks. Translated by Quintin Hoare and Geoffrey Nowell Smith. New York: International Publishers, 1971.

93. Guevara, Ernesto "Che. " Guerrilla Warfare. With an introduction and case studies by Brian Loveman and Thomas M. Davies, Jr. Lincoln: University, of Nebraska Press, 1985.

———. Venceremos! The Speeches and Writings of Emesto Che Gue-vara. Edited with an introduction by John Gerassi New York: Macmil-lan, 1968.

94. Guibal, Francis. Gramsci: filosofia, politica, cultura. Lima: Tarea, 1981.

95. Guibal, Francis, and Alfonso Ibanez. Maridtegui Hoy. Lima: Tarea 1987.

96. Gutierrez, Gustavo. The Power of the Poor in History. Translated from

the Spanish by Robert R. Barr. Maryknoll, N. Y. : Orbis Books, 1983.

_____ . A Theology of Liberation. Translated and edited by Sister Caridad Inda and John Eagleson. Maryknoll, N. Y. : Orbis Books, 1973.

97. Handal, Shafik. "Cuba, El Salvador and the Perestroika." Venceremos! (London) (September 1991) .

98. Harrington, Michael. The Twilight of Capitalism. New York: Simon & Schuster, 1976.

99. Harris, Richard L Marxism, Socialism and Democracy in Latin America. Latin American Perspectives Series, No. 8. Boulder: Westview Press, 1992.

100. Hodges, Donald C, Intellectual Foundations of the Nicaraguan Revolution. Austin: University of Texas Press, 1986.

101. Hughes, Henry Stuart. Consciousness and Society: The Reorientation of European Social Thought, 1890 – 1930. New York: Alfred A. Knopf, 1961.

102. Instituto de Estudio del Sandinismo. Carlos: el eslabon vital: cronologla basica de Carlos Fonseca jefe de la revolucion, 1936 31976. Managua: Instituto de Estudio del Sandinismo, 1985.

_____ . El Sandinismo: documentos basicos. Managua: Editorial Nueva Nicaragua, 1983.

103. Jerez, Cesar, SJ. Gustavo Gutierrez: A Friend of Nicaragua. In The Future of Liberation Theology: Essays in Honor of Gustavo Gutierrez. Edited by Marc H. Ellis and Otto Maduro. Maryknoll, N. Y. : Orbis Books, 1989.

104. Jinotega, 94 aniversario. Jinotega, Nicaragua: Centro Popular de Cultura "Carlos Fonseca" y el Museo Municipal "Lina Herrera," 1985.

105. Jobet, Julio Cesar. Luis Emilio Recabarren: Los origenes del movimiento obrero y del socialismo Chilenos. Santiago: Prensa Latinoamericana, 1955.

106. Johnson, Dale L. , ed. The Chilean Road to Socialism. New York: Anchor Books, 1973.

107. Joll, James. Antonio Gramsci. London: Penguin Books, 1977.

108. Jose Carlos Mariategui, el Amauta. Bohemia 72/15 (11 April 1980)

109. Judd, Stephen, MM, "Gustavo Gutierrez and the Originality of the Peruvian Experience." In The Future of Liberation Theology: Essays in Honor of Gustavo Gutierrez. Edited by Marc H. Ellis and Otto Maduro. Maryknoll, N. Y. : Orbis Books, 1989.

_____ . Tudson, C. Fred. Cuba and the Revolutionan Myth. Boulder: Westview Press, 1984.

110. "Sandinista Revolutionary Morale." Latin American Perspectives 14/ (52) (Winter 1987).

111. Kapsoli, Wilfredo. Maridtegui y los congresos obreros. Lima: Biblioteca Amauta, 1980.

112. Karol, K. S. Guerrillas in Power: The Course of the Cuban Revolution. Translated from the French by Arnold Pomerans. New York: Hill & Wang, 1970.

113. Keller, Edmond J. , and Donald Rothchild eds. Afro-Marxist Regimes: Ideology and Public Policy. Boulder: Lynne Rienner, 1987.

114. Kirk, John M. Between God and the Party: Religion and Polities in Revolutionary Cuba. Tampa: University of South Florida Press, 1989.

115. Klaiber, Jeffrey L. , S. J. Religion and Revolution in Per, 1824 – 1976. Notre Dame: University of Notre Dame Press, 1977.

116. Kuteischikova, Vera. " Juse Carlos Mariategui y la literature sovietica." Latin America (USSR) (1980).

117. Labor: quincenario del inforacion ideas. os. 1 – 10. lima: November 1928 – 7 September 1929. Facsimile edition. Lima: Empresa Editora Amauta, 1974.

118. Lafertte, Elias. Vida de un Comunista. Santiago, 1961.

119. Lancaster, Roger N. Thanks to God and the Revolution: Popular Religion and Class Consciousness in the New Nicaragua. New York: Columbia University Press, 1988.

120. Lenin, V. I Selected Works. London: Lawrence Wishart, 1969.

_____ . What Is To Be Done? Translated by S. V. and Patricia Utechin. Oxford: Clarendon Press, 1963.

121. Liss, Sheldon B. Marxist Thought in Latin America. Berkeley: University of California Press, 1984.

_____ . Radical Thought in Central America. Boulder: Westview Press, 1991.

_____ . Roots of Revolution: Radical Thought in Cuba. Lincoln: University of Nebraska Press, 1982

122. Loveman, Brian. Chile: The Legacy of Hispanic Capitalism. New York: Oxford University Press, 1979.

123. Luna Vegas, Ricardo. "A los cuarentinueve anos de la muerte de Mariategui: dos preguntas autocriticas." Casa de las Americas 20/115 (uly – August – 1979).

_____ . "Genaro Carnero Checa: gran periodista, discipulo de Mariategui." Casa de las Ameri-cas 22/128 (September-October 1981).

_____ . Historia y trascendencia de las cartas de Mariategui: Un testimonio polemico al al-cance de todos. Lima: Ediciones Rincon Rojo, 1985.

_____ . Jose Carlos Mariategui 1894 – 1930: ensayo biografico. Lima: Editorial Horizonte, 1986.

_____ . Mariategui y el Peri: de ayer, de hoy, y de manana. Lima: Ediciones Rincon Rojo, 1981.

124. Macaulay, Neill. The Sandino Affair. Second edition. Duke University Press, 1985.

125. McLellan, David. Marxism after Mar. Boston: Houghton Mifflin Company, 1979.

126. Mao Ise-Tung. Mao Tse-Tung: An Anthology of His Writings. Edited with an intro-duction by Anne Fremantle. New York: Mentor Books, 1971.

127. Mariategui, Jose Carlos. El alma matinal y razs estaciones del hombre de hoy. Obras Completas, Volume 3, tenth edition. Lima: Biblioteca Amauta, 1987. (First edition, Lima: Biblioteca Amauta, 1950.)

_____ . El artista y la epoca. Obras Completas, Volume 6, twelfth edition. Lima: Biblioteca Amauta, 1987. (First edition Lima: Biblioteca Amauta,

1959.)

_____ . Cartas de Italia. Obras Completas, Volume 15, eighth edition. Lima: Biblioteca Amauta, 1987. (First edition, Lima: Biblioteca Amauta, 1969.)

_____ . Defensa del marxismo polemica revolucionaria. Obras Completas, Volume 5, thirteenth edition. Lima: Biblioteca Amauta, 1987. (First edition Lima: Biblioteca Amauta, 1959.)

_____ . Ensayos literarios. Selection and prologue by Mercedes Santos Moray. Havana: Editorial Arte y Literatura, 1980.

_____ . La escena contempordnea. Obras Completas Volume 1, fourteenth edition. Lima: Bib-lioteca Amauta, 1987 (First edition, Lima: Editorial Minerva, 1925.)

_____ . "Ethics and Socialism by Jose Carlos Mariategui. " Tricontinental 3 (1967) .

_____ . Figuras y aspectos de la vida mundial, Tomo I (1923 – 1925) . Obras Completas, Volume 16, ninth edition. Lima: Biblioteca Amauta, 1988. (First edition, Lima: Biblioteca Amauta, 1970.)

_____ . Figuras y aspectos de la vida mundial, Tomo Ⅱ (1926 – 1928) . Obras Completas, Volume 17, eighth edition Lima: Biblioteca Amauta, 1989. (First edition, Lima: Biblioteca Amauta, 1970.)

_____ . Figuras y aspectos de la vida mundial, Tomo Ⅱ (1929 – 1930) . Obras Completas, Volume 18, seventh edition. Lima: Biblioteca Amauta, 1989. (First edition, Lima: Bibli-oteca Amauta, 1970.)

_____ . Historia de la crisis mundial: conferencias (aros 1923y 1924) . Obras Completas, Volume 8, eleventh edition Lima: Biblioteca Amauta, 1986. (First edition, Lima: Bibli-oteca Amauta, 1959.)

_____ . Ideologta y polltica. Obras Completas, Volume 13, nineteenth edition. lima: Biblioteca Amauta, 1990. (First edition, Lima: Biblioteca Amauta, 1969.)

_____ . Jose Carlos Maridtegui: Correspondencia. 2 Volumes. Edited by Antonio Melis. lima: Biblioteca Amauta 1984.

_____. Jose Carlos Maridtegui: Obras. 2 Volumes. Selection by Francisco Baeza, with a pro-logue by Enrique de la Osa. Havana: Casa de las Americas, 1982.

_____, et al. El marxismo en America Latina. Selection and prologue by Carlos Altamirano. Buenos Aires: Centro Editor de America Latina, 1972.

_____. La novela la vida, Siegfried y el Profesor Canella. Obras Completas, Volume 4, thirteenth edition. Lima: Biblioteca Amauta, 1988. (First edition, Lima: Biblioteca Amauta, 1955.)

_____. Obra politica. Mexico: Ediciones Era, 1979.

_____. La organizacion del proletariado. Lima: Ediciones Bandera Roja, 1967.

_____. Peruanicemos al Peri. Obras Completas, Volume 11, eleventh edition. Lima: Biblioteca Amauta, 1988. (First edition, Lima: Biblioteca Amauta, 1970.)

_____. El problema de la tierra otros ensayos. Havana: Editora Popular de Cuba y del Caribe, 1960.

_____. La Revolucion Mexicana ante el pensamiento de Jose Carlos Maridtegui. Edited by Manuel Gonzalez Calzada. Mexico: Consejo Editorial del Gobierno del Estado de Tabasco, 1980.

_____. Seven Interpretive Essays on Peruvian Reality. Translated by Marjory Urquidi with an Introduction by Jorge Basadre. Austin: University of Texas Press, 1971.

_____. 7 ensayos de interpretacion de la realidad peruana. Obras Completas, Volume 2, fifty-fifth edition. Lima: Biblioteca Amauta, 1989. (First edition Lima: Biblioteca Amauta, 1928.)

_____. 7 ensayos de interpretacion de la realidad peruana. With a "Nota Preliminar" by Francisco Baeza. Havana: Casa de las Americas, 1963, 1969, and 1973.

_____. Signos y obras. Obras Completas, Volume 7, seventh edition. Lima: Biblioteca Amauta, 1982. (First edition, Lima: Biblioteca Amauta, 1959.)

_____. Temas de educacion. Obras Completas, Volume 14, twelfth edition. Lima: Biblioteca Amauta, 1989. (First edition, Lima: Biblioteca Amauta, 1970.)

_____. Temas de nuestra America. Obras Completas Volume 12, ninth edition. Lima, Biblioteca Amauta, 1986. (First edition, Lima: Biblioteca Amauta, 1959.)

128. Marinello, Juan. Literatura hispanoamericana Mexico: Ediciones de la Universidad Nacional de Mexico, 1937.

_____. Literatura y revolucion: una meditacion en dos tiempos. Casa de las Americas 12/68 (September-October1971) .

129. Martinez de la Torre, Ricardo. Apuntes para una interpretacion marista de la historia social del Peni 4 volumes. Lima: Empresa Editora Peruana, 1948.

130. Karl Marx. Early Writings. Translated and edited by T. B Bottomore. New York: McGraw-Hill Book Company, 1963.

_____. Karl Marx, Selected Writings. Edited by David McLellan. Oxford: Oxford University Press, 1977.

131. Mattarollo, Rodolfo. " Civilizar a la burguesia: reportaje Tomas Borge. " Crisis (Argentina) (24 May 1986) .

132. Medin, Tzvi. Cuba: The Shaping of Revolutionary Consciousness. Translated by Martha Grenzback. Boulder: Lynne Rienner 1990.

133. Melgar Bao, Ricardo. " La Tercera Internacional y Mariategui; Proposito de un libro: Ideologia y politica en el Peru. " Nuestra America 1/ (May-August 1980) .

134. Melis, Antonio. "Mariategui: primer marxista de America. " Casa de las Americas 8/48 (1968) .

_____. Mariategui: el primer marxista de America. In Mariategui y los origenes del marxismo latinoamericano. Edited by Jose Arico. Mexico: Cuadernos de Casado Presente 60 (1980) .

135. Mella, Julio Antonio. Documentos y articulos. Havana: Editorial de Ciencias Sociales, 1975.

_____ . Escritos Revolucionarios. With a prologue by Fabio Grobart. Mexico: Siglo Veintiuno, 1978.

_____ . Julio Antonio Mella en El Machete: antologla parcial de un luchador y su momento historico Mexico: Fondo de Cultura Popular, 1968.

_____ . et al. Maraistas de America. Selection and prologue by Mercedes Santos Moray. Havana: Editorial Arte y Literatura, 1985.

136. Meseguer Illan, Diego. Jose Carlos Maridtegzi y su pensamiento revolucionario. Lima: Instituto de Estudios Peruanos, 1974.

137. Miles, Sara, and Bob Os-tertag. "FMLN: New Thinking." Report on the Americas 23/3 (September 1989) .

138. Miller, Nicola. Soviet Relations with Latin America, 1959 – 1987. Cambridge: Cambridge University Press, 1989.

139. Mintz, Sidney W. The Rural Proletariat and the Problem of Rural Proletarian Consciousness. The Joumal of Peasant Studies 1/3 (pri 1974) .

140. Montiel, Edgard. Mariategui Universidad: Ciencia y revolucion. Lima: Empresa Editora Amauta, 1978.

141. Morales Aviles, Ricardo. Obras: No pararemos de andar jamas. Managua: Editorial Nueva Nicaragua, 1983.

142. Moretic, Yerco. Jose Carlos Mariategui. Su vida e ideario. Su concepcion del realismo. Santiago, Chile: Ediciones de la Universidad Tecnica del Estado, 1970.

143. "Proceso del realismo en Mariategui." Casa de las Americas 13/75 (November-December 1972) .

144. Munck, Ronald. Revolutionary Trends in Latin America. Center for Developing Area Studies Occasional Monograph Series, No. 17. Montreal: McGill University, 1984.

145. Narkiewicz, Olga A. Eurocommunism 1968 – 1986: A Select Bibliography. London: Mansell, 1987.

146. Neira, Hu o. El pensamiento de Jose Carlos Mariateg ui: los mariateguis mos. Socialismo y Participacion 23 (September 1983) .

147. Neruda, Pablo, ed. Poemas a Maridtegui. Mariategui's Obras Com-

pletas, Volume 9, eleventh edition. Lima: Biblioteca Amauta, 1987. (First e-dition, Lima: Biblioteca Amauta, 1959 Nieto, Luis Carlos. Maridtegui, poe-ma. Con un recuerdo de Juan Marinello. Cuzco, Peru: n. p. , 1942.

148. "Nuestro deber mas sagrado: salvar la Patria, la Revolucion y el So-cialismo. " Granma 27/187 (29 August 1991).

149. Nunez, Estuardo. La experiencia europea de Jose Carlos Mariategui y otros ensayos. Lima: Empresa Editora Amauta, 1978.

150. Nunez, Orlando, and Roger Burbach. Democracia y revolucion en las americas (Agenda para un debate). Managua: Editorial Vanguardia, 1986.

151. Orrillo, Winston. "Carlos Rafacl Rodriguez habla sobre Mariategui. " El Caiman Barbudo (Havana) 132 (December 1978).

————. Martl, Maridtegui: literatura, inteligenciayrevolucion en Amer-ica Latina. Lima: Editorial Causachun, 1989.

————. "Primeras huellas de Mariategui en Cuba". Casa de las A-mericas 16/100 (1977). 68/37 (1976).

————. "Raul Roa habla sobre Mariategui. " Bohemia "La solidar-idad cubana con Mariategui: cartas ineditas. " Revista de Critica Literaria Lati-noamericana 2/4 (1976).

152. O'shaughnessy, Laura Nuzzi, and Luis H. Serra. The Church and Revolution in Nicaragua. Athens, Ohio: Ohio University for International Stud-ies, 1986.

153. Paoli Bilio, Francisco J. Mariategui, interprete de la revolucion mexi-cana. Reporte de Investigacion 5 (1979).

154. Paris, Robert. La formacion ideologica de Jose Carlos Maridteg-zi. Translated by Oscar Teran. Mexico: Cuadernos de Pasado y Presente (92), 1981.

————. Mariategui y Gramsci: prolegomenos a un estudio conrastado de la difusion del marxismo. Socialismo y Participacion (September 1983).

————. et al. marxismo latinoamericano de mariategui Argentina: Edi-ciones de Crisis, 1973.

155. Pavletich, Esteban. "Perspectivas de la Revolucion Nicaraguense. "

Casa de las Americas 20/117 (November-December 1979).

156. Peirano, Luis. "Entrevista con Gustavo Gutierrez." Quehacer 3 March1980).

157. Perez, Trinidad, and Pedro Simon, eds. Recopilacion de textos sobre Juan Marinello. Havana: Casa de las Americas, 1979.

158. Pesce, Hugo. El factor religioso. With a prologue by Alberto Tauro. Lima: Biblioteca Amauta, 1972.

159. Pillay, Devan. "Having Its Cake and Eating It-Can The Party Make Up Its Mind?" Work in Progress 80 (January-February 1992).

160. Poole, Deborah, and Gerardo Renique. "The New Chroniclers of Peru: U. S. Scholars and their'shining Path'of Peasant Resistance." Bulletin of Latin American Research 10/2 (1991).

161. Poppino, Rollie E. Intemational Communism in Latin America: A History of the Movement, 1917 – 1963. London: The Free Press of Glencoe, 1964.

162. Posada Zarate, Francisco. Los origenes del pensamiento marxista en latinoamerica. Madrid: Coleccion Cuadernos Ciencia Nueva 1968. del Prado Chavez, Jorge. Maridtegui: Unidad de pensamiento accion. Lima: Ediciones Unidad, 1986.

———— . "Unity of Thought, Will and Action." World Marxist Review 27/12 (December 1984).

163. Quijano, Anibal. Introduccion a Mariategui Mexico: Ediciones Era, 1982.

164. Quintero, Rodolfo. Maridtegui y nuestras culturas. Caracas: Universidad Central de Venezuela, 1985.

165. Ramirez, Sergio. El muchacho de Niquinohomo. Havana: Editora Politica, 1988.

166. Rapoport, Mario. "Argentina and the Soviet Union: History of Political and Commercial Relations (1917 – 1955)." Hispanic American Historical Review 66/2 (May 1986).

167. Ravines, Eudocio. The Yenan Way. New York: Charles Scribner's

Sons, 1951.

168. Recabarren, Luis Emilio. Obras Escogidas Santiago de Chile: Editorial Recabarren, 1965.

169. The Red Flag in South Africa: A Popular History of the South African Communist Party, 1921 – 1990. Johannesburg Jet Printers, n. d.

170. Reedy, Daniel. "The Cohesive Influence of Jose Carlo Mariategui on Peruvian Art and Politics. " In Artists and Writers in the Evolution of Latin America. Edited by Edward Davis Terry. University, Alabama: University of Alabama press, 1969.

171. Reid, Michael. Peru: Paths to Poverty. London: Latin American Bureau, 1985.

172. Revista de Avance (Havana) . Nos. 1 – 50 15 March 1927 – 15 September 1930.

173. Revista de la Habana. (Havana) . Nos. 1 – 12 January-December 1930.

174. Riverend, Julio Le. Es bueno, es indispensable, enfatizar el pasado lejano de unidad y coincidencia profundas. Revista de la Biblioteca Nacional Jose Martt 29/ (May-August 1987) .

175. Roa, Raul. El fuego de la semilla en el surco. IIavana: Editorial Letras Cubanas, 1982.

_____ . La revolucion del 30 se fue a bolina. Havana: Editorial de Ciencias Sociales, 1976.

176. Robinson, William. Transition in El Salvador – R – and Democracy: Transformation of the F. M. LN. Central America Update. Latin American Institute, University of New Mexico: Latin America Data Base, 23 August 1991.

177. Rodriguez, Carlos Rafael. Letra con filo. Volumes. Havana: Ediciones Union, 1987.

178. Rojas Samanez, Alvaro. Partidos politicos en el Peri. Sixth edition. Lima: Editorial F A, 1987.

179. Roman, Jose. Maldito pats. Managua: Edicion definitiva, 1983.

180. Romero, Emilio, and Cisar L6vano Regianalisme y centralisme. Lima:

Biblioteca Amauta, 1969.

181. Romero Cantarero, Ramon Antonio. The New Marxism of Jose Carlos Mariategui. Ph. D. diss. , The Florida State University, 1990.

182. Roncagliolo, Rafael. "Gramsci, marxista y nacional. " (Quehacer 3 March 1980) .

183. Rouillon, Guillermo. Bio-bibliografia de Jase Carlos Maridtegui. Lima Universidad National Mayor de San Marcos, 1963.

_____ . La creacion heroica de Jose Carlos Mariategui. Volume 1: La edad de piedra (1894 – 1919) . Lima: Editorial Arica, 1975.

_____ . La creacion heroica de Jose Carlos Mariategui. Volume 2: La edad revolucionaria. Lima: Editorial Arica, 1984.

184. Sanchez, Juan. "Mariategui, un peleador de ahora" . Bohemia 67/12 (21 March 1975) .

185. Sanchez vazquez, Adolfo. "El marxismo en la America Latina. " Casa de las Americas 30/178 (January-February 1990) .

186. Sandino, Augusto Cesar. El pensamiento vivo de Sandino. 2 Volumes. Second edition, revised and expanded with selection and notes by Sergio Ramirez. Managua: Editorial Nueva Nicaragua, 1984.

187. Santos Moray, Mercedes. "Jose Carlos Mariategui, el Amauta. " Bohemia 73/42 (16 October 1981) .

_____ . "Mariategui en los albores de las letras sovieticas. " Bohemia 77/15 (12 April 1985) .

188. Schutte, Ofelia. "Nietzsche, Mariategui, and Socialism: A case of ' Nietzschean Marxism ' in Peru?" Social Thought and Practice 14/1 (Spring1988) .

189. Selser, Gregorio. Sandino. Translated by Cedric Belfrage. New York: Monthly Review Press, 1981.

190. Skinner, Geraldine. Jose Carlos Mariategui and the Emergence of the Peruvian Socialist Movement. Science and Society 43/4 (Winter1979 – 1980) .

191. Slovo. Joe. Has Socialism Failed? In The Future of So-cialism: Per-

spectives From the Left. Edited by William K. Tabb. New York: Monthly Review Press, 1990.

192. Snarr, Neil, and Associates. Sandinista Nicaragua. Ann Arbor: The Pierian Press, 1989.

193. Social. (Havana). Vols. 1 – 15. 1916 – 1930.

194. Sorel, Georges. Reflections on Violence Translated by T. E. Hulme and J. Roth with an introduction by Edward A. Shils. New York: Collier Books, 1950.

195. Stein, William. "An Anthropological Appreciation of Jose Carlos Mariategui". In Dialectical Perspectives in Philosophy and Social Science. Edited by Pasquale N. Russo. Amsterdam: B. R. Gruner, 1983.

196. Steinberg, Jonny. "Leninist Fantasiesand SACP Illusions: A Response to Kitson and Slovo." Work in Progress 74 (1991).

197. Tannenbaum, Frank. Ten Keys to Latin America. New York: Vintage Books, 1966.

198. Tauro, Alberto. Amauta y suinfluencia (sintesis). Mariategui's Obras Completas, Volume 19. Lima: Biblioteca Amauta, 1960.

199. Teran, Oscar. Discutir Mariategui. Mexico: Editorial Universidad Autonoma de Puebla, 1985.

200. Tirado Lopez, Victor. El pensamiento polltico de Carlos Fonseca Amador. Secretaria Nacional de Propaganda y Educacion Politica de F. S. L. N. , n. d.

201. Torres, Camilo. Revolutionary Priest. Edited with an introduction by John Gerassi. New York: Random House, 1971.

202. Unruh, Vicky. Mariategui's Aesthetic Thought: A Critical Reading of the Avant-Gardes. Latin American Research Review 24/3 (1989).

203. Valdes-Dapena, Jacinto. "EI Mariategui de Yerko Moretic." Casa de las Americas 12/72 (May-June 1972).

204. Valle-Castillo, Julio. "Jose Carlos Mariategui (1895 – 1930), Medio siglo despues." Nuevo Amanecer Cultura l. 1/30 (28 December 1980).

205. Harry E. The Ideology of the Insurrection. In Nicaragua in Revolu-

tion. Edited by Thomas W. Walker. New York: Praeger, 1982.

_____ . "Jose Carlos Mariategui y la perestroika" El Dia Latino americano 1/32 (31 December 1990).

_____ . The Making of a Latin Marxist: Jose Carlos Mariategui's Intellectual Formation. Revista Interamericana de Bibliografia 36/1 (1986).

_____ . Maridtegui: influencias en su formacion ideologica. Translated from the English by Jose Maria Quimper. Lima: Biblioteca Amauta, 1975.

_____ . "Mariategui: Marxismo, Comunismo, and Other Bibliographic Notes." Latin American Research Review 14/3 (1979).

_____ . "Marxism and the Peasantry in Latin America: arginalization or Mobilization?" Latin American Perspectives 94 (35) (Fall 1982).

_____ . National Marxism in Latin America: Jose Carlos Maridtegui's Thought and Politics. Boulder, Colo. : Lynne Rienner, 1986.

_____ . "The Peasants as a Revolutionary Class: An Early Latin American View." Journal of Inter-American Studies and World Affairs20/2 (1978).

_____ . "Socialism, Land and the Indian in the 7 Essays." Inti: Revista de Literatura Hispanica 4 (Fall 1976).

206. Vernon, Richard. Commitment and Change: Georges Sorel and the Idea of Revolution. Toronto: University of Toronto Press, 1978.

207. Vilas, Carlos M. "Is Socialism Still an Alternative for the Third World?", Monthly Review 42/3 (July-August 1990).

_____ . Perfiles de la revolucion sandinista. Havana: Casa de las Americas, 1984.

_____ . The Sandinista Revolution: National Liberation and Social Transformation in Central America. Translated by Judy Butler. New York: Monthly Review Press. 1986.

_____ . State, Class & Ethnicity in Nicaragua: Capitalist Modernization and Revolutionary Change on the Atlantic Coast. Translated by Susan Norwood. Boulder: Lynne Rieffer, 1989.

_____ . "What Future for Socialism?", Report on the Americas 25/

（May 1992）.

208. Villalobos, Joaquin. A Democratic Revolution for El Salvador. Foreign Policy 74 （Spring 1989）.

209. Wheelock Roman, Jaime. Ratces indigenas de la lucha anticolonialista en Nicaragua. Seventh edition. Mexico: Siglo Veintiuno Editores, 1986.

210. White, Steven. Culture and Politics in Nicaragua: Testimonies of Poets and Writers. New York: Lumen Books, 1986.

211. Wiesse, Maria. Jose Carlos Maridtegui, etapas de su vida. Mariategui's Obras Completas, volume 10, eleventh edition. Lima: Biblioteca Amauta, 1986. （First edition, Lima: Biblioteca Amauta, 1959.）

212. Williams, Philip J. The Catholic Church andPolirics in Nicaragua and Costa Rica. Pittsburgh: University of Pittsburgh Press, 1989.

213. Wise, David O. "Labor （Lima 1928 – 1929）, Jose Carlos Mariategui's Working-Class Counterpart to Amauta." Revista de Estudios Hispanicos 14/3 （October 1980）.

214. "Mariategui's Amauta （1926 – 1930）, A Source for Peruvian Cultural History." Revista Interamericana de Bibliografia 29/3 – 4 （1979）.

215. Wolf, Eric R. Peasant Wars of the Twentieth Century. New York: Harper Row. 1969.

216. Zubritski, Yuri. Amauta: el 80 aniversario de Jose Carlos Mariategui. America Latina （USSR） （1974）.

译 后 记

　　《马里亚特吉与拉丁美洲马克思主义理论》（*Mariategui Latin and Ame-racan Marxist Theory*）是由美国杜鲁门大学历史学教授、拉丁美洲史学家马克·贝克尔（Marc Becker）撰写并于1993年出版的英文著作。马克·贝克尔教授是拉丁美洲裔美国人，他在堪萨斯大学劳伦斯分校获得拉丁美洲史专业的硕士和博士学位之后，就职杜鲁门大学从事拉丁美洲史教学工作，长期从事现代拉丁美洲史和拉丁美洲马克思主义研究，著述颇丰，影响甚大，且熟稔拉丁美洲的风土人情、历史文化和经济政治状况。而马里亚特吉（José Carlos Mariátegui，1894－1930）是拉丁美洲最为著名的马克思主义者，他首开马克思主义拉丁美洲化的先河，对马克思主义在拉丁美洲的传播、发展，以及拉丁美洲的社会主义革命等方面贡献良多，居功至伟，因而被研究者誉为"拉丁美洲马克思主义之父"。他的思想不仅影响了同时代的拉丁美洲马克思主义理论家、革命家，以及左翼人士及其后继者，而且至今仍然魅力无穷，充满生命力。

　　本书通篇渗透着作者的一个核心观点，即马克思主义只有与当地的历史文化传统和现实相结合，并由此发展出具有民族特点的本土化理论形态才能发挥其威力，取得成效（这种观点跟马克思主义中国化的理据或精神相一致）。基于这样的理论立场，马克·贝克尔教授对那种僵化、机械、教条地诠释、解读马克思主义，断章取义、生搬硬套马克思主义理论的做派深恶痛绝，抨击和评判的言辞非常激烈，其中不乏偏激、偏颇之词。当然，对于书中这些偏激、偏颇之词，以及某些值得商榷的观点、说法，我们并不完全苟同（有些在翻译中不得不将之删除）。但如果我们把它放在历经了二战、反法西斯同盟、冷战、美苏争霸、中苏论战等一系列重大事件的20世纪大背景中去看，并且抛弃"唯我独马"的褊狭，或可对之做出某种程度的同情化理解。不过，所谓瑕不掩瑜，无论如何，该书不仅对于了解马里亚特吉思想的内涵、特征、探索形成历程及其影响力是有帮助的，而且对于了解拉丁美洲社会主义革命和本土化马克思主义的艰难曲折的探索历程也是有助益的，甚至对于理解拉丁美洲左翼思潮的过去、现在和未来，以及世界马克思主义谱系也大有裨益。

该书原文作者注释采取章末注，且凡引文献皆只在每章末列出文献的简化形式（作者和文献名简写、页码），而在全书最后的"参考文献"里才列出每条文献的完整形式（作者、文献名称、出版社及出版日期）。为了读者阅读方便，翻译时我们把注释改为页下注，但表述方式仍按作者的简化方式处理，故页脚只列出文献简化形式，完整形式参阅附在全书最后的"参考文献"。

该书虽为英文著作，但其中还夹杂着诸如西班牙语、葡萄牙语、法语等多国语言，以及盖丘亚语等多种拉丁美洲土著语言，这些特点给我们的翻译带来了诸多困难。再加上我们翻译水平和能力有限，因而译稿或许还有诸多不足和不尽如人意的地方，甚或还有不少错译、漏译之处，在此尚希读者谅解。

在本书翻译过程中，先后有高于娜、陆冰薪、许思洁、吴姥、应雷等同学或多或少地参与了部分翻译的基础工作，但其中大部分译稿无法采用，只能重译，少量译稿也需要大幅度修改完善。但对几位同学的劳动付出，我们还是要在此表示真诚的尊重和感谢。另外，本书能顺利购买到外文版权、拿到书号、顺利出版，得益于中国社会科学出版社工作人员的辛劳付出，特别是喻苗老师的大力襄助，以及浙江师范大学马克思主义学院的慷慨资助。在此，我们对该书作者、编纂者，以及曾为此书出版做出贡献的所有人表示诚挚的感谢！

译　者

2020年8月19日